MAPEAMENTO de CONTROLES INTERNOS SOX

PRÁTICAS DE CONTROLES INTERNOS SOBRE AS DEMONSTRAÇÕES FINANCEIRAS

O GEN | Grupo Editorial Nacional – maior plataforma editorial brasileira no segmento científico, técnico e profissional – publica conteúdos nas áreas de ciências sociais aplicadas, exatas, humanas, jurídicas e da saúde, além de prover serviços direcionados à educação continuada e à preparação para concursos.

As editoras que integram o GEN, das mais respeitadas no mercado editorial, construíram catálogos inigualáveis, com obras decisivas para a formação acadêmica e o aperfeiçoamento de várias gerações de profissionais e estudantes, tendo se tornado sinônimo de qualidade e seriedade.

A missão do GEN e dos núcleos de conteúdo que o compõem é prover a melhor informação científica e distribuí-la de maneira flexível e conveniente, a preços justos, gerando benefícios e servindo a autores, docentes, livreiros, funcionários, colaboradores e acionistas.

Nosso comportamento ético incondicional e nossa responsabilidade social e ambiental são reforçados pela natureza educacional de nossa atividade e dão sustentabilidade ao crescimento contínuo e à rentabilidade do grupo.

FRANK **PIZO**

MAPEAMENTO de CONTROLES INTERNOS SOX

PRÁTICAS DE CONTROLES INTERNOS SOBRE AS DEMONSTRAÇÕES FINANCEIRAS

2ª edição

- O autor deste livro e a editora empenharam seus melhores esforços para assegurar que as informações e os procedimentos apresentados no texto estejam em acordo com os padrões aceitos à época da publicação, *e todos os dados foram atualizados pelo autor até a data de fechamento do livro.* Entretanto, tendo em conta a evolução das ciências, as atualizações legislativas, as mudanças regulamentares governamentais e o constante fluxo de novas informações sobre os temas que constam do livro, recomendamos enfaticamente que os leitores consultem sempre outras fontes fidedignas, de modo a se certificarem de que as informações contidas no texto estão corretas e de que não houve alterações nas recomendações ou na legislação regulamentadora.
- Data de fechamento do livro: 28/08/2023
- O autor e a editora se empenharam para citar adequadamente e dar o devido crédito a todos os detentores de direitos autorais de qualquer material utilizado neste livro, dispondo-se a possíveis acertos posteriores caso, inadvertida e involuntariamente, a identificação de algum deles tenha sido omitida.
- **Atendimento ao cliente: (11) 5080-0751 | faleconosco@grupogen.com.br**
- Direitos exclusivos para a língua portuguesa
  Copyright © 2023 by
  Editora Atlas Ltda.
  Uma editora integrante do GEN | Grupo Editorial Nacional
  Travessa do Ouvidor, 11
  Rio de Janeiro – RJ – 20040-040
  www.grupogen.com.br
- Reservados todos os direitos. É proibida a duplicação ou reprodução deste volume, no todo ou em parte, em quaisquer formas ou por quaisquer meios (eletrônico, mecânico, gravação, fotocópia, distribuição pela Internet ou outros), sem permissão, por escrito, da Editora Atlas Ltda.
- Capa: Daniel Kanai
- Imagem de capa: ThinkNeo | iSotckphoto
- Editoração eletrônica: Padovan Serviços Gráficos e Editoriais
- Ficha catalográfica

CIP-BRASIL. CATALOGAÇÃO NA PUBLICAÇÃO
SINDICATO NACIONAL DOS EDITORES DE LIVROS, RJ

P766m
2. ed.

    Pizo, Frank
    Mapeamento de controles internos SOX : práticas de controles internos sobre as demonstrações financeiras / Frank Pizo. - 2. ed. - Barueri [SP] : Atlas, 2023.
      : il.

    Inclui bibliografia e índice
    ISBN 978-65-5977-541-5

    1. Administração de empresas. 2. Planejamento empresarial. I. Título.

23-84745   CDD: 658.4012
                           CDU: 005.51

Gabriela Faray Ferreira Lopes - Bibliotecária - CRB-7/6643

Aos meus pais, que sempre incentivaram a dedicação ao estudo e ao trabalho. À minha esposa, Patricia, por apoiar com sensatez e equilíbrio as minhas empreitadas profissionais. Às minhas filhas, Maria Lucia e Maria Isabel, que despertaram em mim um novo sentido para tudo. E aos amigos de profissão, que colaboraram com o meu desenvolvimento.

Frank Pizo

AGRADECIMENTOS

Aos meus pais, irmãs e sobrinhas, que com as minhas poucas manifestações de afeto compreendem o meu amor e apreço por todos. À minha esposa, Patricia, com sua fé e esforços para acompanhar a minha fervorosa rotina de trabalho e viagens, conduzindo os assuntos da família, das filhas e da empresa com determinação e flexibilidade. A todos que colaboraram com a minha formação profissional, sendo por instrução, orientação ou discussões para tomada de decisão - instrumentos de construção dessa obra. Aos gestores que forjaram a base da minha formação, especialmente o gestor Renato Gentil, que apresentou a importância dos Controles Internos e é sinônimo do tema na minha carreira; aos amigos profissionais de finanças, por ensinar em que nenhum projeto prospera nas empresas antes de refletir uma importância que supere os custos, as despesas e os investimentos; aos meus superiores responsáveis por apoiarem as iniciativas para gestão de riscos, que sempre expuseram que para uma boa governança é preciso de iniciativas rápidas e simples; às consultorias que atuam em projetos diversos sobre riscos, que promoveram acirradas discussões para obtenção de planos de monitoramento efetivos; às auditorias e certificações das quais participei ao longo dos anos, por proporcionar a visão externa que complementa qualquer trabalho.

À Fipecafi, que contribuiu de forma valiosa para minha formação acadêmica, e aos professores doutor Valdir Domeneghetti, doutor Geraldo Barbieri, doutor Iran Siqueira Lima (*in memoriam*) e doutor Wellington Rocha, por me apoiarem neste projeto acreditando na importância do tema para as empresas e os profissionais.

E, especialmente, a Deus, agradeço por permitir conhecê-lo de forma tão presente em cada etapa da minha vida.

MENSAGEM DO PRESIDENTE DA FIPECAFI

Basta uma breve reflexão sobre os terríveis problemas que vêm ocorrendo nas últimas décadas no âmbito das organizações empresariais e no contexto das nações para se constatar que *Mapeamento de Controles Internos SOX* é uma obra absolutamente atual e necessária.

Sob a primeira perspectiva, inúmeras organizações privadas, públicas e do terceiro setor estão envolvidas em fraudes, escândalos contábeis, desvios de conduta etc. Além disso, falhas em processos, desperdícios, perdas etc. também minam patrimônios em detrimento de *stakeholders*.

Sob a segunda perspectiva, diversos países estão mergulhados em corrupção sistêmica, causando perdas para contribuintes e para a sociedade.

Em ambos os casos, identifica-se como causa-raiz a falta ou ineficácia de sistemas de governança; e é exatamente aí que *Mapeamento de Controles Internos SOX* se apresenta como fonte de conhecimento e de técnica para ajudar a resolver esse problema.

O texto traz uma trajetória metodológica tanto para, de maneira preventiva, evitar falhas, deficiências, fragilidades etc., como para, de forma corretiva, eliminar essas intercorrências nos processos de gestão.

Esta obra é, portanto, indispensável para profissionais que desejam se capacitar, tanto na teoria como na prática, para acrescentar valor à sua carreira. O conteúdo deste livro com certeza fará diferença em sua vida profissional.

Welington Rocha – 2023
Diretor-Presidente da Fipecafi

APRESENTAÇÃO

O Professor Frank Pizo nos brinda com sua obra, que se mostra cada vez mais oportuna e apropriada para os profissionais e estudiosos do complexo tema de Controles Internos e Riscos em organizações. Esta segunda edição, além de avançar e aprimorar seções relevantes da obra, agrega visões e traz atualização de temas importantes.

As notícias trazem sequência de fatos e atos que se apresentam para reforçar a importância crescente do tema em meio a um mundo que passa por transformações das mais diversas naturezas. Práticas de gestão moldam-se aos novos modelos de negócios e aos novos parâmetros de mercado, com base na dinâmica empresarial de setores inteiros, bem como de concorrentes específicos. Dada a significativa transformação do mercado e o desenvolvimento natural das organizações, profissionais, direta ou indiretamente ligados ao tema, são naturalmente levados ao próprio reposicionamento, envolvendo atenção muito especial ao mapeamento e monitoramento de riscos, bem como à gestão de Controles Internos.

No tema de Governança Organizacional, aspectos de avaliação e mitigação de riscos, assim como *compliance* em geral, têm assolado nosso país, com escândalos que geram insegurança e desconfiança do mercado e dos principais *stakeholders* com os quais as organizações se relacionam. Os casos se avolumam, gerando imenso custo institucional em termos de risco e governança, sem falar das crises. Isso mostra-se muito prejudicial e oneroso ao mercado como um todo e às organizações em particular, com grande ênfase à crescente responsabilização de profissionais e suas instituições, avançando para penalizações. Tal fenômeno se vê mais desenvolvido em algumas jurisdições, como o próprio caso dos EUA, que, em ciclos, buscam aprimorar seus reguladores e instrumentos, bem como intensificar o desenvolvimento de capital humano ligado ao mundo dos negócios.

O Prof. Pizo mostra-se muito sintonizado com tais movimentos, oferecendo aos profissionais e ao público interessado uma obra revisada, que concentra conteúdo altamente relevante e de consumo imediato, em linguagem e profundidade adequadas. Este livro sintetiza experiência profissional e embasamento conceitual para fazer frente às questões práticas que afetam organizações, bem como referências para embasamentos conceituais às ações a serem implantadas ou revisadas nas organizações, tanto na perspectiva preventiva quanto na perspectiva corretiva. Mais que um guia, eu diria que este livro se aproxima da figura de um mentor com o qual o leitor poderá estabelecer um importante "diálogo" e ganhar eficiência em relação aos temas com os quais se depara, em seu cotidiano, ligados aos controles internos e riscos.

Parabéns e obrigado ao Prof. Pizo! Certo do enorme benefício que traz a todos nós.

Edgard Cornacchione – 2023
Conselheiro do Conselho Curador da Fipecafi

PREFÁCIO

Conhecer como uma empresa funciona na sua essência, explorar as eficiências eliminando as deficiências, descobrir o que se pode ajustar para que esta opere na sua plenitude, otimizando a *performance* e mantendo os riscos minimizados – lembrando que riscos são inerentes a qualquer tipo de negócio ou atividade e que devemos administrá-los em vez de simplesmente temê-los –, além, é claro, de garantir a governança de todas as atividades da empresa, são, na minha opinião, os principais atributos de uma estrutura ideal de Controles Internos.

Aqueles que já trabalham com Controles Internos há muitos anos puderam vivenciar a evolução do assunto dentro das empresas à medida que vários escândalos envolvendo grandes empresas e mesmo grandes corporações nacionais e internacionais, onde muitas até sucumbiram por erros, falhas ou desvios de recursos de seus empregados e até mesmo de seus controladores, levaram os agentes regularizadores de sistemas importantes a atentar-se mais ao funcionamento interno das empresas e como estas traduziam suas atividades em demonstrações financeiras, principal meio externo de se acompanhar a evolução da saúde financeira de uma empresa.

Assim, da mesma forma que vamos enaltecendo a importância dos Controles Internos, também vamos dando conta do tamanho do desafio que é implementar e manter uma estrutura dessas em funcionamento contínuo, até mesmo para os mais especialistas. Nem sempre as melhores propostas são possíveis e viáveis e, na maioria das vezes, o gestor de Controles Internos não tem acesso a um modelo ideal para seguir ou mesmo um *benchmarking*. Porém, neste livro, encontrei uma abordagem ampla dos Controles Internos, que vai desde o entendimento da importância destes para as empresas até a manutenção efetiva para que estes perdurem a quaisquer mudanças ao longo do tempo, garantindo uma aderência ao que foi proposto no desenho inicial, inclusive para atendimento das regras impostas pela exigente lei norte-americana Sarbanes-Oxley (SOX).

Raramente encontramos instruções específicas de como estruturar os Controles Internos numa empresa, mais difícil ainda é encontrar informações de como executar testes de validação da aderência destes ou até mesmo de como avaliar a materialidade para determinação desses testes, seja para fins específicos de garantir segurança e reporte para os Controladores, seja para adequação ao atendimento da Lei SOX. Neste livro, Frank Pizo compartilha várias informações imprescindíveis para que se tenha sucesso na empreitada de se implantar Controles Internos, garantir a manutenção destes e, principalmente, buscar uma estruturação adequada para certificação da SOX, explicando e exemplificando o passo a passo de como e porque fazer cada etapa de uma estrutura de Controles Internos.

O leitor ou usuário poderá utilizar este livro como fonte de informações de temas específicos para aprimorar seus trabalhos, encontrando, por exemplo, os caminhos para executar o mapeamento de processos e a identificação de falhas, de como fazer a avaliação da adequação da segregação de funções da sua empresa, de como elaborar e executar testes de aderência de Controles Internos, inclusive no ambiente de Tecnologia da Informação, como calcular uma materialidade da atividade, ou documentar seus papéis de trabalho e preparar essa documentação de testes para fins de comprovação para auditoria independente ou de certificação da SOX.

Assim, este livro pode ser utilizado como fonte de pesquisa e referência para os trabalhos de profissionais diversos, principalmente de auditores internos ou externos, agentes de *Compliance* ou de Controles Internos, de Governança Corporativa e, evidentemente, de profissionais com a difícil incumbência de buscar uma certificação da SOX.

Renato Gentil

NOTA À 2ª EDIÇÃO

Desde a publicação da 1ª edição, em 2018, o presente livro teve uma significativa aceitação dos profissionais de Controles Internos e Auditores. Adotado em cursos específicos de especialização e de pós-graduação, é um material de consulta e apoio ao profissional e ao acadêmico no tema de SOX nas instituições brasileiras, por tratar-se de uma apresentação estruturada do tema que busca atender à necessidade de definir e satisfazer as demandas de Controles Internos SOX ou não SOX, dos profissionais das diferentes áreas da organização, bem como de estudantes engajados com o tema.

Esta nova edição chega em um momento em que diversas empresas brasileiras – inclusive auditorias – amargam os impactos de multas e perdas decorrentes de falhas de Controles Internos em suas inspeções. Acionistas emplacam processos coletivos de reparação por danos, com prejuízos de imagem, os quais comprometem os negócios, que, por sua vez, são abalados por uma crise de confiança por parte dos acionistas – os clientes, os fornecedores e os parceiros.

Destaco que os recorrentes escândalos por fraude nos demonstrativos financeiros por empresas brasileiras reacendem a preocupação de empresas e auditorias independentes revisarem seus processos internos e externos, a fim de evitarem uma exposição negativa de sua instituição ou mesmo ampliarem as avaliações de Controles Internos, verificando se os procedimentos aplicados estão adequados e satisfatórios.

Esta 2ª edição complementa de forma relevante a Avaliação de Controles, incorporando sugestões práticas para compreender, atender ou evitar os frequentes "Alertas" do PCAOB em inspeções sobre Certificação SOX. Entre essas sugestões, são apresentadas a identificação e a avaliação dos Controles de Alta Qualidade (MRC – *Management Review Controls*) e a Qualidade das Informações da Entidade (IPE – *Information Produced by Entity*), que, em resumo, exigem maior e melhor esforço dos envolvidos no processo de Controles Internos e Auditorias.

Desejo que esta obra continue a contribuir no dia a dia dos interessados no importante desafio de estruturar Controles Internos e reafirmar que a SOX torna uma obrigação o que antes era exclusivamente uma boa prática.

LISTA DE ABREVIAÇÕES E SIGLAS

A.S.	–	Auditing Standard (Norma de Auditoria)
A.U.	–	Interim Auditing Standard (Normas Provisórias)
AICPA	–	American Institute of Certified Public Accountants (Instituto Americano de Contadores Públicos Certificados)
BACEN	–	Banco Central
BIS	–	Bank for International Settlements (Banco de Compensações Internacionais)
Cap.	–	Capítulo
CDC	–	Crédito Direto ao Consumidor
CEO	–	Chief Executive Officer (Presidente ou Executivo Principal)
CFO	–	Chief Financial Officer (Diretor Financeiro ou Executivo Financeiro)
CNPJ	–	Cadastro Nacional de Pessoa Jurídica
COAF	–	Conselho de Controle de Atividades Financeiras
COBIT	–	Control Objectives for Information and Related Technology (Objetivos de Controle para Informação e Tecnologias Relacionadas)
COFINS	–	Contribuição para Financiamento da Seguridade Social
COSO	–	Committee of Sponsoring Organization of the Treadway Commission (Comitê das Organizações Patrocinadoras da Comissão de Treadway)
CPF	–	Cadastro de Pessoa Física
CS	–	Contribuição Social
CSF	–	Critical Success Factors
EBIT	–	Earnings Before Interest and Taxes (Lucro antes dos Juros e Tributos)
EBITIDA	–	Earnings Before Interest, Taxes, Depreciation and Amortization (Lucro antes dos Juros, Impostos, Depreciação e Amortização)
ERM	–	Enterprise Risk Management (Gerenciamento de Riscos Corporativos)
ET	–	Erro Tolerável
Ex.	–	Exemplo
Fat.	–	Faturamento
FIPECAFI	–	Fundação Instituto de Pesquisas Contábeis, Atuariais e Financeiras
GAAP	–	Generally Accepted Accounting Principles (Princípios Contábeis Geralmente Aceitos)
IC IF	–	Internal Control = Integrated Framework (Controle Interno = Estrutura Integrada)
IFRS	–	International Financial Reporting Standard (Normas Internacionais de Relatório Financeiro)
Ind.	–	Indústria
IPE	–	Information Produced by Entity (Qualidade das Informações da Entidade)
ISACA	–	Information Systems Audit and Control Association
IT	–	Information Technology (Tecnologia da Informação)
ITGC	–	Information Technology General Control (Controles Gerais de Tecnologia da Informação)

KGI	–	Key Goal Indicator (Indicador de Meta)
KPI	–	Key Performance Indicator (Indicador de Desempenho)
LAIR	–	Lucro antes do Imposto de Renda
MRC	–	Management Review Controls (Controles de Alta Qualidade)
PCAOB	–	Public Company Accounting Oversight Board (Conselho de Supervisão da Contabilidade de Empresas de Capital Aberto)
PIS	–	Programas de Integração Social
RG	–	Registro Geral
RH	–	Recursos Humanos
ROI	–	Return on Investment (Retorno do Investimento)
SARBOX	–	Sarbanes-Oxley (a Lei)
SEC	–	Securities and Exchange Commission (Comissão de Valores Mobiliários)
SOA	–	Sarbanes-Oxley (a Lei)
SoD	–	Segregation of Duties (Segregação de Função)
SOX	–	Sarbanes-Oxley (a Lei)
TI	–	Tecnologia da Informação

SUMÁRIO

Introdução 1

1 Por que Controles Internos sobre Demonstrações Financeiras? 3

   1.1   Principais Aspectos da Lei Sarbanes-Oxley 5

2 Órgãos Reguladores e Metodologias 11

   2.1   Public Company Accounting Oversight Board (PCAOB) 12

   2.2   Committee of Sponsoring Organizations of the Treadway Commission (COSO) 13

   2.3   Control Objectives for Information and Related Technology (COBIT) 18

3 Ambientes de Controles Internos 25

   3.1   Corporativo ou da Entidade 27

   3.2   Ambiente de Negócios ou do Processo 39

   3.3   Ambiente Tecnológico 42

4 Definindo Processos para Mapeamento 45

   4.1   Materialidade 47

   4.2   Critérios de Materialidade 49

   4.3   Modelo de Materialidade 52

5 Principais Universos de Riscos 67

   5.1   Risco de Conformidade 68

   5.2   Risco Operacional 69

   5.3   Risco de Reporte Financeiro 69

   5.4   Identificação de Tipos de Riscos 70

   5.5   Assertivas de Riscos 73

        5.5.1   Existência ou Ocorrência 76

        5.5.2   Integridade 76

        5.5.3   Valoração ou Alocação 76

        5.5.4   Direitos e Obrigações 77

        5.5.5   Apresentação e Divulgação 77

        5.5.6   Identificação das Assertivas 78

6 Como Escrever Riscos de Reporte Financeiro? 81

6.1 Abordagens para Descritivos de Riscos 81
6.2 Modelos de Descritivos de Riscos 83

7 Avaliação de Riscos 85

7.1 Critérios de Avaliação 86
7.2 Modelo de Avaliação de Risco 88

8 Principais Universos de Controles 93

8.1 Controles *x* Atividades 96
8.2 Mitigação de Risco 99
8.3 Natureza do Controle 99
    8.3.1 Controle Primário (*Key*) 99
    8.3.2 Controle Secundário 101
8.4 Tipo de Controle 103
    8.4.1 Controles Preventivos 103
    8.4.2 Controles Detectivos 103
8.5 Operacionalização do Controle 103
    8.5.1 Controles Manuais 103
    8.5.2 Controles Parcialmente Sistêmicos 104
    8.5.3 Controles Sistêmicos 104
8.6 Objetivos de Controle 105
    8.6.1 Antifraude 105
    8.6.2 Salvaguarda 106
    8.6.3 Atividades 106
8.7 Frequência do Controle 106
    8.7.1 Periódica 107
    8.7.2 Por Ocorrência (Irregulares) 107

9 Como Escrever Controles de Reporte Financeiro? 109

9.1 Abordagem para Descritivos de Controles 110
    9.1.1 Dez Pontos de Abordagem Operacional e Técnica para Interpretar Controle de Reporte Financeiro 110
    9.1.2 Modelos de Descritivos de Controles 114
9.2 Controles de Alta Qualidade ou *Management Review Controls* 119
    9.2.1 Identificação dos Controles de Alta Qualidade (MRC) 119
    9.2.2 Classificação dos Controles de Alta Qualidade (MRC) 121
    9.2.3 Qualidade das Informações da Entidade ou *Information Produced by Entity* 123
    9.2.4 Identificação de Qualidade das Informações da Entidade ou *Information Produced by Entity* 124

10 Validação dos Controles 129

10.1 Procedimentos de Validação 129
    10.1.1 Indagação 130

10.1.2 Observação		131
10.1.3 Inspeção		132
10.1.4 *Reperformance*		133

10.2 Validação de Desenho (*Walkthrough*) 134
    10.2.1 Modelo de Aplicação de *Walkthrough* 135
10.3 Validação de Efetividade 136
    10.3.1 Seleção Amostral 137
    10.3.2 Modelo de Seleção e Base de Dados 140
10.4 Documentar Deficiências (*GAP*) 142
    10.4.1 Classificação de Deficiências 143
    10.4.2 Modelo de Interpretação de Deficiências 143
10.5 Relevância das Deficiências 145
    10.5.1 Deficiência 145
    10.5.2 Deficiência Significativa 145
    10.5.3 Fraqueza Material 146

11 Mapeamento de Processo 147

11.1 Fluxograma 150
11.2 Narrativa 153
11.3 Segregação de Funções 156
    11.3.1 Organograma Hierárquico 156
    11.3.2 Instrumento Manual 157
    11.3.3 Instrumento Eletrônico 159
11.4 Matriz de Riscos e Controles 164
    11.4.1 Elaboração da Matriz de Riscos e Controles 165
    11.4.2 Modelo de Matriz de Riscos 169
    11.4.3 Responsabilidade 169

12 Ciclo de Validação e Monitoramento 173

12.1 Calendário Anual 173
12.2 Calendário sob Demanda 174

13 Resultados de Controles Internos 177

13.1 Resultados para o Gestor do Processo 177
13.2 Resultados para Administração 178

14 Modelos Práticos 181

14.1 Análise de Materialidade 181
14.2 Fechamento Contábil 190
    14.2.1 Narrativa 190
    14.2.2 Fluxograma 192
    14.2.3 Matriz de Riscos e Controles 199
14.3 Gerenciamento de Dados 210
    14.3.1 Narrativa 210
    14.3.2 Fluxograma 213
    14.3.3 Matriz de Riscos e Controles 216

15 Considerações Finais.. 229

Respostas das Perguntas de cada Capítulo Sugeridas pelo Autor................. 231

Referências Bibliográficas.. 237

Índice Alfabético 239

INTRODUÇÃO

Os frequentes casos de fraudes e escândalos contábeis em empresas nacionais e internacionais exigiram ações concretas de monitoramento pelos gestores empresariais para que transmitissem aos investidores a confiança necessária para manter tais investimentos nessas empresas.

O mercado de ações norte-americano – Securities and Exchange Commission (SEC) – por meio da Lei Sarbanes-Oxley (SOX), de 2002, estabeleceu um novo rumo para as empresas na estruturação de Controles Internos, tornando tal atividade, antes considerada como boas práticas, obrigatória.

Imediatamente, essa obrigatoriedade disseminou-se nos demais mercados de capitais do mundo, trazendo o desafio de estabelecer Controles Internos e auditorias sobre os controles relacionados às Demonstrações Financeiras e nos processos das empresas, a fim de identificar, combater e prevenir fraudes que impactassem no desempenho financeiro.

O estabelecimento de Controles Internos é determinado por diversas metodologias. Entre as mais conhecidas e reconhecidas internacionalmente estão as estruturadas pelo modelo COSO e COBIT, sendo a sua aplicação a maior dificuldade encontrada pelas empresas, seja pela adequação ao segmento de negócios, modelo de gestão, cultura da empresa, seja pelos elevados custos para implementação das estruturas de Controles Internos – o que depende de forma importante de profissionais experientes e empresas de consultoria especializadas no tema.

Esta obra tem por objetivo orientar o estabelecimento de Controles Internos, de forma a apresentar mecanismos para: identificação de riscos e desenvolvimento de controles; avaliação e definição dos ambientes que serão controlados, de modo a suportar exigências mínimas necessárias para obtenção de Demonstrações Financeiras elaboradas por um ambiente controlado e monitorado por ações antifraude, falhas e erros, com razoável nível de confiança.

O propósito deste livro não é definir qual a melhor metodologia, avaliar experiências profissionais ou empresas que atuam na área, mas apresentar de forma efetiva os pontos de partida para criação e estabelecimento de um ambiente de Controles Internos, instruções de como fazê-lo e, principalmente, promover subsídios para que o profissional e a empresa decidam o nível de complexidade e abrangência que desejam implementar em sua estrutura de Controles Internos.

Finalmente – em especial atenção – esta obra visa disseminar a cultura e a importância dos Controles Internos nas organizações, para que as empresas prosperem diante dos inúmeros cenários adversos promovidos por fraudes e falhas, fazendo que os controles sejam parte integrante das rotinas de trabalho e assim permitindo que a geração de produtos e serviços de qualidade, estratégias e as inovações sejam o *core business* das empresas, sem surpresas (problemas) com as rotinas dos demais processos existentes.

1

POR QUE CONTROLES INTERNOS SOBRE DEMONSTRAÇÕES FINANCEIRAS?

Objetivos de Aprendizagem

O propósito do capítulo *Por que Controles Internos sobre Demonstrações Financeiras?* é enfatizar a importância da estrutura dos Controles Internos na organização, a relação de Controles Internos e as Demonstrações Financeiras e a pressão regulatória internacional por meio da exigência da Lei Sarbanes-Oxley para a aplicação de Controles Internos nas empresas de capital aberto, penalidades aos seus administradores e caso de irregularidades, e proporcionar mecanismos de auditoria e garantia aos investidores.

Os relatórios financeiros de uma empresa são representações padronizadas que visam apresentar a sua evolução e saúde financeira, por meio das Demonstrações Financeiras – Balanço Patrimonial, Resultado e Fluxo de Caixa – que são exigidas por todos os países de acordo com os princípios contábeis, sendo estes adequados às práticas contábeis locais (ex.: no Brasil – BR GAAP), às exigidas por suas matrizes no exterior (ex.: nos Estados Unidos – US GAAP, por convenção entre países – IFRS) ou à exigência de qualquer mercado de capitais em que a empresa estiver presente.

Por meio dessas informações financeiras são estabelecidos limites de concessão de crédito, definição do nível de endividamento, captação de recursos no mercado de capitais ou delimitação de cenários, oportunidades em relação à concorrência e decisão de novos investimentos.

As Demonstrações Financeiras apresentam um ou mais momentos da saúde financeira da empresa, sendo possível calcular diversos indicadores financeiros, como EBITDA,[1] EBIT,[2] e ROI,[3] que auxiliam na tomada de decisão para a empresa ou para o acionista. No caso do acionista, tais indicadores favorecem a decisão por manter seus investimentos, porque estão ao encontro de seus objetivos, ou mesmo a decisão de vender suas ações, por perda de interesse no investimento, por acreditar que as ações e sua rentabilidade chegaram a seu ápice ou até mesmo por perderem o valor almejado pelo acionista.

Os indicadores financeiros, por terem como matéria-prima as Demonstrações Financeiras das empresas, precisam de informações e dados, acurados e verdadeiros, íntegros e precisos, para que sejam promovidas informações suficientemente seguras aos acionistas, deixando que

---

[1] EBITDA: *Earnings Before Interest, Taxes, Depreciation and Amortization* (Lucro antes dos Juros, Impostos, Depreciação e Amortização).

[2] EBIT: *Earnings Before Interest and Taxes* (Lucro antes dos Juros e Tributos).

[3] ROI: *Return on Investment* (Retorno do Investimento).

os mesmos decidam os rumos dos seus investimentos. Lembrando que um indicador de que uma empresa obteve lucros inferiores ao período anterior não necessariamente significa que está em declínio ou adversidade, mas pode sinalizar também que houve um maior volume de investimentos, para o maior retorno financeiro no futuro.

Esses indicadores refletem o passado, como comparativo, e o presente, como cenário atual. O conjunto destes com a análise de outros aspectos sobre a empresa – tipo de negócios, produtos e serviços oferecidos, concorrências, economia, mercado de atuação, público-alvo – possibilita elaborar previsões sobre a mesma que serão utilizadas para tomada de decisão dos gestores (definir estratégias e ações de mercado) e dos acionistas (comprar ou vender ações).

Considerando a relevância dessas informações constantes nas Demonstrações Financeiras, as empresas são obrigadas a passar por procedimentos de auditoria externa, denominada Auditoria Independente, para que a acuracidade das informações seja efetiva e com base em dados fidedignos.

PRÁTICA 1: Demonstrações Financeiras – Seguras e Confiáveis

As Demonstrações Financeiras seguras e confiáveis são as que refletem a veracidade e a acuracidade da saúde financeira da empresa, independentemente de a informação apresentar lucros ou prejuízos.

As informações constantes nas Demonstrações Financeiras, perante a lei e por definição das práticas contábeis, devem respeitar a integridade e a veracidade dos dados. No entanto, por serem parâmetros para tomada de decisão, grandes empresas se valeram da contravenção de ocultar ou alterar as informações por falha ou para benefício próprio:

- Enron – EUA (2001);
- Merck – EUA (2001);
- WorldCom – EUA (2002);
- Tyco – EUA (2002);
- Xerox – EUA (2002);
- Bristol-Myers Squibb – EUA (2002);
- Parmalat – ITA (2003).

Essas empresas também passaram por auditorias independentes, que se mostraram deficientes, insuficientes ou, em seu pior cenário, coniventes com as irregularidades. Essas informações distorcidas ou inverídicas resultaram em publicações de Demonstrações Financeiras com receitas superiores à realidade dessas empresas ou com prejuízos ocultados, o que, consequentemente, influenciou os acionistas de forma errônea em suas decisões, pois acreditavam investir em ações de empresas que apresentavam o seu verdadeiro valor no mercado de capitais.

Os resultados dessas irregularidades identificadas refletiram no cenário econômico mundial:

Essas descobertas deram início a um efeito dominó, com constatação de práticas de manipulação em várias outras empresas, não só norte-americanas, mas no resto do mundo, resultando em uma crise de confiança em níveis inéditos desde a quebra da bolsa norte-americana em 1929.
(BORGARETH, 2007, p. 15)

Como consequência, causou desconforto nos investidores dos mercados de ações norte-americanos e demais, fazendo com que as autoridades norte-americanas e os órgãos reguladores promovessem ações extremamente concretas sobre a questão.

A resposta oferecida pelo Senado norte-americano para esses escândalos contábeis foi a promulgação da Lei Sarbanes-Oxley, em 2002, com o objetivo de restaurar a confiança dos investidores nas Demonstrações Financeiras, ao exigir das empresas interessadas em permanecer ou ingressar no mercado de capitais norte-americano, dentre outros aspectos, a adoção da avaliação de Controles Internos sobre as Demonstrações Financeiras, no qual a alta administração das empresas (CEO[4] e CFO)[5] se responsabiliza pela informações publicadas e pelos procedimentos de Controles Internos implementados. Em caso de irregularidades identificadas, punições severas são estabelecidas sobre os administradores e os auditores independentes.

Pelo motivo de a Lei *Sarbanes-Oxley* – posteriormente conhecida por SOX, SOA, SARBOX – exigir o estabelecimento de Controles Internos sobre as Demonstrações Financeiras pelas empresas e auditorias sobre os Controles Internos implementados, a atividade deixou de ser uma boa prática de mercado para tornar-se uma obrigatoriedade, sendo uma exigência requerida por outros mercados de capitais de seus respectivos países.

A obrigatoriedade legal de estabelecer a avaliação de Controles Internos responsabiliza e penaliza os administradores em casos de irregularidades nas práticas contábeis, penalidades (ainda que limitadas) que antes da Lei Sarbanes-Oxley eram aplicadas exclusivamente aos contadores. A legislação torna a alta administração responsável direta pelas Demonstrações Financeiras e por sua avaliação de Controles Internos, que responde criminalmente pelas irregularidades.

PRÁTICA 2: Responsabilidades dos Administradores

A Lei Sarbanes-Oxley torna a alta administração responsável direta pelos relatórios financeiros e pelas avaliações de Controles Internos, respondendo criminalmente por suas irregularidades.

A partir do reconhecimento pela alta administração sobre a importância da sua participação na publicação dos relatórios financeiros, na avaliação dos Controles Internos e os impactos penais que recaem sobre os administradores em caso de irregularidades nas Demonstrações Financeiras, os níveis de comprometimento nas ações de prevenção e combate a fraudes recebem uma atenção especial. Assim, são implementados elevados padrões de monitoramento dos processos, desenvolvimento da cultura de Controles Internos e abrangentes ações de governança corporativa.

1.1 PRINCIPAIS ASPECTOS DA LEI SARBANES-OXLEY

A Lei SOX foi criada para restabelecer a confiança no sistema financeiro, aplicando procedimentos para coibir o desrespeito a princípios éticos dos administradores em relação às práticas contábeis, elevando a exigência e o monitoramento sobre as empresas de auditoria e o fortalecimento de governança corporativa nas empresas que decidirem permanecer ou ingressar no mercado de capitais norte-americano.

---

[4] CEO: *Cheif Executive Officer* (Presidente ou Executivo Principal).
[5] CFO: *Cheif Financial Officer* (Diretor Financeiro ou Executivo Financeiro).

6 Mapeamento de Controles Internos SOX

PRÁTICA 3: Objetivos da Lei SOX

Restabelecer a confiança dos investidores;

Responsabilizar a alta administração das empresas;

Fortalecer os princípios de Governança Corporativa;

Supervisionar as Demonstrações Financeiras;

Exigir maior transparência e credibilidade.

Os principais artigos da Lei SOX sobre fortalecimento da Governança Corporativa são demonstrados na Figura 1.1. Nesta obra será destacado o artigo 404, que torna obrigatória a avaliação de Controles Internos.

Figura 1.1 Principais seções e artigos da Lei SOX

1. Public Company Accounting Oversight Board (101 a 109) Conselho de Supervisão da Contabilidade de Empresas de Capital Aberto	2. Auditor Independence (201 a 209) Independência do Auditor	3. Corporate Responsibility (301 a 308) Responsabilidade da Empresa	4. Enhanced Financial Disclosures (401 a 409) Aprimoramento das Divulgações Financeiras
101. Establishment; administrative provisions. Fundação do PCAOB, suas funções, membros, poderes e regras **102. Registration with the Board.** Quem deve e como se registrar no Conselho e o que deve ser reportado pelas empresas de auditoria **103. Auditing, quality control and independence standards and rules.** Regras e padrões que as empresas de auditoria precisam seguir referentes à qualidade e independência **104. Inspection of Registered Public Accounting Firms.** Determina que o Conselho conduza um programa de inspeção nas empresas de auditoria	**201. Services outside the scope of practice of auditors.** Aponta serviços que não podem ser prestados pelas empresas de auditoria dentro das companhias que auditam **202. Pre-approval requirements.** Requerimento de aprovação prévia do comitê de auditoria para qualquer outro serviço prestado pelos auditores independentes da companhia **203. Audit partner rotation.** Determina a rotatividade do sócio líder de auditoria a cada cinco anos em cada cliente **204. Auditor reports to audit committees.** Cria regras para comunicação entre os auditores contratados e o comitê de auditoria da companhia	**301. Public company audit committees.** Define as funções atribuídas e o nível de independência do comitê de auditoria em relação à direção da empresa **302. Corporate responsibility for financial reports.** Determina a certificação das demonstrações financeiras pela administração da companhia **303. Improper influence on conduct of audits.** Ilegalidade para qualquer funcionário ou diretor envolvido em influência fraudulenta, coerção ou manipulação de auditores independentes	**401. Disclosures in periodic reports.** Divulgação dos relatórios financeiros elaborados de acordo com o GAAP (Generally Accepted Accounting Principles) e refletindo os ajustes identificados pelo auditor externo **402. Enhanced conflict of interest provisions.** Proibição de empréstimos pessoais entre executivos e a companhia **403. Disclosures of transactions involving management and principal stockholders.** Rápido reporte de negociações envolvendo a gerência e acionistas **404. Management assessment of internal controls.** Avaliação e certificação dos Controles Internos para a emissão de relatórios financeiros

Fonte: Adaptado da Lei Sarbanes-Oxley

O artigo 1 – *Public Company Accounting Oversight Board* (da seção 101 a 109) – tem como maior contribuição para a Governança Corporativa a criação do *Public Company Accounting Oversight Board* (PCAOB). Esse artigo será detalhado no Capítulo 2 – Órgãos Reguladores e Metodologias.

O artigo 2 – *Auditor Independence* (da seção 201 a 209) – estabelece restrições às firmas de auditoria independente, promovendo maior independência nos trabalhos de auditoria, limitando a prestação de determinados serviços (ex.: consultorias ou serviços contábeis alvo da própria auditoria), determinando uma rotatividade entre os sócios das empresas de auditoria e a criação de regras de comunicação com a diretoria da empresa auditada.

O artigo 3 – *Corporate Responsibility* (da seção 301 a 308) – obriga que a alta administração da empresa (CFO e o CEO) atestem, pessoalmente, as Demonstrações Financeiras.

No artigo 4 – *Enhanced Financial Disclosures* (da seção 401 a 409) –, cabe destacar a seção 404. *Management assessment of internal controls*, que contribui, significativamente, para a criação de exigências da avaliação de Controles Internos sobre as divulgações das Demonstrações Financeiras, estabelecendo a necessidade de criação de procedimentos de auditoria e autoavaliação da eficiência dos Controles Internos, submetidos formalmente à alta administração.

A alta administração adquire a responsabilidade de garantir a eficiência da avaliação de Controles Internos e, finalmente, a auditoria externa como parte integrante de um processo de certificação anual dos Controles Internos da auditada.

PRÁTICA 4: Seção 404 da Lei SOX ou SOX 404

A autoavaliação de Controles Internos pela empresa e a avaliação de Controles Internos pela empresa de auditoria externa tornam-se um processo de certificação anual, determinante para manter a empresa no mercado de capitais norte-americano – *Securities and Exchange Commission* (SEC).

Os demais artigos da Lei SOX estão relacionados na Figura 1.2 com um breve resumo da sua importância.

Figura 1.2 Demais artigos da Lei SOX

Fonte: Adaptado da Lei Sarbanes-Oxley

Os artigos estabelecem o fortalecimento da Governança Corporativa, além dos Controles Internos, pela extensão das responsabilidades e das penalidades criminais para crimes do *colarinho branco*, conflitos de interesses, fraudes corporativas, conluio e multas sobre a empresa e os administradores.

A seção 806 – *Protection for employees of publicly traded companies who provide evidence of fraud* – destaca a criação de um canal de denúncia que protege os denunciantes ou delatores de irregularidades cometidas pela empresa e seus administradores.

A Lei SOX propõe que estabelecer e monitorar os Controles Internos da empresa é responsabilidade e dever da alta administração. A necessidade de auditoria independente exclusivamente sobre os Controles Internos é parte de uma certificação anual, tendo por objetivo principal a proteção aos acionistas por meio da apresentação de Demonstrações Financeiras transparentes e confiáveis. A SOX é uma Lei de Governança Corporativa dos Estados Unidos, focada principalmente em Controles Internos, que foi globalizada.

Capítulo 1 | Por que Controles Internos sobre Demonstrações Financeiras? **9**

Figura 1.3 Leis de Governança no mundo

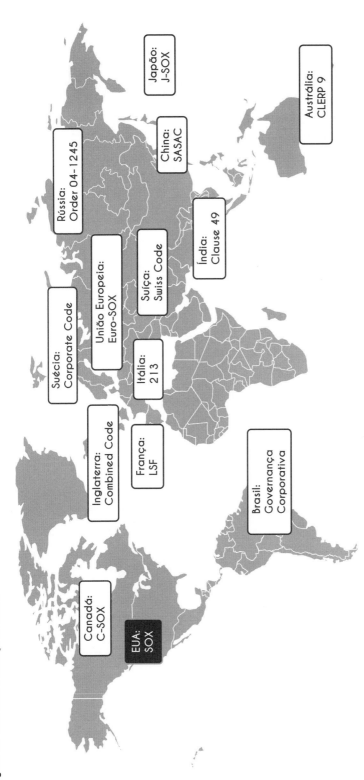

Fonte: appleuzr | iStockphotos / adaptado pelo autor

Perguntas sugeridas pelo autor

1. O que são Controles Internos sobre Demonstrações Financeiras?
2. Por que a Lei Sarbanes-Oxley exigiu avaliações de Controles Internos pelas empresas?
3. Quem são os responsabilizados por irregularidades nas Demonstrações Contábeis perante a Lei Sarbanes-Oxley?
4. Qual a participação da auditoria independente para a Lei Sarbanes-Oxley?
5. Qual o impacto da Lei Sarbanes-Oxley para os mercados de capitais do mundo?

2
ÓRGÃOS REGULADORES E METODOLOGIAS

Objetivos de Aprendizagem

O propósito do capítulo *Órgãos Reguladores e Metodologias* é apresentar os órgãos reguladores e as metodologias envolvidas em processo de Certificação SOX, as suas origens e extensão sobre os modelos, interações e exemplificações de Controles Internos na construção da estrutura de Controles Internos das instituições.

O estabelecimento da transparência das Demonstrações Financeiras perante a Lei SOX é definido, monitorado e controlado por um órgão regulador e por meio de recomendações de práticas de Controles Internos baseadas em metodologias internacionais.

Para uma empresa manter-se ou ingressar no mercado de capitais norte-americano (SEC, do inglês Securities and Exchange Commission) é necessário que seja auditada por uma firma de auditoria registrada no Public Company Accounting Oversight Board (PCAOB) e que tenha uma estrutura para autoavaliação de Controles Internos, focado no objetivo de proteger a transparência (ex.: acuracidade e veracidade) das Demonstrações Financeiras, sendo que para isso seja estabelecido e monitorado um ambiente de controle.

Para estabelecer esse ambiente de controle é recomendada a utilização de metodologias internacionais, como o Committee of Sponsoring Organization of the Treadway Commission (COSO), para ambiente de negócios ou processos, e o Control Objectives for Information and Related Technology (COBIT) para ambiente de TI ou tecnologia da informação, sendo ambas as metodologias – que se complementam – especialmente recomendadas por serem a base de formação e referência para as metodologias próprias das empresas especializadas no tema de Controles Internos.

2.1 PUBLIC COMPANY ACCOUNTING OVERSIGHT BOARD (PCAOB)

Figura 2.1 *Site* PCAOB

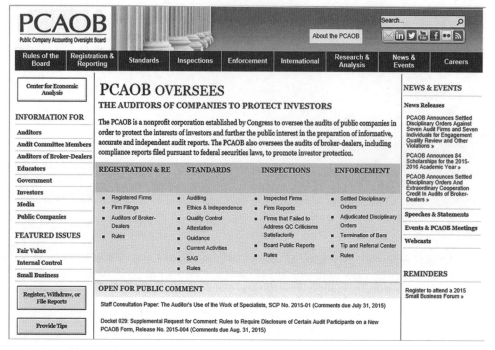

Fonte: http://pcaobus.org/Pages/default.aspx

O PCAOB é o órgão criado pela Lei SOX para definir regras e padrões sobre as firmas de auditoria que exercem as suas atividades em empresas de capital aberto registradas na SEC, com as funções de:

- registrar as firmas de auditoria independente que prepararão relatórios de auditoria para empresas registradas na SEC;
- definir regras de auditoria, controles de qualidade, valores éticos, independência e padrões na preparação de relatórios de auditoria para empresas registradas na SEC;
- inspecionar as empresas de auditoria independente;
- estabelecer investigações e procedimentos disciplinares sobre as firmas de auditoria independente e atribuir sanções para empresas e/ou sócios.

> **PRÁTICA 5: Padrões de Auditoria (*Auditing Standard*)**
>
> Os padrões de auditoria de Demonstrações Financeiras estabelecidos pelo PCAOB são as exigências para as empresas de auditoria, aplicáveis às empresas auditadas registradas na SEC. São aplicadas em outras empresas auditadas (não registradas na SEC) por deliberação da empresa de auditoria.

O PCAOB determina os requisitos para as empresas de auditoria exercerem a atividade de Auditoria de Balanço e Auditoria de Controles Internos para certificação SOX. Para isso, emite os *Auditing Standards* para equalizar os padrões de auditoria pelas firmas da área em nível requerido pela Lei SOX.

Nos padrões de auditoria é possível determinar métricas e objetivos de auditoria.

PRÁTICA 6: Controles Internos SOX para empresas não registradas na SEC

As empresas que adotam as exigências do *Auditing Standards* (PCAOB) para as suas atividades de Controles Internos asseguram especificamente as Demonstrações Financeiras com base nas exigências do mercado norte-americano (SEC) e, por essa razão, são consideradas, informalmente, empresas com Controles Internos SOX (pois não têm registro na SEC que possibilite uma auditoria específica de Certificação SOX, sendo exclusivamente uma boa prática de Controles Internos voltada para as Demonstrações Financeiras).

2.2 COMMITTEE OF SPONSORING ORGANIZATIONS OF THE TREADWAY COMMISSION (COSO)

Figura 2.2 *Site* COSO

Fonte: http://www.coso.org

Em 1985, foi criado a *National Commission on Fraudulent Financial Reporting* (Comissão Nacional sobre Fraudes em Relatórios Financeiros) nos EUA, por iniciativa do setor privado norte-americano para o estudo das causas de fraudes e desvios em relatórios financeiros ou contábeis, sendo uma comissão exclusiva para o estudo dos Controles Internos e o Gerenciamento de Risco.

O Committee of Sponsoring Organizations of the Treadway Commission foi resultado da transformação da comissão em comitê, intitulada COSO, entidade sem fins lucrativos e dedicada ao aperfeiçoamento dos relatórios financeiros por meio de boas práticas de Governança Corporativa, contemplada por Controles Internos efetivos e valores éticos.

Em 1992, publicou-se o *Internal Control – Integrated Framework* (IC IF, Controle Interno – Estrutura Integrada), que viria a se tornar referência mundial na aplicação de Controles Internos.

O COSO foi reconhecido pela SEC como modelo a ser aplicado para atendimento de Controles Internos (Lei SOX), tornando obrigatório o que antes era considerado boas práticas de governança.

O modelo do COSO propõe uma estrutura segregada em cinco componentes e três objetivos de controle, como exemplificado na Figura 2.3. O modelo é sugerido em forma de cubo, a ser aplicado em funções ou unidades de negócios.

Figura 2.3 Modelo COSO 1992

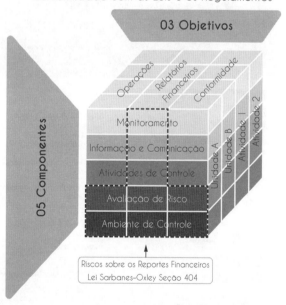

Ambiente Interno
Integridade nos valores éticos
Filosofia, comprometimento com a competência
Diretrizes de autoridade e responsabilidades

Avaliação do Risco
Objetivos da entidade e das atividades
Sistemas de informação (gestão)
Gestão de mudanças

Atividade de Controle
Diretrizes, procedimentos, alçadas
Bens de capital

Informação e Comunicação
Qualidade da informação
Formas de comunicações

Monitoramento
Monitoramento contínuo
Avaliações individuais ou específicas

Fonte: Adaptado do COSO IC 1992

A Lei SOX exige o monitoramento de Controles Internos sobre os relatórios financeiros. Esse monitoramento é presente entre um dos três objetivos do COSO, o *Integrated Framework*, de 1992, e seus cinco componentes a serem aplicados nas empresas ou unidades de negócios. O objetivo específico para as Demonstrações Financeiras é o de Reporte Financeiro.

Em 2003, o COSO publicou o COSO ERM (*Enterprise Risk Management*), com a visão de gerenciamento de riscos, tendo uma abrangência maior dos riscos inerentes aos negócios e dos riscos externos ao estender mais um objetivo – o estratégico – e segregar e ampliar os componentes de cinco para oito. Essa visão do COSO é independente da publicação de 1992, conforme demonstrado na Figura 2.4, que apresenta o gerenciamento integrado de riscos.

Figura 2.4 Cubo COSO ERM

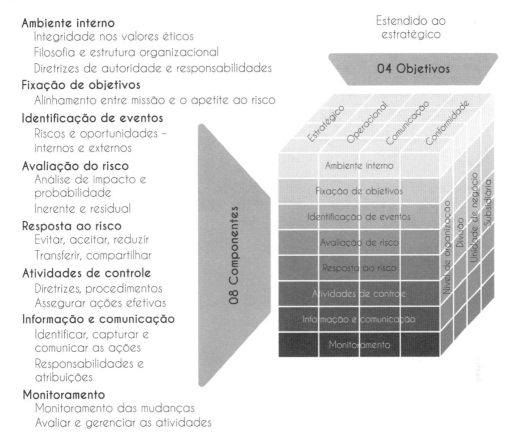

Fonte: Adaptado do COSO ERM

Em 2013, o COSO publicou o IC IF como forma de atualizar a publicação de 1992. Foram mantidos seus três objetivos, mas modificada a exclusividade de Reporte Financeiro para Divulgação, estendendo-o como monitoramento sobre qualquer responsabilidade de reporte externo (ex.: reporte social ou ambiental), conforme demonstrado na Figura 2.5, que apresenta a nova estrutura do cubo.

Figura 2.5 Cubo COSO IC IF 2013

Ambiente de controle
1. Demonstra comprometimento com a integridade e os valores éticos
2. Cumpre a responsabilidade de supervisão
3. Estabelece a estrutura, a autoridade e a responsabilidade
4. Demonstra comprometimento com a competência
5. Reforça a responsabilidade com prestação de contas

Avaliação de risco
6. Especifica objetivos adequados
7. Identifica e analisa riscos
8. Avalia o risco de fraude
9. Identifica e analisa mudanças significativas

Atividades de controle
10. Seleciona e desenvolve atividades de controle
11. Seleciona e desenvolve controles gerais de tecnologia
12. Implementa por meio de políticas e procedimentos

Informação e comunicação
13. Utiliza informações relevantes
14. Comunica internamente
15. Comunica externamente

Atividades de monitoramento
16. Realiza avaliações contínuas e/ou independentes
17. Avalia e comunica deficiências

Fonte: Adaptado do COSO IC IF 2013

Esaa literatura tem por objetivo a prática de Controles Internos sobre as Demonstrações Financeiras e, por isso, a sua abordagem concentrará esforços em uma interpretação independente, com ênfase no COSO IC IF 2013 e sua abordagem especificamente nos Controles Internos sobre as Demonstrações Financeiras (Divulgação – objetivo de reporte financeiro).

PRÁTICA 7: COSO 1992 e COSO 2013 (Controles Internos SOX)

O COSO 1992, focado no objetivo de Reporte Financeiro, atende em plenitude as atividades de Controles Internos SOX (Demonstrações Financeiras). O COSO 2013 é uma atualização e substituição do COSO 1992, no qual são estendidas atividades sobre outros reportes – não exclusivamente financeiros – e atividades específicas, as quais cabe destacar: monitoramento sobre Prestação de Serviços Terceirizados (*Outsourcing*) e abrangências sobre os ambientes tecnológicos/tecnologias.

Independentemente da abordagem ou metodologia, é importante destacar que Controles Internos possuem limitação, como definido pelo próprio COSO 2013:

Processo, cuja finalidade é assegurar, num **grau razoável***, que os riscos serão* **identificados e geridos** *de tal forma que os* **objetivos da organização** *sejam atingidos.*

Essa limitação ratifica que, independentemente dos esforços dedicados, o controle interno estabelecerá um grau razoável de segurança para organização, mas não pode garantir em sua totalidade que as operações não fiquem expostas a riscos, pois estes são formados por incertezas.

O controle interno sugerido pelo COSO **não**:

- determina **quais os riscos ou controles** serão considerados;
- define **quais os procedimentos** de monitoramento;
- **obriga** um nível específico ou processo formal para documentação de monitoramento;
- melhora o monitoramento nas empresas em que as ações de Controles Internos **já estão eficazes**.

Cabe à estrutura de Controles Internos, apoiada pela alta administração, a **responsabilidade em estabelecer**:

- os **riscos ou controles** que serão considerados;
- os **procedimentos** de monitoramento;
- o **nível específico** ou **processo formal** para documentar o monitoramento;
- **a submissão formal** dos resultados do monitoramento das ações de Controles Internos **(resultados eficazes ou não) à alta administração.**

Por isso, cabe à administração definir o apetite ao risco, a extensão dos Controles Internos, a estrutura de gestão dos controles e as ferramentas para o seu monitoramento.

Nesta obra, estabeleceremos subsídios práticos para que a avaliação e o monitoramento sejam eficientes e eficazes para o estabelecimento de Controles Internos formais sobre as Demonstrações Financeiras.

2.3 CONTROL OBJECTIVES FOR INFORMATION AND RELATED TECHNOLOGY (COBIT)

Figura 2.6 *Site* ISACA – COBIT

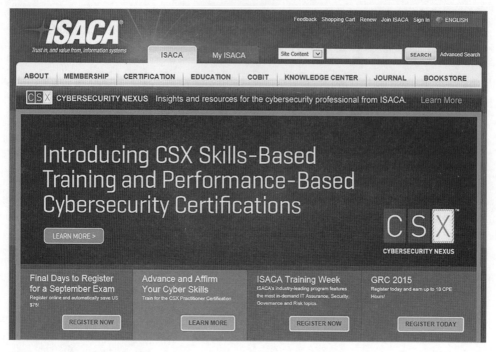

Fonte: https://www.isaca.org/Pages/default.aspx

O COBIT é um modelo de boas práticas de tecnologia da informação, mantido pelo *Information Systems Audit and Control Association* (ISACA), que estabelece recursos e modelo para gestão da Tecnologia da Informação (TI), baseados em objetivos e controles, auditorias, ferramentas de implementação e gerenciamento dos recursos tecnológicos.

Figura 2.7 Significado de COBIT

C	Control
OB	Objectives
I	for Information
T	And Related Technology

Fonte: Representação do COBIT 4.1

O COBIT é um modelo recomendado para o atendimento da Lei SOX e é um modelo de estrutura de Governança de TI para otimizar os investimentos nesta área e fornecer métodos para avaliação dos resultados, como: o *Key Performance Indicators* (KPI), o *Key Goal Indicators* (KGI) e o *Critical Success Factors* (CSF).

Figura 2.8 Modelo do COBIT

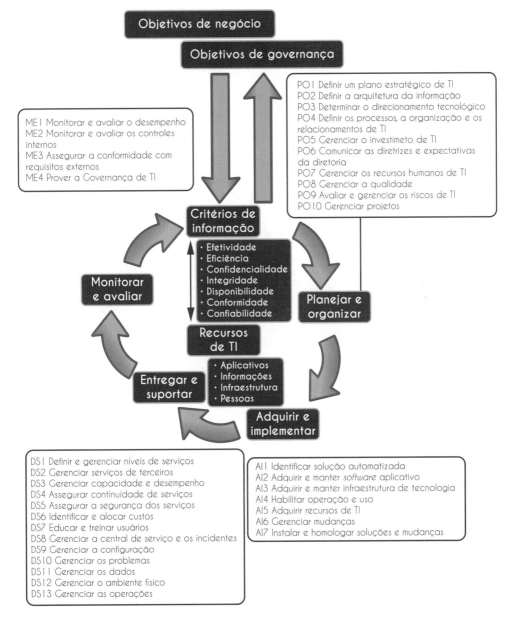

Fonte: Adaptado do COBIT 4.1

Sua estrutura é estabelecida pelos seguintes objetivos:

- objetivos de negócios;
- planejamento e organização;
- aquisição e implementação;
- entrega e suporte;
- monitoramento e avaliação.

Os objetivos são classificados em níveis de maturidade ou confiabilidade dos processos de TI.

Figura 2.9 Níveis de confiabilidade do controle

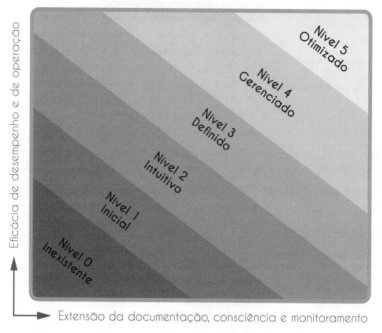

Fonte: Adaptado do IT CONTROL OBJECTIVES FOR SARBANES-OXLEY (2006)

Para todos os processos indicados pelo COBIT é possível determinar um nível de maturidade, conforme a Figura 2.9, que exemplifica o modelo.

Nível 0 – Inexistente

Neste nível de maturidade, não há qualquer formalização, documento, procedimento ou reconhecimento dos temas de TI que precisem ser endereçados aos responsáveis, comunicados à organização ou gerenciados e que comprovem uma gestão ou governança de TI. Essa ausência de gestão ou gerenciamento pode implicar as Demonstrações Financeiras, pela incapacidade de a organização estar em um nível mínimo aceitável de conformidade para governança de TI.

Exemplo: o acesso a conta de *e-mail* é concedido ao novo funcionário sem requisitos mínimos para liberação, como o nome do mesmo, dados completos, área solicitante, nível de autorização, necessidade do recurso. E, posteriormente, não é possível apurar quem liberou o acesso ao *e-mail* e para quem o *e-mail* foi liberado.

Esse fato pode impactar as Demonstrações Financeiras, dado que a concessão irregular ou indevida de *e-mail* ou de qualquer outro sistema pode impactar a gestão de segurança das informações da empresa ou gerar perdas por concessão de licenças de *software* desnecessárias ou indevidas.

Nível 1 – Inicial

Neste nível de maturidade, há controles e políticas para determinados assuntos, existe endereçamento aos responsáveis, no entanto, não são devidamente documentados, formalizados ou evidenciados. Os eventos e incidentes não são controlados de forma regular, a efetividade dos controles não é avaliada e, com isso, as deficiências de controles não são identificadas e corrigidas. Essa insuficiência de controles na gestão ou gerenciamento de TI pode comprometer as Demonstrações Financeiras, pois o nível de esforços, que consiste em documentar, testar e remediar potenciais deficiências em controles, é significativo para comprovar a efetividade das informações.

Exemplo: a concessão de acesso à conta de *e-mail* para novos funcionários possui requisitos mínimos, como a solicitação por *e-mail* do gestor do novo funcionário. Os acessos são concedidos por um membro de TI que possui conhecimento da atividade solicitada e as implicações de licenças e custos. No entanto, não é possível comprovar de forma objetiva que o processo de concessão de acessos é devido ou efetivo, uma vez que tal concessão é feita por *e-mail*, não tendo nenhuma ou baixa rastreabilidade da sua formalização, por não haver um universo de liberações acessível que confirme o gerenciamento.

Nível 2 – Intuitivo

Neste nível de maturidade, há controles e políticas para determinados assuntos. Existe também o endereçamento aos responsáveis, e os controles são, em parte, documentados, formalizados ou evidenciados. No entanto, isso não acontece em sua totalidade de documentos, em local apropriado ou para todos os envolvidos. Os eventos e incidentes não possuem um responsável definido ou localidade especificada, não havendo efetividade na operacionalização das atividades de controle. Esse desconhecimento da atividade de controle como um processo pode impactar as Demonstrações Financeiras, pois as deficiências podem ser identificadas, mas não remediadas apropriadamente ou em momento oportuno.

Exemplo: concessão de acesso à conta de *e-mail* para novos funcionários: este nível de atendimento prevê requisitos mínimos, como a solicitação por formulário específico pelo gestor do novo funcionário e os acessos concedidos por um membro de TI autorizado e documentados em diretório ou computador do concedente. Na ausência por férias ou desligamento do membro de TI, a solicitação não é identificada ou novas solicitações não ocorrem oportunamente, pois está vinculada e atribuída ao indivíduo, e não como parte do processo.

Nível 3 – Definido

Neste nível de maturidade, há controles e políticas com endereçamento aos responsáveis e que são documentados, formalizados ou evidenciados. Acontece em determinados processos e documentos, em local apropriado e para todos os envolvidos ou processos predeterminados. Os eventos e incidentes possuem um responsável definido ou localidade específica para registro deles. Há efetividade na operacionalização das atividades de controle predefinidas. O monitoramento dessas atividades é etapa de um processo e satisfaz os atendimentos e as asserções sobre Demonstrações Financeiras sem risco de causar impactos negativos, pois as deficiências podem ser identificadas, remediadas imediatamente ou em momento oportuno. No entanto, os esforços para documentar, avaliar e evidenciar os controles ainda dependem das circunstâncias e da decisão da organização.

Exemplo: a concessão de acesso à conta de *e-mail* para novos funcionários possui requisitos mínimos, como a solicitação por formulário específico aprovado (assinado) pelo gestor do novo funcionário e os acessos concedidos somente por um membro de TI autorizado e documentados em base específica pela equipe de TI. Na ausência do responsável da TI por férias ou desligamento, a continuidade das demais solicitações é realizada por outro membro desta área sem danos à operação e permanecendo o atendimento oportuno e tempestivo como um processo natural e rotineiro. Porém, ainda há limitações sobre a extensão do atendimento, pois o processo não atende a todos os tipos de concessão de acesso (todos os sistemas ou todas as áreas) e a qualidade da operação não é avaliada.

Caso seja considerada a qualidade atrelada ao prazo de atendimento, um prazo de 15 dias para liberação de acesso à conta de *e-mail* pode ser aceito pela organização em política e procedimento, mas esse período para determinadas empresas pode gerar perda de eficiência operacional, uma vez que 15 dias é o prazo estabelecido pela TI para suportar o volume das demandas requeridas pela operação ou pela área de negócios, mas pode não ser considerado um prazo ideal para a área de negócios. Trata-se de um prazo definido segundo as circunstâncias, as estruturas e as limitações da organização.

Nível 4 – Gerenciado

Neste nível de maturidade, há controles e políticas, todos são endereçados aos responsáveis e documentados apropriadamente, formalizados ou evidenciados como parte integrante da rotina, aplicáveis aos processos e documentos em local apropriado e para todos os envolvidos e processos. Os eventos e incidentes possuem um responsável definido ou localidade específica, há efetividade na operacionalização das atividades de controle e mensuração de sua qualidade e níveis de serviço de forma tempestiva. O monitoramento das atividades de controle são etapas precisas de um processo contínuo e satisfaz os atendimentos e as asserções sobre Demonstrações Financeiras sem causar impactos negativos, pois as deficiências podem ser identificadas, remediadas apropriadamente ou em momento oportuno. Além disso, o uso de tecnologia para documentar, avaliar e evidenciar os controles é presente, e as respostas, mais rápidas e precisas, são facilmente reconhecidas, ativas e têm mensuração apropriada pela área solicitante sobre a sua qualidade e efetividade. Para esse nível de maturidade, ainda são frágeis apenas a alocação e a avaliação dos recursos (pessoas e sistemas) com ênfase em seu máximo aproveitamento e identificação de mudanças para aperfeiçoamento da operação por meio de indicadores que apontem que determinados incidentes, devidamente tratados, sugerem que há necessidade de alteração no processo ou em parte dele em busca de melhorias (ex.: aprovações por exceções que, quando atingem determinado volume de atendimentos, destacam a necessidade de rever a regra principal).

Exemplo: a concessão de acesso à conta de *e-mail* para novos funcionários tem requisitos específicos, como solicitação por formulário eletrônico com fluxo de aprovações parametrizado em sistema, limitando erros de endereçamento, sendo os acessos concedidos por ordem de chegada ou prioridade por qualquer membro de TI disponível e autorizado. Todo registro da operação está em sistema para rastreabilidade e avaliação de satisfação e eficiência do atendimento (área geradora da demanda e conformidades da empresa) pela equipe de TI, o atendimento oportuno e tempestivo é rotineiro. Porém, ainda não existe preocupação ou indicador no processo que justifique ou monitore a necessidade de evolução ou melhoria contínua no processo para o máximo aproveitamento dos recursos envolvidos, no qual podemos citar a criação de concessão de acesso à conta de *e-mail* ou sistema com perfil já atribuído ao departamento, sem a necessidade de especificação pela área solicitante.

Nível 5 – Otimizado

Neste nível de maturidade, a empresa cumpre em sua totalidade o nível 4 – Gerenciado em relação aos controles e políticas, endereçamento aos responsáveis, documentados, formalizados e evidenciados, sendo contemplados apropriadamente todos os envolvidos e processos. Os eventos e os incidentes são efetivamente operacionalizados e mensurados em totalidade ou grande parte sistêmica e com níveis de serviço. O monitoramento das atividades de controle é preciso e contínuo por meio do uso de tecnologia para documentar, avaliar e evidenciar, os controles são presentes e as respostas precisas, ativas e com mensuração apropriada. Há indicadores de desempenho que referenciam os benefícios dos recursos gastos, o retorno financeiro e operacional (processo, controle e conformidade) é reconhecido pela organização e o desempenho faz parte da estratégia da empresa. Os indicadores dos processos proporcionam oportunidade de melhoria e autoavaliação para modificação do processo para maior eficiência e efetividade.

Exemplo: a concessão de acesso à conta de *e-mail* ou sistemas para novos funcionários possui requisitos específicos e vinculados à posição do novo funcionário no momento da contratação; os acessos são criados a partir da inclusão do funcionário no quadro de funcionários ativos, sendo que, automaticamente, as áreas envolvidas (TI – sistemas, RH – relógio de ponto e crachá, Basis – perfil de acesso aos sistemas, Infraestrutura – computadores e telefonia) são imediatamente acionadas simultaneamente para execução das tarefas e liberações, possibilitando que o novo funcionário tenha todos os recursos necessários em seu primeiro dia na empresa. Às modificações do perfil e à revisão dos recursos necessários aos funcionários em caso de transferência, rotatividade, promoção ou desligamento também estão atribuídas a mesma velocidade e otimização para melhor e máximo aproveitamento dos recursos da empresa.

PRÁTICA 8: Nível de Maturidade de TI para Controles Internos SOX

Para que seja possível considerar um ambiente de TI em conformidade com a SOX, o nível 3 (Definido) é o mínimo requerido, sendo os demais níveis considerados como atendimento pleno ou muito superior, conforme relacionado:

> Nível 0 - Inexistente: não atende a SOX
> Nível 1 - Inicial: **não** atende a SOX
> Nível 2 - Intuitivo: **não** atende a SOX
> **Nível 3 - Definido: atende a SOX**
> Nível 4 - Gerenciado: atende a SOX
> Nível 5 - Otimizado: atende a SOX
>
> Embora os níveis 4 e 5 não sejam mandatórios para Controles Internos SOX, esses níveis proporcionam maior eficiência para operação da empresa; infelizmente, são ignorados ou adiados devido aos elevados investimentos necessários para atingir essa maturidade e ao fato de não serem devidamente reconhecidos sobre os aspectos de governança no ROI (Retorno sobre o Investimento).

O nível 3 (Definido) atende às exigências de uma certificação SOX para o ambiente tecnológico, mas estabelecer especificamente o nível 3 pode não satisfazer a opinião ou interpretação do auditor externo em relação a necessidade ou requisitos, pois esta (opinião ou interpretação) pode variar devido ao tipo de negócios que é avaliado. Por exemplo: o *website* de uma indústria pode ficar temporariamente (30 minutos) inoperante por incidente técnico sem maiores problemas para organização, clientes e fornecedores. O tempo de resposta (30 minutos) para resolução do incidente é considerado excelente, porém para o *site* de um banco de carteira comercial ficar temporariamente (30 minutos) inoperante por incidente técnico pode causar perdas financeiras elevadas e imediatas, insatisfação dos clientes, preocupação dos fornecedores e, por isso, o tempo de resposta (30 minutos) para resolução do problema pode ser considerado ineficiente pelo auditor de certificação SOX, ou seja, o tipo de negócio influencia a interpretação e o conforto do auditor (quando não houver um órgão regulador – Bacen – que estabeleça limites específicos).

Embora o COBIT seja um *framework* reconhecido para atendimento de Certificação SOX, as empresas utilizam diversas metodologias para controlar as suas operações de TI, cabendo a elas determinar a que melhor atende à suas necessidades, independentemente de uma Certificação SOX; por isso que as interações do COBIT com outras metodologias e exigências permitem que este seja aceito como um integrador entre metodologias.

O COBIT é um complemento para o COSO, que não estabelece controles específicos para TI, e permanece como um complemento à atualização do COSO 2013 (que contempla determinadas atividades de TI) devido ao volume de fixação de objetivos e integração com outras metodologias.

Perguntas sugeridas pelo autor

1. Quais as exigências para ingressar na SEC depois da Lei Sarbanes-Oxley?
2. Qual a função do PCAOB?
3. O que é o COSO?
4. O que é o COBIT?
5. Qual a relação do COSO e do COBIT para a estrutura de Controles Internos?

3

AMBIENTES DE CONTROLES INTERNOS

Objetivos de Aprendizagem

O propósito do capítulo *Ambientes de Controles Internos* é apresentar os ambientes de Controles Internos passivos, sua estruturação e avaliação, considerando o Ambiente Corporativo, o Ambiente de Negócios e o Ambiente Tecnológico para uma adequada estrutura de Controles Internos, a interação entre esses ambientes existentes e as particularidades da sua aplicação.

O Ambiente de Controle define como as atividades são estruturadas e executadas para o alcance dos objetivos da empresa. Um Ambiente de Controle adequado proporciona transparência nas operações da organização.

A.S. Nº 5 – An Audit of Internal Control Over Financial Reporting That is Integrated with an Audit of Financial Statements
25. Control Environment. Because of its importance to effective internal control over financial reporting, the auditor must evaluate the control environment at the company.[1] *(Auditing Standard 5 – parágrafo 25)*

A estrutura de Controles Internos precisa definir o seu alcance e limitação, e, para isso, precisa identificar os ambientes de controle, que podem ser divididos nos seguintes níveis:

- Ambiente Corporativo ou da Entidade;
- Ambiente de Negócios ou do Processo;
- Ambiente Tecnológico ou Suporte aos Negócios.

Esses níveis permitem uma melhor adequação do entendimento da corporação, os seus objetivos e as atividades que a suportam. Por meio da segregação desses ambientes, a organização inicia a sua avaliação do que e quanto controlar com base nos objetivos e no apetite ao risco da organização.

Embora os ambientes sejam segregados para avaliação, eles estão inter-relacionados, como mostra a Figura 3.1, na qual é possível visualizar que o Ambiente Corporativo, o Ambiente de Negócios e o Ambiente Tecnológico estão interligados e se relacionam entre si, compartilhando o monitoramento na estrutura de Controles Internos e, consequentemente, as atividades, os riscos e os controles da organização.

---

[1] 25. Ambiente de Controle. Devido à sua importância para efetividade do controle interno sobre os relatórios financeiros, o auditor deve avaliar o ambiente de controle da empresa.

Figura 3.1 Ambientes de Controles Internos

Por exemplo, o Código de Ética da empresa é um controle corporativo porque abrange toda a organização, é focado nos objetivos e nos indivíduos; logo, o Código de Ética aplicado no Ambiente Corporativo tem relação com o Ambiente de Negócios e com o Ambiente Tecnológico a partir do momento em que é esperada ética na condução das atividades, esteja o indivíduo presente no ambiente de negócios ou no tecnológico, pois é um controle sobre os indivíduos da organização, independentemente de onde ele estiver inserido.

Por meio do Código de Ética, obtêm-se benefícios como satisfatórios padrões de conduta, em qualquer que seja o cargo dentro da organização, e a preservação dos Controles Internos exigidos em toda governança corporativa.

Em todos os setores subentende-se que as ordens, as regras e, por conseguinte, os códigos garantem a operacionalidade de um sistema – entendido aqui como empresa. Esses comandos são estabelecidos para beneficiar um grupo, tanto a cúpula quanto subordinados de uma organização. As regras são, assim, um parâmetro de comportamento supostamente unívoco desses integrantes.

(VERTAMATTI, 2011, p. 56)

Os ambientes de controles estão sob responsabilidade e alcance da organização, cabendo à estrutura de Controles Internos apresentar à alta administração as alternativas de níveis de ambientes e os controles aplicáveis em cada nível para que a alta administração decida o que será reconhecido, em qual nível de profundidade e quais controles serão monitorados.

PRÁTICA 9: Ambientes de Controle (Corporativo, Negócios e Tecnológico)

Os ambientes de controles, embora inter-relacionados e complementares uns aos outros, são determinados pela alta administração em relação a sua extensão e complexidade, pois a administração estabelece a missão e visão da organização, e, com isso, atribui a cultura desejada e os objetivos esperados. Dessa forma, será possível determinar onde serão necessários mais e melhores esforços despendidos na estrutura de Controles Internos (Corporativo, Negócios ou Tecnológico), sendo que o segmento de negócios, a cultura, a localidade e a origem da empresa influenciam significativamente onde um ambiente será mais ou menos estruturado e ativo.

3.1 CORPORATIVO OU DA ENTIDADE

Figura 3.2 Ambiente Corporativo

O Ambiente Corporativo, também conhecido como *Entity Level Controls* ou *Company Level Controls*, é a avaliação dos Controles Internos sobre controles da corporação como um todo, atua de forma abrangente e está vinculado à forma de gestão da empresa, às diretrizes de condução dos negócios e aos valores éticos estabelecidos. Exemplos de controles em nível de entidade:

Código de Ética:
- valores e premissas de conduta;
- privacidade e sigilo de informação;
- relacionamento com clientes e fornecedores;
- atendimento a leis e regulamentos.

Organograma:
- hierarquia organizacional;
- tomada de decisão;
- conflito de interesses (organizacional).

Recursos Humanos (Gestão de Pessoas):
- avaliação de desempenho;
- treinamento e desenvolvimento;
- política de carreira e sucessão;
- clima e satisfação organizacional.

Alçadas e Limites:

- autorização e delegação;
- compras e pagamentos;
- concessão de crédito.

Canal de Denúncia e Sugestões:

- combate à fraude;
- prevenção e punição a assédios;
- descumprimento de regras e diretrizes;
- oportunidades de melhoria.

Planejamento e Orçamento:

- estratégias de gestão;
- gestão financeira;
- evolução dos negócios e concorrências;
- percepção e adaptação às mudanças de mercado.

Diretrizes e Normas:

- políticas e normas;
- procedimentos e regras;
- comunicação e disseminação;
- limitação e aderência;
- conhecimento e atendimento.

Comitês de Decisão ou Disciplina:

- desvio de condutas;
- riscos e conformidades;
- financeiro e tesouraria;
- fiscal e tributário;
- investimentos e crédito;
- governança e auditoria;
- gerenciamento de crise;
- novos negócios e produtos.

Canal de Denúncia Externo (Clientes e Fornecedores):

- ouvidoria;
- combate à corrupção;
- combate à fraude;
- prevenção à lavagem de dinheiro.

Auditoria Interna ou Externa:

- plano de auditoria e abrangência;
- independência e efetividade;

- pareceres internos e contramedidas;
- pareceres externos e publicações financeiras.

Os controles e a extensão dos tipos de controles referenciados variam de empresa para empresa e em determinados segmentos de negócios (bancos) têm a sua existência por exigência regulatória (ex.: Banco Central do Brasil – Bacen), embora outros segmentos também adotem as mesmas exigências regulatórias para elevar os seus níveis de governança ou reconhecimento e efetividade para suas operações.

Na definição do *Auditing Standard*, padrões de auditoria publicados pelo Public Company Accounting Oversight Board (PCAOB), estabelecem-se os testes de controles em nível da entidade, bem como é destacada a sua importância para o auditor:

> *A.S. Nº 5 – An Audit of Internal Control Over Financial Reporting That is Integrated with an Audit of Financial Statements*
> *Identifying Entity-Level Controls*
> *22. The auditor must test those entity-level controls that are important to the auditor's conclusion about whether the company has effective internal control over financial reporting. The auditor's evaluation of entity-level controls can result in increasing or decreasing the testing that the auditor otherwise would have performed on other controls.*[2] (Auditing Standard 5 – parágrafo 22)

Quanto maior a confiança nos controles da entidade ou corporativos, menor será a necessidade de controles sobre o ambiente de negócios ou tecnológico, como podemos observar na Figura 3.3.

Figura 3.3 Controles corporativos *x* controles adicionais

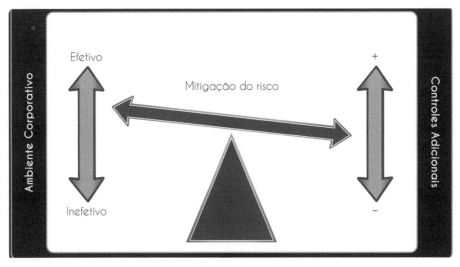

Fonte: Adaptado da Lei Sarbanes-Oxley

Os controles corporativos reforçam os valores da organização e, uma vez estabelecidos, comunicados e disseminados, colaboram para a redução de comportamentos desonestos, ilegais ou de interesse pessoal por aqueles que estão na organização, fazendo com que os objetivos e os princípios da organização sejam a razão de sua existência.

---

[2] 22. O auditor deve testar os controles, em nível de entidade, importantes para que se conclua se a empresa tem um controle interno efetivo sobre os relatórios financeiros. A avaliação do auditor dos controles em nível de entidade pode resultar no aumento ou na diminuição dos testes que este profissional deve realizar em outros controles.

30 Mapeamento de Controles Internos SOX

Para esse ambiente, há muita subjetividade, pois ele monitora o comportamento das pessoas dentro da organização e está sujeito a uma variação muito sensível à mudança. Tomemos como exemplo um exímio executivo que, durante anos e por pressões internas pelo cumprimento de metas agressivas ou por conflitos de necessidade pessoal, pode simplesmente querer ou ceder a realização de decisões que beneficiem a si próprio em uma operação, em uma contratação de pessoa ou serviço, deixando o coletivo/objetivo organizacional em segundo plano. Por esse motivo, comprovar a efetividade do Código de Ética é uma grande dificuldade para a organização e para os auditores. No entanto, o Código de Ética é necessário para a empresa transmitir os valores desejados pela organização e, no caso de descumprimento dele pelos colaboradores, a organização pode aplicar medidas disciplinares. O Código de Ética é um entre inúmeros outros controles corporativos que podem ser identificados e avaliados na organização, porém a maturidade e a eficiência desses controles estão sempre submetidas ao julgamento do avaliador ou auditor, porque os resultados podem ou não refletir a realidade da situação.

Por isso, para avaliar a entidade, o nível avaliado dos controles corporativos deve ser resultado do desejado ou esperado pela alta administração, ou seja, a avaliação da entidade é determinada primeiramente pela percepção e disseminação dos controles corporativos oriundos da gestão, transformadas em controles passíveis de testes de eficiência aplicáveis às pessoas ou departamentos.

A condução dessa avaliação em conjunto com a alta administração pode ser tangível por entrevista ou questionários (preferencialmente) a fim de determinar e identificar os controles existentes, e posteriormente, realizar os testes qualitativos para os controles identificados.

A aplicação de questionário que contemple perguntas para atender ou estimular a interpretação dos componentes de controle do Committee of Sponsoring Organization of the Treadway Commission – COSO (Ambiente de Controle, Avaliação de Riscos, Atividades de Controle, Informação e Comunicação, Atividades de Monitoramento) colaboram substancialmente para identificar os controles existentes no ambiente corporativo da organização que são passíveis de mensuração ou Teste de Efetividade.

Tendo como base um modelo de questionários referenciados aos componentes de controle interno do COSO, vamos interpretar de forma simples e direta as perguntas relacionadas como ferramenta de avaliação e seu respectivo relacionamento com os controles.

Toda pergunta tem por objetivo promover o entendimento da administração sobre o cumprimento ou apreensão dos componentes do COSO, e, para isso, cada pergunta precisa de uma resposta formal e o mais completa ou justificada possível; assim, é possível associar a resposta a um controle passível de validação de sua existência e testar a sua efetividade.

Quadro 3.1 Ambiente de controle

Questões	Resposta do Gestor	Controle Associado
A.1 – Os membros da alta administração demonstram preocupação com a integridade e os valores éticos da Companhia?	Sim, a preocupação é demonstrada por meio da divulgação constante do Código de Ética da Companhia e da conscientização dos colaboradores pelos seus gestores em reuniões mensais.	Código de Ética
A.2 – A empresa possui um código de conduta e/ou política de ética e este é devidamente difundido?	Sim, os colaboradores recebem o Código de Ética da empresa em seu primeiro dia de trabalho e há reuniões mensais para a difusão desse código.	Código de Ética

(Continua)

(Continuação)

Questões	Resposta do Gestor	Controle Associado
A.3 - As recompensas (bônus e participação nos lucros) estão dentro dos princípios éticos?	Sim, as recompensas são concedidas por meio do consenso dos gestores e com base no desempenho profissional (avaliação) do colaborador.	Bonificações e Prêmios
A.4 - A estrutura gerencial é apropriada?	Sim, a estrutura gerencial é devidamente balanceada e sua supervisão é informada regularmente por meio de publicações da Diretoria.	Organograma
A.5 - A gerência dá atenção aos Controles Internos, incluindo os efeitos no processamento de Sistemas de Informação?	Sim, a gerência sempre solicita melhorias em Controles Internos, ressaltando a importância desses controles para o processo de Sistema de Informação.	Controles Internos

No componente Ambiente de Controle, as perguntas A.1 e A.2 foram relacionadas aos valores éticos e, por isso, associadas ao controle Código de Ética, que tem por objetivo disseminar os valores da organização para os seus colaboradores. A comprovação da existência e da disseminação no código pode ser feita pela apresentação do Código de Ética formal, impresso ou digital, e a sua disseminação por protocolo de entrega, físico ou digital, a cada colaborador. A publicação do Código de Ética, na íntegra ou parcialmente, em campanhas promovidas pela organização também reforça a disseminação, muitas vezes com maior eficiência, por exemplo: publicar um trecho do código que tem por objetivo orientar sobre o relacionamento entre colaboradores e fornecedores proibindo o aceite de presentes ou aceite desde que limitado a um valor estabelecido pela empresa. É oportuno que essa publicação aconteça em período de datas comemorativas (Natal e Ano-Novo) quando muitos têm o hábito de enviar ou oferecer brindes e presentes, os quais podem ser aceitos dentro das regras estabelecidas pela empresa.

Porém, pode-se afirmar que a eficiência do Código de Ética é a segunda etapa, mais difícil e por muitas vezes subjetiva, pois há necessidade de avaliar um volume de pessoas sobre a aceitação prática do código, uma vez que reconhecer que há um código e saber das suas implicações não necessariamente garante que o colaborador irá cumpri-lo e, por isso, na identificação de seu descumprimento, as penalidades (advertência escrita ou punições) devem ser aplicadas, a fim de afirmar o compromisso da organização com o código existente.

A pergunta A.3 trata da preocupação com recompensas financeiras na organização, as quais precisam de regras claras para sua obtenção, de maneira que não promova um interesse exclusivamente financeiro que estimule o colaborador a atingir sua meta de maneira desleal ou fraudulenta, obtendo melhor prêmio ou bonificação por um resultado manipulado. Por exemplo, um vendedor cuja meta é atrelada exclusivamente ao volume de vendas não terá preocupação de abordar clientes que não tenham capacidade de pagamento, ou, para o cumprimento de sua meta mensal, forçará vendas dentro do mês e que serão devolvidas no mês subsequente. Por isso, um plano de premiação que relacione a venda com qualidade (nesse caso, uma meta que reconheça a venda após a confirmação pagamento) promoverá um resultado real e efetivo.

32 Mapeamento de Controles Internos SOX

A pergunta A.4 trabalha a estrutura da organização por meio de organograma formal, reconhecido pela alta administração e que precisa ser estabelecido de forma a inibir conflito de interesses departamentais, por exemplo: o departamento de Compras e o departamento de Suprimentos (Estoque) subordinados a uma mesma gestão pode causar um conflito de interesses ou perda de eficiência, quando o primeiro tem por objetivo negociações de valores e que podem ser beneficiadas com volumes de compras superiores às necessidades para obter melhores margens de preços, porém um volume desnecessário e que pode não ser avaliado devido a Suprimentos (Estoque), responsável pela definição do volume necessário, pertencer à mesma gestão. Um organograma devidamente formalizado e estruturado para evitar conflitos de interesses diminui significativamente a subjetividade do controle, a sua eficiência é mais bem mensurada e outras formas mais complexas, como o conluio, serão necessárias para comprometer sua eficácia.

A pergunta A.5 trabalha a importância das informações da organização e seu relacionamento com a confidencialidade das informações, considerando que um ambiente de controle deve prever a proteção das informações da organização, dos clientes e dos fornecedores. Por exemplo: a informação de um cliente (dados cadastrais e financeiros) pode ser objeto de uma operação entre a empresa e, o cliente, sendo que o cliente compartilha por um objetivo comum (obtenção de crédito) e, caso essas informações sejam entregues (vazamento de informação) a terceiros por acidente ou roubo de dados, existe implicações diretas e legais de proteção a essas informações pessoais, uma vez que foram concedidas para um objetivo e o compartilhamento não autorizado ou imprevisto pode impactar em exposição do cliente, má imagem da organização e penalidades por não proteger os dados confidenciais. A gestão adequada da informação, por meios tecnológicos seguros de proteção de dados e utilizados por colaboradores devidamente habilitados e treinados sobre a importância e os impactos para organização, pode inibir drasticamente problemas de quebra de sigilo, perda ou concessão de dados de maneira indevida.

Quadro 3.2 Avaliação de riscos

Questões	Resposta Gestor	Controle Associado
B.1 – Existe um plano estratégico revisado e aprovado pelo comitê diretivo da entidade?	Sim, todos os planejamentos estratégicos e planos de metas, bem como orçamentos, estão em consonância com objetivos macros definidos pelo comitê diretivo e são apresentados periodicamente para aprovação.	Metas e Diretrizes
B.2 – Existe um processo para revisar periodicamente e atualizar os planos estratégicos?	Sim, a gerência sempre solicita melhorias em Controles Internos, destacando os controles como base para o processo de Sistema de Informação.	Metas e Diretrizes
B.3 – O plano estratégico da empresa e seus objetivos de negócio complementam um ao outro?	Sim, estão vinculados conforme Plano de Metas e Diretrizes da empresa.	Metas e Diretrizes

(Continua)

Capítulo 3 | Ambientes de Controles Internos **33**

(Continuação)

Questões	Resposta Gestor	Controle Associado
B.4 - Existem pessoas ou departamentos responsáveis por antecipar e identificar potenciais mudanças com consequências para a empresa?	Sim, a companhia regularmente utiliza simulações, pesquisas de mercado, metodologia PDCA e revisões orçamentárias como ferramentas para a avaliação e detecção de riscos.	Planejamento e Orçamento

No componente Avaliação de Riscos, as perguntas B.1, B.2 e B.3 são direcionadas a compreender a forma de condução dos negócios (centralizada ou descentralizada) e as ações para continuidade e perpetuação dos negócios, tudo isso associado ao controle de Metas e Diretrizes, que permite evidenciar o quanto a organização está preparada ou voltada para atuar no presente com ações voltadas para o futuro, o quanto os seus objetivos estratégicos são parte integrante das operações e o quanto está vinculado às áreas e ações da organização, tendo um plano de metas e um plano de negócios que complementem um ao outro. Por exemplo: uma empresa com as suas operações focadas na produção industrial, mas que tem uma tesouraria alavancada em operações financeiras e que resultem em lucros não operacionais iguais ou superiores ao lucro operacional (objetivo principal da empresa), demonstra ou faz subentender que o seu objetivo não está na sua operação principal, e sim no resultado financeiro; logo, pode expor a empresa a riscos superiores ao que possa suportar. Mais uma vez, o controle apresenta subjetividade, pois por melhor que sejam as formalizações e definições de Metas e Diretrizes, elas estão sujeitas à definição por pessoas, membros e comitês, e, com isso, sua eficiência está mais relacionada ao conhecimento e ao perfil dos profissionais envolvidos.

A pergunta B.4 também estimula a avaliação do risco com o controle de Planejamento e Orçamento, pois, como definido na própria nomenclatura, tem por objetivo planejar os negócios e simular o orçamento da organização, para que cada planejamento reflita um orçamento da empresa para melhor tomada de decisão. Novamente, essas ações imprescindíveis para qualquer empresa estão sujeitas a experiência e interpretação de dados e cenários econômicos e comportamentais do mercado, e mesmo reunindo o maior número de áreas (Produção, Compras, Vendas, Financeiro) e profissionais (Administradores, Economistas, Estatísticos), a avaliação depende de pessoas, por isso torna subjetivos os resultados de testes de eficiência desses controles em nível corporativo.

Quadro 3.3 Atividades de controle

Questões	Resposta Gestor	Controle Associado
C.1 - As práticas de contabilidade são seguidas consistentemente nas datas definidas?	Sim, o Fechamento Contábil segue de acordo com o cronograma geral de fechamento.	Processo de Fechamento Contábil
C.2 - Existe documentação apropriada e atualizada para as transações financeiras?	Sim, toda contabilização é suportada por seu respectivo documento legal conforme a legislação pertinente e o controle de normas internas.	Controles Internos/ Conformidades

(Continua)

(Continuação)

Questões	Resposta Gestor	Controle Associado
C.3 – Existe um sistema de orçamento?	Sim, o orçamento da empresa é feito de forma analítica e por departamento, sendo consolidado pela controladoria e aprovado pela direção da empresa, desenvolvido em planilhas eletrônicas (Excel).	Processo Orçamentário
C.4 – Existem *softwares* de segurança de acesso, sistemas operacionais e aplicativos?	Sim, o ambiente tecnológico é estruturado com equipe de infraestrutura, gerenciamento de dados, gerenciamento de acessos e segurança.	Segurança da Informação

O componente Atividade de Controle é mais bem trabalhado nos processos de negócios (item 2.2.), pelo mapeamento de controles concretos e pela definição de planos de testes efetivos, por isso as perguntas sugeridas estão direcionadas a manter um nível de subjetividade comum nos Controles Corporativos.

Na pergunta C.1 é estimulada a percepção da administração sobre o imprescindível processo de Fechamento Contábil para a elaboração das Demonstrações Financeiras. Com isso, o destaque para um cronograma definido, reconhecido por toda organização e que permita a apresentação de resultados acurados e confiáveis em tempo hábil. Por exemplo: uma organização com prazos definidos para o reconhecimento de suas vendas e despesas, prazos formais e culturalmente reconhecidos por todas as áreas envolvidas possibilita o departamento Contábil da organização concluir suas Demonstrações Financeiras em tempo hábil, sem a necessidade de reabertura de períodos contábeis ou reclassificações contábeis causadas pelas áreas geradoras de informações (ex.: Vendas, Compras), que as fazem por desconhecimento das rotinas e das obrigações legais da contabilidade.

Na pergunta C.2 são trabalhadas as formalizações de documentos para cumprimentos legais (conformidades) ou de controles (Controles Internos) que suportam as operações de cada processo. Por exemplo: há controles sobre os documentos que suportam as operações financeiras entre a organização e as instituições financeiras, que seja de conhecimento e prática dos colaboradores envolvidos e sob alçada competente, a fim de evitar ou assegurar que desvios ou falhas causadas por pessoas sejam rapidamente identificados e corrigidos.

Na pergunta C.3 é retomado o controle de Orçamento, mas agora não como objetivo de planejamento e continuidade da organização, mas sobre o foco de controle da realização e cumprimento pelas áreas em relação aos planos ou metas estabelecidas. Nessa esfera, a subjetividade do controle corporativo diminui, pois tem por objetivo comparar dados reais ao planejado, e quando esse resultado apresentar diferenças, estas sejam utilizadas como referência em uma nova projeção, simulação ou decisão para eventos de planejamento seguintes.

Na pergunta C.4, o controle de Segurança da Informação ganha maior objetividade, pois aborda o controle concreto e passível de Teste de Efetividade. Por exemplo: uma empresa que possui *software* ou processo (manual) para gerenciamento de dados e acesso detém controles para isso, cabendo a maior responsabilidade da organização em definir quem e o que controlar, sendo as premissas bases e parâmetros para o teste de eficiência dos controles definidos.

Quadro 3.4 Informação e comunicação

Questões	Resposta Gestor	Controle Associado
D.1 – A empresa é capaz de preparar relatórios financeiros precisos e em tempo hábil?	Sim, existe um cronograma de fechamento contábil que é obedecido para garantir a emissão dos relatórios financeiros em tempo hábil. Quanto à precisão, são feitas conciliações durante o processo de Fechamento Contábil para evitar distorções de números.	Processo de Fechamento Contábil
D.2 – Existe um nível confiável de coordenação entre a contabilidade e os departamentos de processamento dos sistemas de informação?	Sim, as parametrizações no sistema são definidas pelo Contábil, nas quais as atividades diárias são garantidas pela integração dos diversos processos ao módulo (sistema) de Contabilidade.	ITGC
D.3 – Os resultados são medidos de acordo com os objetivos?	Sim, todas as metas financeiras e operacionais (vendas, lucro, resultado) são acompanhadas no processo orçamentário mensal. O resultado do Real x Orçado é apresentado mensalmente aos responsáveis.	Processo Orçamentário
D.4 – Os planos de recuperação de desastres e continuidade de operação são testados periodicamente?	Sim, existem procedimentos para recuperação de dados da empresa, em caso de incidentes menores, e um plano para recuperação de desastres.	Plano de Continuidade

Para o componente de Informação e Comunicação as perguntas estão destinadas ao relacionamento das informações entre a empresa e seus, ambientes, interno e externo, sendo para a pergunta D.1 o controle de Processo de Fechamento Contábil destinado a identificar a precisão e tempestividade da informação no atendimento da demanda de elaboração das Demonstrações Financeiras até a publicação ao público-alvo (acionistas ou órgãos legais). Por exemplo: em caso de informações imprecisas ou duvidosas (balanço não auditado em tempo hábil), a empresa está sujeita a retrabalho, revisões e reclassificações no ambiente interno, e, ao mesmo tempo, perde a credibilidade com o acionista no ambiente externo, ficando sujeita a fiscalizações e multas, sendo necessário que as atividades de elaboração das Demonstrações Financeiras ocorram no momento determinado para o cumprimento do objetivo e obedeçam aos controles definidos para assegurar que não haverá danos à empresa e às partes interessadas.

A pergunta D.2 busca promover a discussão de Controles Gerais de Tecnologia da Informação (ITGC, do inglês *Information Technology General Control*) entre a definição da contabilidade sobre a segurança das informações contábeis em relação ao ambiente tecnológico (ex.: *softwares* e *backups*) para que exista integridade na informação utilizada, bem como para o ambiente sistêmico que estiver suportado por diversos sistemas legados que são administrados de forma adequada a garantir os dados necessários e em tempo hábil para o registro da informação pela contabilidade.

Na pergunta D.3 retomamos o Processo Orçamentário, agora estendido à responsabilidade dos envolvidos no plano de negócios em todos os departamentos e níveis da organização. Por exemplo: uma organização que planeja e define sua estratégia, que estabelece um plano de negócios e que simula seus cenários financeiros precisa que as informações cheguem a sua operação em nível e em momento adequado para que exista ciência e respostas das atividades atreladas aos objetivos organizacionais. No entanto, novamente nos deparamos com a subjetividade do controle, pois, além de estruturadas a informação e a comunicação, é preciso que os responsáveis tenham poder de respostas e ações adequadas e oportunas para que o controle apresente a efetividade necessária.

Na pergunta D.4 relacionamos o Plano de Continuidade ou o Plano de Recuperação de Desastre, entendendo esse âmbito como o mínimo necessário (*backup*) para proteger as informações contábeis que formam as Demonstrações Financeiras, em caso de incidentes ou problemas que paralisem os negócios temporariamente ou substancialmente, mas que seja possível concretizar a elaboração das Demonstrações Financeiras por meio da recuperação ou restabelecimento das operações na sua normalidade, sendo a participação do analista contábil, do analista de Sistemas ou infraestrutura imprescindível na recuperação dos dados.

Em resumo, é necessário definir a importância de cada envolvido no gerenciamento de problemas e que cada um tenha conhecimento da sua participação de forma clara e que não afete a organização por imprevisibilidade de quem e como agir, da melhor maneira possível, nos eventos inesperados.

Quadro 3.5 Atividades de monitoramento

Questões	Resposta Gestor	Controle Associado
E.1 – Os procedimentos exigem que a gerência aprove os processos de implantação de novos controles?	Sim, após as revisões dos Controles Internos, toda alteração de controle, seja ela decorrente de implantação, modificação ou exclusão, é feita com o conhecimento da gerência responsável.	Controles Internos/ Conformidades
E.2 – O nível de recrutamento, treinamento e ferramentas é adequado ao ambiente?	Sim, o nível de recrutamento, treinamento e ferramentas é suficiente para manter um ambiente de controle. O RH promove e atua junto ao departamento responsável na seleção de profissionais e promove treinamentos para os mesmos.	Recursos Humanos
E.3 – Os procedimentos são adequados para monitorar os controles?	Sim, os controles são monitorados e testados pela Auditoria Interna e pela Auditoria Externa de Balanço.	Resultados de Auditoria (Interna e Externa)
E.4 – Os auditores internos possuem autoridade para examinar quaisquer operações da empresa?	Sim, por seguirem o princípio de independência, possuem liberdade para revisar, requisitar e avaliar qualquer operação/transação da empresa.	Resultados de Auditoria (Interna e Externa)

No componente Atividades de Monitoramento, a pergunta E.1 subsidia a necessidade da existência de monitoramento sobre as ações de controles estabelecidas, pois os controles identificados e criados precisam de uma rotina de verificação que ratifique a sua efetividade ou identifique se há necessidade de melhoria, no caso do Controle Interno/Conformidade, que as ações que reforcem as atitudes de controle e monitoramento do ambiente obedeçam ao padrão preestabelecido. Por exemplo: um processo de controles que foi devidamente planejado e comunicado pode ficar fragilizado no decorrer dos anos caso não existam mecanismos de monitoramento, ciclo de avaliação de maturidade dos modelos de controles ou da alteração natural que justifique uma atualização para realidade da organização, frente às constantes mudanças organizacionais.

Na pergunta E.2 é apresentado como controle a existência do Departamento de Recursos Humanos, como parte integrante do desenvolvimento das pessoas dentro da organização desde sua contratação. Por exemplo: a organização é formada de pessoas e, independentemente dos níveis hierárquicos, são essas pessoas que conduzem as decisões, os processos e as atividades, motivo pelo qual saber gerenciar esses recursos humanos, no momento da contratação até sua capacitação ou atualização, promoverá um controle sobre a gestão de pessoas atrelado aos objetivos da organização. O controle sobre processos é factível e imediato, porém pode ser reativo, enquanto a formação das pessoas, embora subjetiva à sua eficiência, pode trazer resultados mais duradouros quando a cultura de Controles Internos é compreendida, assimilada e reconhecida por todos os colaboradores como um objetivo e uma necessidade de organização para a continuidade dos negócios.

As perguntas E.3 e E.4, sobre a ênfase de trabalhos independentes ou externos, como auditorias externas, e a importância de um parecer externo sobre qualquer tipo de atividade, ainda que limitada, podem fornecer opiniões independentes que serão construtivas para a organização. Por exemplo: os Controles Internos como uma área auditada por agente externo (auditoria de certificação SOX 404) fortalece o trabalho de monitoramento para determinar padrões, modelos, melhores práticas e recomendações de auditoria, identificando falhas de controle que venham a acontecer por uso frequente da mesma ferramenta, método ou equipe, possibilitando que o modelo da empresa seja submetido a questionamentos e comparação que colaborem com o aperfeiçoamento do modelo para a empresa.

As perguntas relacionadas aos componentes do COSO foram apresentadas de forma simplificada, pois há variação, dependendo da estrutura, do tipo de negócios e da natureza das operações. Os questionários mais robustos e complexos podem atingir mais de cem perguntas entre os cinco componentes e ser estabelecidos desde a alta administração (presidência e diretores), a administração (gestores) ou a operação de base (todos os colaboradores), porém com um único objetivo de vincular as respostas da organização aos seus controles corporativos, para posterior avaliação da sua existência e efetividade.

Na Figura 3.4 estão representados controles corporativos presentes nas mais variadas organizações, cada um podendo apresentar modelos e efetividades diferentes, mas todos estão mais ou menos presentes e com maior ou menor efetividade, cabendo à administração julgar quais serão mais relevantes para o negócio e importantes o bastante para que haja constantes esforços para atingir a sua maturidade, convergente com os objetivos organizacionais e efetivos para uma classificação como Controle Corporativo.

Os controles corporativos são resultado da percepção da organização sobre a gestão de risco e devem ser classificados como controles-chave (*vide* Cap. 8 – Principais Universos de Controles) passíveis dos esforços na avaliação em um mapeamento de Controles Internos em nível da entidade.

Figura 3.4 Exemplos de controles do ambiente corporativo

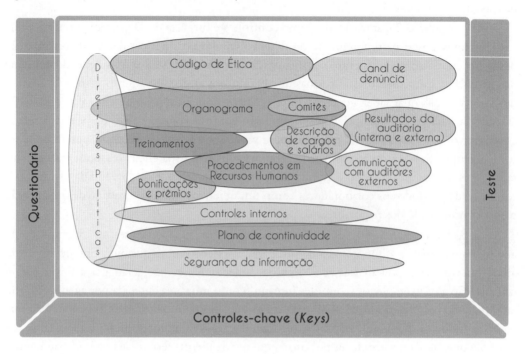

PRÁTICA 10: Controles Internos em nível da entidade

Englobam todo o funcionamento da organização como um ambiente a ser controlado e disciplinado sob os aspectos conceituais subjetivos, como: conduta, consciência, competência, filosofia, valores éticos. Como em todos os controles, a empresa deve transformar a subjetividade em controles mensuráveis e testáveis.

Pelo fato de controles resultarem da percepção dos valores da organização, uma matriz de riscos e controles construída sob o conceito da abordagem de impacto e probabilidade na avaliação de risco fica inviável, motivo pelo qual estabelecer que todos os controles reconhecidos (questionários criados com ênfase nos componentes de controle do COSO) pela organização devem ser 100% avaliados. Em substituição à matriz de risco é aplicável o reconhecimento dos controles que estiverem vinculados aos valores da organização representados no questionário da organização.

3.2 AMBIENTE DE NEGÓCIOS OU DO PROCESSO

Figura 3.5 Ambiente de Negócios

O Ambiente de Negócios, também conhecido como *Process Level Controls*, é a avaliação dos Controles Internos sobre processos de negócios da organização, atua de forma específica e direta vinculada ao modelo e à estrutura das operações da empresa, suas divisões, unidades, sejam elas separadas por: departamentos, áreas, setores ou subsetores. Exemplos de controles em nível de processos: Aprovação de Pagamentos, Conciliação Bancária, Autorização de Compras, Revisão de Lançamentos Contábeis.

O *Auditing Standard* destaca a importância dos Controles Internos sobre os negócios ou processos para o auditor como:

> A.S. Nº 5 – *An Audit of Internal Control Over Financial Reporting That is Integrated with an Audit of Financial Statements*
> 12. *The complexity of the organization, business unit, or process, will play an important role in the auditor's risk assessment and the determination of the necessary procedures.*[3] (*Auditing Standard 5* – parágrafo 12)

O Ambiente de Processo é extremamente objetivo e passível de avaliação do desenho da sua operação e teste de sua eficiência de forma concreta e objetiva, possibilitando identificar e avaliar riscos, identificar os controles, formalizar a sua operação e atestar a sua efetividade. Todo processo precisa de controles para atingir os seus objetivos; no entanto, para afirmar que existem Controles Internos, requer atestar que esses controles estão devidamente formalizados, monitorados e corretamente atribuídos para minimizar ou mitigar (atenuar) um risco percebido.

As empresas têm por hábito estabelecer ou criar controles de forma reativa à ocorrência de problemas (fraude, roubo, falha), e muitas não aplicam procedimentos específicos para atestar a efetividade desses controles.

---

[3] 12. A complexidade da organização, a unidade de negócios ou os processos desempenharão um papel importante na avaliação de risco do auditor e na determinação dos procedimentos necessários.

Para que seja estabelecida uma estrutura formal de Controles Internos, em especial para garantir a elaboração de Demonstrações Financeiras confiáveis e transparentes como proposto pela Lei SOX, há necessidade de que os processos de negócios mais relevantes para organização tenham os seus potenciais riscos e controles formalizados e monitorados. Essa formalização deve ocorrer por meio de um mapeamento de Controles Internos, e o monitoramento de testes de efetividade dos controles, sejam eles avaliados pela área de Controles Internos, *compliance*, risco ou auditoria interna, para fins de Certificação SOX, ainda precisa ser testado por uma auditoria externa ou independente que opine sobre o modelo de Controles Internos estabelecido pela empresa. Os processos a serem monitorados ou revisados pela auditoria são definidos pelo escopo da materialidade (ver Cap. 4 – Definindo Processos para Mapeamento). Citamos exemplos de potenciais processos de negócios na Figura 3.6.

Para os processos classificados como mais relevantes ou significativos para operação será necessário estabelecer um mapeamento de Controles Internos, no qual serão identificados e destacados os principais riscos e controles existentes, exigindo uma formalização que evidencie que o processo está sob avaliação e monitoramento. Entre as opções de formalização estão:

- Fluxograma;
- Narrativa;
- Segregação de Funções Manual;
- Segregação de Funções Eletrônica;
- Matriz de Riscos e Controles;
- *Walkthrough* de Controles;
- Lista de Deficiências (*GAPs*)/Remediação (Plano de Ação).

Figura 3.6 Exemplos de processos do Ambiente de Negócios

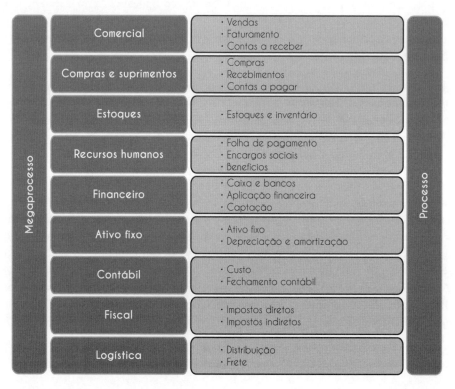

Figura 3.7 Documentos para formalização de mapeamento

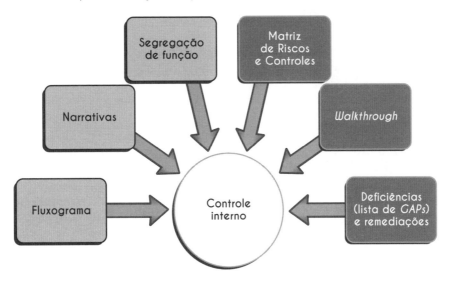

Fonte: Adaptado da Lei Sarbanes-Oxley

A extensão e a complexidade da formalização do mapeamento do processo dependerão do nível de segurança desejado pela empresa: quanto maior o detalhamento e mais opções de recursos formalizados (narrativas, fluxogramas, segregação de funções manual ou eletrônica, matriz de riscos e controles), maiores serão as possibilidades de entendimento do processo e a identificação de potenciais fragilidades que requerem mapeamento de Controles Internos. No entanto, na impossibilidade de estabelecer todos os tipos de formalizações relacionadas, o mínimo necessário para compor um mapeamento de Controles Internos para cada processo é:

Matriz de Riscos e Controles

Documento formal que evidenciará que os riscos (mais relevantes) estão identificados, avaliados, e os controles mitigatórios estão implementados.

***Walkthrough* de Controle**

Documento formal que evidencia a avaliação individual para cada controle relacionado na matriz de riscos e controles, referente ao desenho e à efetividade do controle.

Lista de Deficiências (*GAPs*) e Remediação (Plano de Ação)

Documento formal que evidencia a gestão das deficiências identificadas durante os *walkthroughs* de desenho ou efetividade, sendo a resposta à exposição ao risco feita mediante ações corretivas imediatas ou plano de ação.

PRÁTICA 11: Formalização de Controles Internos

Evidenciar minimamente a existência de Controles Internos requer que os processos relevantes ou significantes sejam formalizados por:
- Matriz de Riscos e Controles;

- *Walkthrough* de Controle (desenho e efetividade);
- Lista de Deficiências (*GAPs*).

Todo processo de Controles Internos é considerado oneroso ou custoso para a empresa, seja por uso de recursos materiais, seja por uso de recursos humanos, primeiramente pela dificuldade de vincular as atividades de Controles Internos às perdas que são evitadas e finalmente por implementar ações com direcionamentos reativos (ex.: fraude em compras), em vez de propósitos bem definidos, como garantir Demonstrações Financeiras confiáveis.

As estruturas de Controles Internos são consideradas bem implementadas quando são reconhecidas por toda organização; isso significa que os departamentos ou setores mapeados por Controles Internos executam os controles por compreender os seus objetivos (riscos) e não apenas por cumprimento de mais uma atividade a ser realizada.

A implementação do mapeamento de Controles Internos deve trazer benefícios para departamento ou área mapeada, de tal maneira que o departamento ou área tenha o interesse em ter seus controles monitorados, como ferramenta de gestão do próprio processo e proteção a desvios e problemas oriundos de outros departamentos.

3.3 AMBIENTE TECNOLÓGICO

Figura 3.8 Ambiente Tecnológico

O Ambiente Tecnológico, também conhecimento como IT General Controls ou ITGC, é a avaliação dos Controles Internos em nível de sistemas que proporcionam suporte aos negócios e estrutura das operações sistêmicas da empresa, como são gerenciados as informações e os dados. Exemplos de controles em nível de sistemas: Controle de Acesso, Segregação de Funções, Suporte a Sistemas, Proteção de Dados, Políticas de TI, *Backup*.

O *Auditing Standard* destaca a importância dos Controles Internos sobre tecnologia da informação para o auditor como:

A.S. Nº 5 – An Audit of Internal Control Over Financial Reporting That is Integrated with an Audit of Financial Statements

36. *The auditor also should understand how IT affects the company's flow of transactions.*[4] (*Auditing Standard 5* – parágrafo 36)

A importância da tecnologia da informação para os Controles Internos, especialmente para garantir as Demonstrações Financeiras, tem a sua abrangência tanto na operação de controles automatizados vinculados diretamente no ambiente de negócios quanto no gerenciamento e segurança das informações e dados da empresa.

A.S. Nº 12 – Identifying and Assessing Risks of Material Misstatement – Appendix B – Consideration of Manual and Automated Systems and Controls
B1. While obtaining an understanding of the company's information system related to financial reporting, the auditor should obtain an understanding of how the company uses information technology ("IT") and how IT affects the financial statements. The auditor also should obtain an understanding of the extent of manual controls and automated controls used by the company, including the IT general controls that are important to the effective operation of the automated controls.[5] (*Auditing Standard 12* – parágrafo B1)

Os processos tecnológicos para a estrutura de Controles Internos têm maior ou menor importância dependendo do segmento de negócios e grandeza das operações, porém não há exceções na implementação de Controles Internos quando o objetivo é garantir as Demonstrações Financeiras. Tratando do ambiente tecnológico, a única concessão está relacionada ao nível de maturidade dos processos de TI, pois processos de ITGC são determinantes para todas as organizações. Os processos mínimos que precisam constar no mapeamento de Controles Internos estão relacionados na Figura 3.9.

Figura 3.9 Exemplos de processos do Ambiente Tecnológico

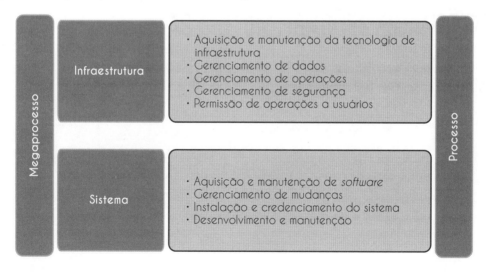

---

[4] 36. O auditor também deve (sugestão) entender como a TI (Tecnologia da Informação) afeta o fluxo das operações da empresa.

[5] B1. Ao obter uma compreensão do sistema de informação da empresa relacionado ao reporte financeiro, o auditor deve obter um entendimento de como a empresa usa a tecnologia da informação e como isso afeta as demonstrações financeiras. O auditor também deve obter um entendimento da extensão de controles manuais e controles automatizados utilizados pela empresa, incluindo os IT General Controls, que são importantes para o funcionamento eficaz dos controles automatizados.

Os processos de ITGC são mandatários para qualquer ambiente de controles, pois um ambiente de negócios que não tem o devido suporte das operações sistêmicas expõe a organização significativamente e, em muitos casos, de maneira irreversível (ex.: perda de dados ou falha na recuperação de dados).

PRÁTICA 12: A importância do Ambiente Tecnológico

Uma governança de IT é mandatória para todas as organizações que desejam assegurar as Demonstrações Financeiras, o que pode variar é a maturidade dos processos e não a inexistência de um processo de ITGC.

Os processos de ITGC têm como objetivo primário suportar os sistemas ligados diretamente às operações do ambiente de negócios em que os processos (ex.: Contábil, Compras, Vendas) foram identificados como relevantes pela materialidade, ou seja, todo sistema pertencente ao processo de negócio mapeado em Controles Internos precisa estar refletido nos processos de IT (ex.: Gerenciamento de Dados, Gerenciamento de Mudança, Implementação e Aquisição de *Software*), pois o fato de os processos de negócios possuírem importância pela materialidade justifica os esforços de ITGC dedicados aos sistemas relacionados a esses processos.

Os processos tecnológicos a serem revisados por auditoria também são processos relacionados aos sistemas críticos dos processos de negócios considerados significativos, podendo sofrer mais exigências por julgamento e conforto do auditor.

Perguntas sugeridas pelo autor

1. O que é o Ambiente Corporativo?
2. O que é o Ambiente de Negócios?
3. O que é o Ambiente Tecnológico?
4. Qual a relação entre os ambientes Corporativo, de Negócios e Tecnológico?
5. Qual ambiente de controle é mais importante?

4

DEFININDO PROCESSOS PARA MAPEAMENTO

Objetivos de Aprendizagem

O propósito do capítulo *Definindo Processos para Mapeamento* é apresentar entendimento sobre materialidade de processo, premissas para seleção de processos de mapeamento, essenciais para identificação e priorização dos processos, uma sugestão de critérios e entendimentos práticos para determinar os processos relevantes para Controles Internos.

O mapeamento de Controles Internos para garantir as Demonstrações Financeiras gera custo para organização e, por isso, precisa de objetivos muito bem definidos para maximizar os recursos e esforços utilizados, bem como para não ser confundido com uma auditoria de processos operacionais ou auditoria investigativa. Para isso, é necessário que os processos sejam selecionados de forma criteriosa e previamente definidos.

46 Mapeamento de Controles Internos SOX

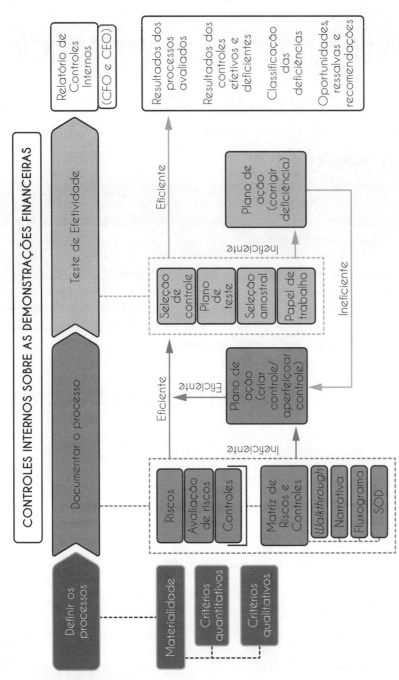

Figura 4.1 Etapas do mapeamento de Controles Internos

O ambiente tecnológico é mais simples na definição dos processos de ITGC, pois eles são mandatórios para suportar as Demonstrações Financeiras, a sua dificuldade é determinar o nível de maturidade dos processos de ITGC desejada pela empresa e os sistemas que serão escopo, mas obrigatoriamente serão os sistemas atrelados ao ambiente de negócios. Então, a importância dos processos de negócios determinará o escopo do ambiente tecnológico.

PRÁTICA 13: Selecionando os sistemas no ambiente tecnológico

Os sistemas que suportam os processos de negócios selecionados por Controles Internos são mandatórios no escopo de processos de ITGC; os demais sistemas são opcionais no escopo de processos de ITGC, embora quanto mais sistemas (independentemente de processos de negócios mapeados) melhor será a governança de IT da organização.

Para atender a essa demanda de seleção de processos de negócio de forma minuciosa é aplicada uma análise de materialidade, que é um mecanismo quantitativo e qualitativo para avaliar as contas contábeis que suportam a elaboração das Demonstrações Financeiras, identificando a importância e relevância dessas contas.

A análise de materialidade é usualmente utilizada para auditoria de balanço, sendo o seu uso estendido à auditoria de Controles Internos. Porém, enquanto a auditoria de balanço avalia as contas para determinar a acuracidade dos números, a auditoria de Controles Internos avalia as contas para determinar a integridade dos processos que alimentam essas contas contábeis.

PRÁTICA 14: Selecionando os processos no Ambiente de Negócios

Os processos mapeados por Controles Internos são identificados por uma análise de materialidade, pois é a análise de materialidade que permite que Controles Internos garantam a integridade das Demonstrações Financeiras da organização.

Definir a seleção dos processos que precisam de Controles Internos de forma adequada é a etapa de maior importância e responsabilidade do mapeamento de Controles Internos para Demonstrações Financeiras, pois refletirá sobre o ambiente de negócios e sobre os sistemas que serão escopo no ambiente tecnológico.

4.1 MATERIALIDADE

A materialidade é o planejamento estratégico para o mapeamento de Controles Internos sobre as Demonstrações Financeiras, por meio dela será possível determinar o apetite ao risco da organização, pois quanto menor for a tolerância aos erros, maior será o volume de processos necessários em um mapeamento de Controles Internos. A rigorosidade da materialidade determinará o nível de conforto esperado pela administração, motivo pelo qual precisa ser submetida à aprovação da alta administração.

A materialidade, seguida por premissas e cálculos, é justificada e estabelecida porque:

- o custo de implementar Controles Internos é elevado demais, inibindo a criação de um sistema de Controles Internos "**perfeito**";

- é a medição necessária para definir o **"apetite"** ao risco da organização;
- estabelece o ponto de partida para **"definir"** um mapeamento de Controles Internos sobre as Demonstrações Financeiras;
- é a estratégia para **"priorizar"** o que deve ser mapeado.
- materialidade para a auditoria externa será:

  ⅄ a **"prática"** para definir o que é relevante nas Demonstrações Financeiras;

  ⅄ uma **"premissa"** da auditoria de balanço e certificação SOX.

- a determinação da materialidade é baseada no julgamento profissional do auditor, sendo que:

  ⅄ **não há uma regra universal** sobre como determinar a base para cálculo da materialidade;

  ⅄ a empresa ou auditor pode **definir um método**, por exemplo: um percentual do faturamento bruto, das receitas ou do lucro;

- antes de definir a materialidade, a empresa ou auditor **deve obter entendimento da empresa** sobre:

  ⅄ o ramo de atividade;

  ⅄ os fatores regulatórios e externos relevantes;

  ⅄ as operações e as estruturas;

  ⅄ os tipos de investimentos realizados;

  ⅄ as políticas contábeis utilizadas;

  ⅄ os objetivos, as estratégias e os riscos de negócios relacionados;

  ⅄ os métodos utilizados para medir o desempenho financeiro.

A.S. Nº 5 – An Audit of Internal Control Over Financial Reporting That is Integrated with an Audit of Financial Statements
20. In planning the audit of internal control over financial reporting, the auditor should use the same materiality considerations he or she would use in planning the audit of the company's annual financial statements.[1] (*Auditing Standard 5* – parágrafo 20)
A.S. Nº 5 – An Audit of Internal Control Over Financial Reporting That is Integrated with an Audit of Financial Statements
29. To identify significant accounts and disclosures and their relevant assertions, the auditor should evaluate the qualitative and quantitative risk factors related to the financial statement line items and disclosures.[2] (*Auditing Standard 5* – parágrafo 29)

E de acordo com o A.S. nº 5, os fatores de avaliação de riscos relevantes incluem:

- tamanho e composição da conta;
- suscetibilidade à distorção devido a erros ou fraudes;

---

[1] 20. Ao planejar a auditoria de Controles Internos sobre relatórios financeiros, o auditor deve usar as mesmas considerações de materialidade utilizadas no planejamento da auditoria das demonstrações financeiras anuais da empresa.

[2] 29. Para identificar contas e divulgações significativas e suas assertivas, o auditor deve (sugestão) avaliar fatores de risco qualitativos e quantitativos relacionados com os itens da demonstração financeira.

- volume de atividade, complexidade e homogeneidade das transações individuais processadas na conta ou refletidas na divulgação;
- natureza da conta ou da divulgação;
- contabilização e reportes de complexidades associados à conta de divulgação;
- a exposição a perdas na conta;
- possibilidade de passivos contingentes significativos decorrentes das atividades refletidos na conta ou na divulgação;
- existência de operações com partes relacionadas na conta;
- mudanças em relação a períodos anteriores nas contas ou características de divulgação.

PRÁTICA 15: Materialidade de Controles Internos

Como não há regras explícitas de cálculo de materialidade, a organização deve definir o seu método baseado em fatores quantitativos (relevância de valor) e fatores qualitativos (conhecimento dos negócios, processos, preocupações, riscos e seus respectivos impactos).

A definição de critérios para cálculo de materialidade para identificação de processos no ambiente de negócios por fatores quantitativos é simplesmente um reconhecimento e percepção em relação ao tamanho da perda (valor) e a representatividade dos valores transacionais em uma determinada conta em relação à receita total ou os ativos da empresa, mas o uso dos fatores qualitativos será a real demonstração de conhecimento e percepção sobre as ameaças que somente a empresa, seus profissionais, suas experiências e suas concorrências são capazes de identificar.

4.2 CRITÉRIOS DE MATERIALIDADE

Os critérios de materialidade estabelecidos devem ser claros, fundamentados e utilizados uniformemente para análise de todas as contas contábeis da empresa.

Ainda de acordo com o A.S. nº 5, o auditor deve se basear em seu julgamento para determinar a materialidade, considerando a percepção das necessidades que os envolvidos na elaboração das Demonstrações Financeiras têm para tomar decisões.

Cabe à empresa definir os fatores fundamentais, quantitativos e qualitativos, para identificar os processos que serão contemplados em Controles Internos e se aplicáveis (Certificação SOX), para discussão com o auditor externo sobre a importância e a definição dos processos que serão auditados.

PRÁTICA 16: Responsabilidade da materialidade de Controles Internos

A empresa é responsável por definir o seu cálculo de materialidade, pois determinará o seu apetite ao risco, sua compreensão ou preocupação com as fragilidades ou ameaças em seus processos que possam afetar os seus objetivos. Pertence à alta administração a responsabilidade sobre a gestão de riscos.

Para separar o entendimento de critérios de materialidade de forma prática, vamos segregar os fatores quantitativos e os fatores qualitativos.

Os fatores quantitativos são relacionados ao valor da conta contábil e o seu impacto na divulgação das Demonstrações Financeiras determinará a relevância da conta contábil e seu erro é tolerável.

A relevância é um valor previamente estabelecido (ex.: percentual da receita, percentual do lucro ou percentual dos ativos) que será utilizado como indicador aplicado a todas as contas contábeis, sendo que todas as contas iguais ou superiores a esse indicador serão consideradas relevantes, e, uma vez relevantes, devem ser associadas aos processos de negócios.

O Erro Tolerável (ET) é o erro máximo, entre as contas, que a empresa ou o auditor está disposto a aceitar durante a realização de suas atividades e, ainda assim, concluir o resultado do trabalho de Controles Internos de forma razoável e com um mínimo de conforto. Quanto menor o ET, maior é o tamanho ou volume dos processos que precisam de mapeamento.

As contas podem ser avaliadas analítica ou sinteticamente (agrupadas); no entanto, a determinação da melhor abordagem depende do tipo de negócio e do tamanho da empresa.

Tipo de negócios

Empresas com plano de conta simples e com atividades concentradas em poucas contas, como empresas de prestação de serviços ou revenda de produtos acabados, são mais bem avaliadas por contas analíticas, pois, do contrário, a avaliação apresentará a necessidade de poucos processos para mapear e nível de detalhamento macro, deixando de identificar detalhes importantes.

Tamanho da empresa

Empresas com plano de contas complexo para atender diversos segmentos de negócios, como os utilizados por conglomerados ou grupos (*holding*), são mais bem avaliadas por conta sintética (agrupada), permitindo destacar as contas que representam em valor o maior impacto para cada empresa e seu conglomerado.

PRÁTICA 17: Avaliação das contas analítica ou sintética (agrupadas)

Empresas de pequeno porte ou grande porte, mas presentes em apenas um segmento, são mais bem avaliadas por conta analítica.

Empresas que têm conglomerados ou grupo de empresa que atuam em diversos segmentos são mais bem avaliadas de forma sintética (agrupadas).

Os fatores quantitativos são muitas vezes o único fator considerado pelas empresas ou auditores, pois a atribuição de um valor é de fácil entendimento e de rápida absorção por toda a organização, porém erros contínuos e frequentes persistem por muitos anos em contas simples por não representar os valores considerados no ET. No entanto, essas mesmas contas podem trazer um impacto significativo ao longo do tempo e serem tratadas apenas de forma reativa, além do fato de não considerarem a exposição da imagem da empresa nos erros relacionados a essas contas (ex.: contas de despesas de viagens e aquisição de produtos ou serviços, sem regras definidas ou descentralizadas, estão expostas a gastos que podem não ser do objetivo da empresa ou departamento, utilizadas para pequenas fraudes e para fins pessoais).

Os fatores qualitativos são relacionados ao tipo de conta contábil ou divulgação e às informações nela contidas, como alto volume de transação, provisão/estimativa, estoque ou atividades não operacionais, cenários do mercado ou qualquer ameaça para a organização.

Alto volume de transação (baixo ou médio valor)

São as contas nas quais são registradas operações de rotina, operações que ocorrem várias vezes ao dia ou operações não automatizadas em que há diversos envolvidos. A probabilidade de erros nas Demonstrações Financeiras por essas contas é maior, pois são movimentadas muitas vezes (ex.: bancos e aplicações financeiras, contas a pagar).

Provisão/estimativa

São as contas nas quais são registradas provisões e estimativas. Os valores podem estar sub ou superavaliados, depende de julgamento e critérios muitas vezes pouco fundamentados, voláteis ou tendenciosos (ex.: provisão para perdas de devedores duvidosos, contingências trabalhistas ou cíveis, reconhecimento de perdas em operações ou incidentes).

Estoque ou atividades não operacionais

São as contas nas quais são registrados os estoques ou ganhos/perdas com atividades que não estão diretamente ligadas com a atividade principal da empresa. As contas de estoque geralmente são de fácil manipulação, por serem sensíveis a preço ou desvalorização, perdas e roubos de diversas formas. As atividades não operacionais podem representar um perigo e não uma estratégia, baseado em ganhos especulativos (ex.: lucros de operações no mercado financeiro ou imobiliário, revenda de produto ou serviço que não pertence ao segmento da empresa).

Cenários do mercado

As contas expostas a questões regulatórias ou que sofrem potenciais riscos já identificados em outras organizações do mesmo segmento devem ser analisadas, pois as empresas fazem parte de um sistema similar.

Como contas expostas a questões regulatórias podemos citar as contas de vendas por um segmento com relacionamento com o governo; a partir da promulgação da lei anticorrupção, a atividade requer atenção especial, bem como a conta de salários e as diversas demandas regulatórias (E-Social) (ex.: impostos, empresa do mesmo segmento expostas em determinados regimes fiscais, quando uma empresa concorrente recebe determinada atuação fiscal exposta na mídia requer que as empresas concorrentes também avaliem as suas exposições à mesma atuação fiscal ou a determinado problema com câmbio ou a atuação em portos (vendas internacionais). Pois elas podem ser prejudicadas por motivos comuns para o segmento (perdas por dificuldade de escoamento da produção nos portos).

Ameaças para a organização

Neste critério há maior subjetividade e dependerá exclusivamente da percepção da empresa em estabelecer suas preocupações, problemas operacionais, histórico de incidentes (fraudes e perdas). Somente empresas com critérios sólidos terão por hábito aplicá-lo.

Outros fatores qualitativos podem ser estabelecidos por escolha da administração ou do controle interno, desde que fundamentados e aplicados a todas as contas de forma a contribuir na identificação dos processos que requerem mapeamento de Controles Internos.

4.3 MODELO DE MATERIALIDADE

A materialidade e seus métodos de cálculos envolvem fatores quantitativos (valor) de fácil reconhecimento e fatores qualitativos, em alguns critérios mais subjetivos ou que requerem alto nível de conhecimento do ambiente de negócios ou segmento de atuação, motivos pelos quais as empresas e as auditorias usualmente mantêm os seus modelos e cálculos em sigilo, apresentando apenas o resultado final: os processos que precisam de mapeamento em Controles Internos.

Devido à materialidade, em seu objetivo maior, definir a priorização dos processos de um mapeamento de Controles Internos para Demonstrações Financeiras e o apetite ao risco da empresa aceito pela alta administração, todos os critérios qualitativos que a empresa considerar importante para avaliação poderão ser utilizados (quantos critérios as empresas desejarem).

Para fins de exercitar essa primordial etapa de avaliação dos processos submetidos ao mapeamento de Controles Internos, apresentaremos uma sugestão de modelo de materialidade que, na ausência de um modelo próprio, será de simples aplicação e corrobora para identificar os processos necessários para mapeamento de Controles Internos.

Ao trabalharmos com o fator quantitativo, iniciaremos pela escolha de um indicador financeiro, dependendo do segmento de atuação pode ser atrelado a um percentual do Faturamento (Comerciais ou Vendas), à Margem Bruta (Prestação de Serviços), ao Patrimônio ou Ativos Totais (Indústrias), ou a indicadores específicos como LAIR, EBITDA ou EBIT, conforme o Quadro 4.1, que compreende diversas opções de indicadores, bem como uma sugestão de percentual para cada indicador. Cabe à empresa escolher um indicador e aplicá-lo; havendo dúvida sobre qual o melhor indicador a utilizar, a empresa poderá aplicar múltiplos indicadores a fim de comparar as variações de processos que são selecionados por meio de um indicador ou outro, podendo assim julgar o indicador que melhor atende às suas necessidades e percepção de apetite de riscos.

Quadro 4.1 Indicadores de Erro Tolerável

BASE DE CÁLCULO		ET – Erro Tolerável
	LAIR	Conservador: <3% Recomendado: 5% Risco baixo: >6% (negócio)
	Faturamento	5% ou superior
	Margem Bruta	10% – 15%
	Patrimônio	5% – 10%
	EBITDA	2% – 5%
	EBIT	3% – 6%
	Ativo total	Percentual abaixo dos ativos totais (0,25% – 5%)

A partir da escolha desse indicador será possível identificar quais empresas, no caso de conglomerados de empresas, devem ter seu monitoramento por Controles Internos, e na existência de Controles Internos, qual será o ET para cada empresa.

PRÁTICA 18: Indicador da materialidade

A empresa pode adotar o seu próprio indicador - a utilização de um único indicador é a aplicação mais comum - ou múltiplos indicadores até identificar o que melhor atende ao tipo de negócios e segmento de atuação.

No exemplo apresentado utilizamos o conglomerado SOX Corporation, organização constituída de seis empresas controladas. Entenderemos nesse modelo que as seis empresas são classificadas como controladas,[3] que 100% da participação acionária é da empresa SOX Corporation, que estão contempladas as eliminações[4] intercompanhia e desprezaremos o conceito de empresa coligada.[5]

PRÁTICA 19: Materialidade para controladas e coligadas

A materialidade é utilizada para as empresas controladas considerando as eliminações intercompanhia, sendo que a definição de aplicação sobre as empresas coligadas depende do estatuto entre as empresas, pois em empresas coligadas não há poder de decisão que justifique a implementação de Controles Internos, mas pode vir a ser utilizada por deliberação entre as empresas e os acionistas como boa prática de gestão de riscos.

No exemplo apresentado, as empresas foram avaliadas pelo indicador Faturamento Bruto. Podemos avaliar que a SOX Corporation contempla 100% do faturamento combinado do grupo (somatório das seis empresas). Para melhor compreensão da distribuição dos negócios da SOX Corporation, vejamos um breve descritivo de atuação de cada empresa.

SOX Corporation

Empresa que representa o conglomerado do grupo. Os seus resultados são originários das atividades das demais empresas controladas e nela estão representados os lucros ou prejuízos combinados do conglomerado.

SOX Eletric Ind. Ltda.

Empresa do segmento industrial de produção de equipamentos eletrônicos, eletrodomésticos e seus periféricos.

SOX Motores Ltda.

Empresa do segmento industrial que produz motores e peças para eletrodomésticos. Tem como seu principal cliente outra empresa do grupo, a SOX Eletric Ind. Ltda. (52% da sua capacidade), porém atende a outras marcas de eletroeletrônicos (38% da

---

[3] Controlada: sociedade na qual a controladora, diretamente ou através de outras controladas ou seus diretores é titular de direitos de sócio e deliberações estratégicas ou sociais.

[4] Eliminações intercompanhia: saldos de receitas e despesas, bem como de lucros não realizados, decorrentes de negócios entre empresas.

[5] Coligada: a sociedade na qual a investidora tenha influência significativa, mas não é titular de direitos de sócio ou nas deliberações.

capacidade), reposição de motores (3% da capacidade) e peças de reposição para os seus produtos (7% da capacidade).

SOX Consórcio Ltda.

Empresa independente do segmento financeiro para os produtos de consórcio dedicada ao consumidor final, tendo as suas operações centralizadas exclusivamente nos produtos das empresas SOX Electric Ind. Ltda. e SOX Motores Ltda., via modalidade de pagamento de consórcio.

SOX Logística Ltda.

Empresa independente do segmento logístico para distribuição de mercadorias e produtos acabados ao consumidor final, tendo suas operações centralizadas exclusivamente na distribuição de produtos das empresas SOX Electric Ind. Ltda. e SOX Motores Ltda., via modalidade de distribuição no varejo ou atacado.

SOX Serviços Ltda.

Empresa do segmento serviços de assistência técnica dedicada ao consumidor final, tendo as suas operações centralizadas exclusivamente para o suporte técnico e garantia aos produtos das empresas SOX Electric Ind. Ltda. e SOX Motores Ltda.

SOX Holding S.A.

Empresa do segmento de serviços, sem objetivos de lucros ou operações comerciais, para atender a consolidação dos resultados das empresas do conglomerado SOX *Corporation*, controlar as participações acionárias, investimentos e empréstimos entre as empresas, as eliminações intercompanhia e reporte de resultado de todas as operações do conglomerado.

Tabela 4.1 Representatividade de cada empresa em relação ao faturamento do conglomerado SOX Corporation

Materialidade 5%

	Demonstrações Financeiras - R$ em 31/12/22						
Empresa	**SOX Eletric Ind. Ltda.**	**SOX Motores Ltda.**	**SOX Logística Ltda.**	**SOX Consórcio Ltda.**	**SOX Holding S.A.**	**SOX Serviços Ltda.**	**SOX Corporation**
Fat. Bruto	4.758.618,50	2.337.071,00	333.589,67	375.288,38	-	276.182,00	8.080.749,54
Share	58,9%	28,9%	4,1%	4,6%	0,0%	3,4%	100%
ET da controlada	237.930,93	116.853,55	16.679,48	18.764,42	-	13.809,10	404.037,48

A Tabela 4.1 apresenta a representatividade de cada empresa em relação ao faturamento (Faturamento Bruto) do conglomerado SOX Corporation, sendo que toda empresa com faturamento igual ou superior a 5% deverá contemplar o escopo de Controles Internos, representado por um ET total do conglomerado de R$ 404.037,48 ou a mensuração do apetite ao risco da empresa. Para o percentual de representatividade de cada empresa também deve ser aplicada a importância correspondente ao ET individual. Assim, para SOX Eletric Ind. Ltda. a representatividade é de 58,9% do faturamento do conglomerado e, por isso, o apetite ao risco corresponde ao ET individual de R$ 237.930,93 (referente a 58,9% do ET total do conglomerado).

Da mesma forma, a SOX Motores Ltda. também está elegível para o escopo de Controles Internos, pois representa 28,9% do faturamento, sendo o ET individual dessa empresa R$ 116.853,55 (referente a 28,9% do ET total do conglomerado).

A empresa SOX Consórcio Ltda. demanda especial atenção, pois a sua representatividade atinge 4,6% do conglomerado, não sendo uma empresa escopo de Controles Internos devido ao uso de casas decimais. Logo, cabe ao conglomerado decidir a necessidade de trabalhar com casas decimais abertas, pois desconsiderando as casas decimais, por arredondamento a empresa é elegível ao escopo de Controles Internos.

Por fim, avaliando a empresa SOX Holding S.A., não existe faturamento. Por ser *holding* ou consolidadora, essa empresa não é elegível por materialidade, mas precisa ser considerada por risco de elaboração das Demonstrações Financeiras para o acionista, pois o objetivo principal da empresa é essa atividade.

Em outra abordagem, conforme a Tabela 4.2, podemos ver a representatividade da empresa em relação ao faturamento do conglomerado e o ET individual que deve ser aplicado a cada empresa.

Tabela 4.2 Representatividade da empresa em relação ao faturamento do conglomerado e o Erro Tolerável individual

Materialidade	5%		ET Conglomerado	R$ 404.037,48

Empresa	Faturamento		ET – Erro Tolerável	
	Faturamento Bruto	Representatividade	ET da Controlada	Representatividade
SOX Eletric Ind. Ltda.	R$ 4.758.618,50	58,9%	R$ 237.930,93	58,9%
SOX Motores Ltda.	R$ 2.337.071,00	28,9%	R$ 116.853,55	28,9%
SOX Logística Ltda.	R$ 333.589,67	4,1%	R$ 16.679,48	4,1%
SOX Consórcio Ltda.	R$ 375.288,38	4,6%	R$ 18.764,42	4,6%

(Continua)

56 Mapeamento de Controles Internos SOX

(Continuação)

Empresa	Faturamento		ET – Erro Tolerável	
	Faturamento Bruto	Representatividade	ET da Controlada	Representatividade
SOX Holding S.A.	R$ –	0,0%	R$ –	0,0%
SOX Serviços Ltda.	R$ 276.182,00	3,4%	R$ 13.809,10	3,4%
SOX Corporation	**R$ 8.080.749,54**	100,0%	**R$ 404.037,48**	100,0%

Todas as empresas com faturamento igual ou superior a 5% de representatividade no conglomerado deverão ser avaliadas como escopo de mapeamento para Controles Internos com os seus respectivos limites individuais de ET, ficando sob julgamento a empresa ou escopo de empresas que se enquadram por arredondamento. Por critério de atividade principal, elaborar as Demonstrações Financeiras do conglomerado, a empresa *holding* deve constar no escopo de Controles Internos.

Concluída a seleção das empresas escopo de Controles Internos, é necessário avaliar se todos os segmentos de produtos que geram faturamento também serão escopo de Controles Internos. Para isso, avaliaremos a composição do faturamento de cada empresa por produto. Observe a Tabela 4.3.

Tabela 4.3 Faturamento de cada empresa por produto

Materialidade   **5%**

Demonstrações Financeiras – R$ em 31/12/22							
Empresa	SOX Eletric Ind. Ltda.	SOX Motores Ltda.	SOX Logística Ltda.	SOX Consórcio Ltda.	SOX Holding S.A.	SOX Serviços Ltda.	SOX Corporation
Fat. Bruto	4.758.618,50	2.337.071,00	333.589,67	375.288,38	–	276.182,00	8.080.749,54
Share	58,9%	28,9%	4,1%	4,6%	0,0%	3,4%	100%
ET da controlada	237.930,93	116.853,55	16.679,48	18.764,42	–	13.809,10	404.037,48

SOX Eletric Ind. Ltda.		ET Individual	R$ 237.930,93
Segmento	**R$**	**%**	**Mapear Controles Internos?**

(Continua)

(Continuação)

Áudio e Som	R$ 380.689,48	8,0%	SIM
Linha Branca Premium	R$ 1.189.654,63	25,0%	SIM
Linha Branca	R$ 2.855.171,10	60,0%	SIM
Peças Linha Branca	R$ 190.344,74	4,0%	NÃO
Outras	R$ 142.758,56	3,0%	NÃO
Faturamento Bruto	**R$ 4.758.618,50**	100,0%	

A empresa SOX Eletric Ind. Ltda. com o faturamento bruto de R$ 4.758.618,50 composto do segmento Áudio e Som, Linha Branca Premium, Linha Branca, Peças Linha Branca e Outras, é avaliada por um ET individual de R$ 237.930,93, ou seja, todos os segmentos iguais ou superiores ao ET individual precisam de mapeamento de Controles Internos para suportar o apetite ao risco determinado. Embora o segmento "Outras" represente no faturamento da SOX Eletric Ind. Ltda. apenas R$ 142.758,56 (3% do faturamento), e, por isso, não seja considerado para o ET individual e isentando a necessidade de mapeamento de Controles Internos, a empresa deve conhecer o seu conteúdo ou a sua composição, evitando que atividades não operacionais de geração de receita tragam problemas no futuro.

Tabela 4.4 Empresa SOX Motores Ltda. avaliada por um Erro Tolerável individual

Materialidade   5%

Demonstrações Financeiras – R$ em 31/12/22							
Empresa	SOX Eletric Ind. Ltda.	SOX Motores Ltda.	SOX Logística Ltda.	SOX Consórcio Ltda.	SOX Holding S.A.	SOX Serviços Ltda.	SOX Corporation
Fat. Bruto	4.758.618,50	2.337.071,00	333.589,67	375.288,38	–	276.182,00	8.080.749,54
Share	58,9%	28,9%	4,1%	4,6%	0,0%	3,4%	100%
ET da controlada	237.930,93	116.853,55	16.679,48	18.764,42	–	13.809,10	404.037,48

SOX Motores Ltda.		ET Individual	R$ 116.853,55
Segmento	**R$**	**%**	**Mapear Controles Internos?**
Conglomerado SOX	R$ 1.051.681,95	45,0%	SIM
Mercado Nacional	R$ 1.191.906,21	51,0%	SIM
Mercado Externo	R$ –	0,0%	NÃO
Venda Varejo	R$ 35.056,07	1,5%	NÃO
Peças de Reposição	R$ 58.426,78	2,5%	NÃO
Faturamento Bruto	**R$ 2.337.071,00**	100,0%	

A empresa SOX Motores Ltda., com o faturamento bruto de R$ 2.337.071,00, composta do segmento Conglomerado SOX, Mercado Nacional, Mercado Externo, Venda Varejo e Peças de Reposição, é avaliada por um ET individual de R$ 116.853,55, ou seja, todos os segmentos com valor igual ou superior ao ET individual precisam de mapeamento de Controles Internos para suportar o apetite ao risco determinado. Todos os segmentos são conhecidos; na ausência de agrupamento do tipo "Outras", não requerer análises específicas.

Tabela 4.5 Empresa SOX Logística Ltda. e a não materialidade para Controles Internos

Materialidade   5%

Demonstrações Financeiras – R$ em 31/12/22							
Empresa	**SOX Eletric Ind. Ltda.**	**SOX Motores Ltda.**	**SOX Logística Ltda.**	**SOX Consórcio Ltda.**	**SOX Holding S.A.**	**SOX Serviços Ltda.**	**SOX Corporation**
Fat. Bruto	4.758.618,50	2.337.071,00	333.589,67	375.288,38	–	276.182,00	8.080.749,54
Share	58,9%	28,9%	4,1%	4,6%	0,0%	3,4%	100%

ET da controlada	237.930,93	116.853,55	16.679,48	18.764,42	–	13.809,10	404.037,48

SOX Logística Ltda.		**ET Individual**	**R$ 16.679,48**
Segmento	**R$**	**%**	**Mapear Controles Internos?**
Distribuição Atacado	R$ 200.153,80	60,0%	SIM
Distribuição Varejo	R$ 93.405,11	28,0%	SIM
Serviços de Frete	R$ 5.003,84	1,5%	NÃO
Serviços de Postagem	R$ 1.667,95	0,5%	NÃO
Armazenagem	R$ 33.358,97	10,0%	SIM
Faturamento Bruto	**R$ 333.589,67**	100%	

A empresa SOX Logística Ltda., com o faturamento bruto de R$ 333.359,67, composta dos segmentos Distribuição Atacado, Distribuição Varejo, Serviços de Frete, Serviços de Postagem e Armazenagem, não possui materialidade para exigir o escopo de Controles Internos devido ao apetite ao risco determinado pelo conglomerado. Todos os segmentos são conhecidos e não há justificativa para o escopo. Havendo o interesse de aplicar um escopo de Controles Internos, poderá ser por um ET individual de R$ 16.679,48 para identificação de processos de negócios.

Tabela 4.6 Empresa SOX Consórcio Ltda. e a não materialidade para Controles Internos

Materialidade   5%

Demonstrações Financeiras – R$ em 31/12/22						
Empresa	**SOX Eletric Ind. Ltda.**	**SOX Motores Ltda.**	**SOX Logística Ltda.**	**SOX Consórcio Ltda.**	**SOX Holding S.A.**	**SOX Serviços Ltda.**	**SOX Corporation**
Fat. Bruto	4.758.618,50	2.337.071,00	333.589,67	375.288,38	–	276.182,00	8.080.749,54
Share	58,9%	28,9%	4,1%	4,6%	0,0%	3,4%	100%
ET da controlada	237.930,93	116.853,55	16.679,48	18.764,42	–	13.809,10	404.037,48

SOX Consórcio Ltda.		**ET Individual**	**R$ 18.764,42**
Segmento	**R$**	**%**	**Mapear Controles Internos?**
Áudio e Som	R$ 206.408,61	55,0%	SIM
Linha Branca	R$ 167.753,90	44,7%	SIM
Linha Branca Premium	R$ 750,58	0,2%	NÃO
Consultoria	R$ 375,25	0,1%	NÃO
Outras	R$ -	0,0%	NÃO
Faturamento Bruto	**R$ 375.288,38**	100,0%	

A empresa SOX Consórcio Ltda., com o faturamento bruto de R$ 375.288,38, composta do segmento consórcio Áudio e Som, Linha Branca, Linha Branca Premium, Consultoria e "Outras", não possui materialidade para exigir o escopo de Controles Internos devido ao apetite ao risco determinado pelo conglomerado e não há justificativa para o escopo, cabe apenas especificar que o segmento "Outras" seja conhecido pela empresa. Havendo o interesse de aplicar um escopo de Controles Internos, poderá ser por um ET individual de R$ 18.764,42 para identificação de processos de negócios.

Tabela 4.7 Empresa SOX Holding e a não materialidade para mapeamento de Controles Internos

Materialidade   5%

Demonstrações Financeiras – R$ em 31/12/22						
Empresa	**SOX Eletric Ind. Ltda.**	**SOX Motores Ltda.**	**SOX Logística Ltda.**	**SOX Consórcio Ltda.**	**SOX Holding S.A.**	**SOX Serviços Ltda.**	**SOX Corporation**
Fat. Bruto	4.758.618,50	2.337.071,00	333.589,67	375.288,38	–	276.182,00	8.080.749,54

(Continua)

(Continuação)

Demonstrações Financeiras – R$ em 31/12/22							
Empresa	SOX Eletric Ind. Ltda.	SOX Motores Ltda.	SOX Logística Ltda.	SOX Consórcio Ltda.	SOX Holding S.A.	SOX Serviços Ltda.	SOX Corporation
Share	58,9%	28,9%	4,1%	4,6%	0,0%	3,4%	100%
ET da controlada	237.930,93	116.853,55	16.679,48	18.764,42	–	13.809,10	404.037,48

SOX Holding S/A		ET Individual		R$ –
Segmento	R$	%		Mapear Controles Internos?
Receitas Operacionais	R$ –	0,0%		NÃO
Receitas Não Operacionais	R$ –	0,0%		NÃO
Empréstimos	R$ –	0,0%		NÃO
Consultoria	R$ –	0,0%		NÃO
Outras	R$ –	0,0%		NÃO
Faturamento Bruto	R$ –	0,0%		

A empresa SOX Holding não possui materialidade ou ET para mapeamento de Controles Internos; no entanto, sua atividade principal é a elaboração das Demonstrações Financeiras do conglomerado, motivo pelo qual terá seu processo de negócios Reporte das Demonstrações Financeiras como único processo a ser mapeado em Controles Internos.

Tabela 4.8 Empresa SOX Serviços Ltda. e a não materialidade para Controles Internos

Materialidade 5%

Demonstrações Financeiras – R$ em 31/12/22							
Empresa	SOX Eletric Ind. Ltda.	SOX Motores Ltda.	SOX Logística Ltda.	SOX Consórcio Ltda.	SOX Holding S.A.	SOX Serviços Ltda.	SOX Corporation
Fat. Bruto	4.758.618,50	2.337.071,00	333.589,67	375.288,38	–	276.182,00	8.080.749,54
Share	58,9%	28,9%	4,1%	4,6%	0,0%	3,4%	100%
ET da controlada	237.930,93	116.853,55	16.679,48	18.764,42	–	13.809,10	404.037,48

(Continua)

Capítulo 4 | Definindo Processos para Mapeamento **61**

(Continuação)

SOX Serviços Ltda.		ET Individual	R$ 13.809,10
Segmento	**R$**	**%**	**Mapear Controles Internos?**
Assistência Técnica	R$ 151.900,10	55,0%	SIM
Instalações	R$ 113.234,62	41,0%	SIM
Suporte	R$ 2.761,82	1,0%	NÃO
Consultoria	R$ 8.285,46	3,0%	NÃO
Outras	R$ -	0,0%	NÃO
Faturamento Bruto	**R$ 276.182,00**	100,0%	

A empresa SOX Serviços Ltda., com faturamento bruto de R$ 276.182,00, composta dos segmentos Assistência Técnica, Instalações, Suporte, Consultoria e "Outras", não possui materialidade para exigir o escopo de Controles Internos devido ao apetite ao risco determinado pelo conglomerado e não há justificativa para o escopo. Havendo o interesse de aplicar um escopo de Controles Internos, poderá ser por um ET individual de R$ 13.809,10 para identificação de processos de negócios.

Por meio da utilização da avaliação por fator quantitativo foi possível determinar que para a materialidade de 5% do faturamento do conglomerado, tendo esse indicador como apetite ao risco, somente as empresas SOX Eletric Ind. Ltda. e SOX Motores Ltda. são importantes suficientes perante o apetite a risco para pertencer ao escopo de Controles Internos; a empresa SOX Holding S.A. terá um escopo de Controles Internos pelo motivo de sua atividade ser exclusivamente a elaboração das Demonstrações Financeiras do conglomerado.

Tabela 4.9 Empresa SOX Eletric Ind. Ltda. e o Erro Tolerável

Materialidade	5%		ET - Erro Tolerável			R$ 404.037,48	

	Demonstrações Financeiras – R$ em 31/12/22						
Empresa	**SOX Eletric Ind. Ltda.**	**SOX Motores Ltda.**	**SOX Logística S.A.**	**SOX Consórcio Ltda.**	**SOX Holding S.A.**	**SOX Serviços Ltda.**	**SOX Corporation**
Fat. Bruto	4.758.618,50	2.337.071,00	333.589,67	375.288,38	-	276.182,00	8.080.749,54
Share	58,9%	28,9%	4,1%	4,6%	0,0%	3,4%	100%
ET da controlada	237.930,93	116.853,55	16.679,48	18.764,42	-	13.809,10	404.037,48

(Continua)

(Continuação)

Exemplo:

Resultado Gerencial	SOX Eletric Ind. Ltda.
Faturamento Bruto	4.758.618,50
Representatividade	58,9%

Materialidade	5%
ET – Erro Tolerável	237.930,93

	Fator Quantitativo	
	Relevante	
Bancos Movimento	10.901,00	NÃO
Aplicação Financeira	664.108,00	SIM

10.901,00 é menor que o Erro Tolerável.
O valor não é relevante.

664.108,00 é maior que o Erro Tolerável.
O valor é relevante.

O ET de cada empresa deve ser aplicado em cada conta contábil existente. Se o saldo da conta for inferior ao ET, então não há necessidade de ser vinculado a um processo de negócios (Folha de Pagamento, Compras, Tesouraria). Já as contas contábeis com saldo igual ou superior ao ET deverão ser vinculadas ao processo de negócios. No exemplo, o saldo da conta Banco Movimento é inferior ao ET e por fator quantitativo não há necessidade de mapear em Controles Internos do processo de Caixa e Bancos. Na conta contábil Aplicações Financeiras, o saldo é superior ao ET e, por isso, por fator quantitativo o processo de Tesouraria – Aplicações e Resgates – deverá ser mapeado em Controles Internos. Da mesma forma, essa análise conta por conta comparada com o ET deverá ser aplicada a todas as contas contábeis, sempre vinculando a conta contábil ao(s) processo(s) de negócio(s).

PRÁTICA 20: ET – Erro Tolerável X Contas Contábeis

O ET individual de cada empresa deve ser aplicado a cada conta contábil existente, identificando assim as contas relevantes pelo fator quantitativo (valor) em relação às Demonstrações Financeiras. As contas deverão ser associadas a um ou mais processos de negócios que serão mapeados em Controles Internos.

As demais empresas não exigidas no escopo de materialidade receberam um ET; caso seja desejada a extensão de algumas atividades de Controles Internos, poderá ser executada de forma opcional.

Concluída a análise quantitativa e a identificação do ET individual das empresas, a segunda etapa e mais importante é a análise dos fatores qualitativos.

O fator qualitativo deve apresentar critérios reconhecidos pela organização que identifiquem a relevância da conta contábil independentemente do seu valor. Muitas empresas utilizam critérios subjetivos e de difícil interpretação ou continuidade, por isso que utilizaremos uma sugestão de critérios para tornar o menos subjetivo possível e de forma que a análise permita alcançar os processos de negócios mais importantes para as Demonstrações Financeiras.

Veja na Tabela 4.10 os critérios sugeridos, sendo: Alto Volume de Transações, Provisão/Estimativa, Estoque ou Atividades não Operacionais e Cenário de Mercado.

Tabela 4.10 Critérios que identifiquem a relevância da conta contábil independentemente de seu valor

Materialidade   5%

Demonstrações Financeiras – R\$ em 31/12/22							
Empresa	SOX Eletric Ind. Ltda.	SOX Motores Ltda.	SOX Logística Ltda.	SOX Consórcio Ltda.	SOX Holding S.A.	SOX Serviços Ltda.	SOX Corporation
Fat. Bruto	4.758.618,50	2.337.071,00	333.589,67	375.288,38	–	276.182,00	8.080.749,54
Share	58,9%	28,9%	4,1%	4,6%	0,0%	3,4%	100%

ET da controlada	237.930,93	116.853,55	16.679,48	18.764,42	–	13.809,10	404.037,48

Exemplo:		Fatores Qualitativos			
		Alto Volume de Transações	Provisão/Estimativa	Estoque ou Atividades não Operacionais	Cenário de Mercado
Bancos Movimento	10.901,00	SIM	NÃO	NÃO	SIM

Em continuidade da avaliação da conta Bancos Movimento, foi considerado SIM para o critério Alto Volume de Transações, pois as entradas e as saídas de bancos são operações que, em geral, ocorrem múltiplas vezes ao dia, justificando o volume de transações.

Os critérios de Provisão/Estimativa e Estoque ou Atividades Não Operacionais foram considerados NÃO, pois não são permitidas provisões nem estoque para essas contas de acordo com os princípios contábeis geralmente aceitos. Em relação ao critério de Cenário de Mercado, considerando uma empresa que comercializa bens de alto luxo (valor de bens de consumo superior a R\$ 10.000,00 pelo Conselho de Controle de Atividades Financeiras – COAF), entradas em espécie pelo cliente precisam ser comunicadas ao COAF para investigação de possível compra do produto para ocultar a lavagem de dinheiro. Logo, para esse segmento de negócio é aplicável o critério (*vide* o modelo prático de materialidade com análise de diversas das contas no item 14.1 – Análise de Materialidade).

Assim, todas as contas contábeis deverão ser avaliadas, possibilitando que os critérios aplicados promovam a relevância das contas e a necessidade do mapeamento do processo em Controles Internos. Essa será uma forma fundamentada para garantir as Demonstrações Financeiras.

Uma abordagem muito simples e objetiva, devido ao volume de contas analisadas, para tomada de decisão para mapear os processos é criar uma tabela de pontuação (Tabela 4.11).

Tabela 4.11 Tabela de pontuação para cada conta contábil

	Fator Quantitativo	Fatores Qualitativos				Pontuação	Resultado
	Relevante	Alto Volume de Transações	Provisão/Estimativa	Estoque ou Atividades não Operacionais	Considerar o Cenário de Mercado		
Dividendos	674,00	NÃO	SIM	NÃO	SIM	SIM	3	**Mapear Parcial**
Outros Investimentos	32,00	NÃO	NÃO	NÃO	SIM	SIM	2	**Não Mapear**
Controladas/ Coligadas	694.292,00	SIM	SIM	NÃO	SIM	SIM	4	**Mapear Integral**

TABELA DE TOMADA DE DECISÃO
1 ponto – **Não Mapear**
2 pontos – **Não Mapear**
3 pontos – **Mapear Parcial**
4 pontos – **Mapear Integral**
5 pontos – **Mapear Integral**

A Tabela 4.12 é constituída de um limite de cinco pontos (nesse modelo). Os pontos são atribuídos ao total de critérios avaliados, ou seja, um fator quantitativo (valor) e quatro fatores qualitativos.

O objetivo é estabelecer uma pontuação para cada conta contábil, independentemente do fator em que a conta contábil foi pontuada. As contas com até dois pontos não exigem que o processo relacionado tenha mapeamento de Controles Internos; em caso de três pontos, deverá ter um mapeamento de Controles Internos parcial (reduzido); em caso de atingir quatro ou cinco pontos, deverá ter um mapeamento de Controles Internos integral.

O método de pontuar as contas contábeis permite a fácil interpretação, pela alta administração, sobre os critérios quantitativos e qualitativos estabelecidos, e o uso da pontuação em uma curva, ou Tabela 4.12, traz robustez aos critérios escolhidos. A variação da tabela também será objeto de decisão da empresa, conforme demonstrado na Tabela 4.12.

Tabela 4.12 Tabela de tomada de decisão

FLEXÍVEL	CONSERVADORA	RIGOROSA
1 ponto – **Não Mapear**	1 ponto – **Não Mapear**	1 ponto – **Não Mapear**
2 pontos – **Não Mapear**	2 pontos – **Não Mapear**	2 pontos – **Mapear Parcial**
3 pontos – **Mapear Parcial**	3 pontos – **Mapear Parcial**	3 pontos – **Mapear Integral**
4 pontos – **Mapear Parcial**	4 pontos – **Mapear Integral**	4 pontos – **Mapear Integral**
5 pontos – **Mapear Integral**	5 pontos – **Mapear Integral**	5 pontos – **Mapear Integral**
A empresa interpreta que os riscos das operações pertencem a um cenário de baixo risco e pouco suscetível a fraudes, por isso possui alto apetite ao risco.	A empresa interpreta que os riscos das operações pertencem a um cenário de médio risco, suscetível a fraudes, por isso possui apetite ao risco moderado.	A empresa interpreta que os riscos das operações pertencem a um cenário de alto risco, há histórico de fraudes, por isso possui apetite ao risco baixo.

O volume de processos identificados pela materialidade (fatores quantitativo e qualitativo) e seu ET apresentado à alta administração refletirão os custos necessários para mapear os Controles Internos; nesse momento; a alta administração realmente compreenderá o apetite ao risco, pois quanto menor foi o apetite ao risco, maior será o volume de processos necessários à aplicação de Controles Internos para garantir as Demonstrações Financeiras.

Perguntas sugeridas pelo autor

1. Qual é o processo mais importante para mapeamento SOX?
2. O que é materialidade?
3. Quem define os critérios da materialidade?
4. Quais fatores compõem a materialidade?
5. O que é o Erro Tolerável?

5

PRINCIPAIS UNIVERSOS DE RISCOS

Objetivos de Aprendizagem

O propósito do capítulo *Principais Universos de Riscos* é apresentar os principais tipos de riscos existentes, o discernimento sobre o risco SOX e as práticas para isolar o risco considerado SOX de forma técnica e apropriada na estrutura de Controles Internos, proporcionando um foco sobre o tipo de risco que será abordado sem conflito com demais abordagens de risco.

A identificação de riscos para o mapeamento de Controles Internos surge com a necessidade de identificar as possíveis fragilidades nos processos. Para tanto é preciso conhecer os universos de riscos e separar os riscos que serão passíveis de impedir ou afetar os objetivos da organização, em relação aos Controles Internos para as Demonstrações Financeiras. É necessário desenvolver e conhecer o documento principal para o mapeamento de Controles Internos: a Matriz de Riscos e Controles, sendo a identificação de riscos a primeira etapa para implementação de estrutura de Controles Internos formal. Para isso, deve-se primeiramente compreender o que são os riscos e a necessidade de identificá-los.

Risco é definido como a possibilidade de que um evento ocorra e afete adversamente a realização dos objetivos. (Adaptação do Committee of Sponsoring Organization of the Treadway Commission – COSO)

O risco pode ser definido como:

- a possibilidade de que um evento possa ocorrer de forma negativa no cumprimento de um objetivo;
- tudo que pode acontecer de errado;
- oportunidade ou perda da oportunidade.

A necessidade de identificá-los não é exclusivamente algo negativo, pois os riscos devidamente identificados podem ser uma oportunidade para organização, tanto que determinadas organizações têm como principal objetivo gerir, assumir e absorver os riscos de outras organizações, como acontece com companhias de seguros, cujo objetivo principal é assumir os riscos de outras empresas mediante o pagamento de um prêmio.

Uma empresa pode não estar disposta a aceitar o risco de incêndio em sua operação e, por isso, transfere esse risco para uma seguradora, que, mediante o pagamento de um prêmio de seguro, assumirá esse risco, pois sua atividade principal é assumir os riscos não desejados por outras empresas.

Logo, os riscos também são oportunidades, quando devidamente reconhecidos e geridos.

Os riscos para empresas que desejam estabelecer Controles Internos sobre as Demonstrações Financeiras devem ser mapeados sob o mesmo princípio, o da oportunidade de identificar onde estão as fragilidades ou ameaças. No entanto, o universo de riscos pode ser muito abrangente, entre os quais cabe destacar:

- risco de mercado;
- risco de liquidez;
- risco de crédito;
- risco legal;
- risco de *compliance* (conformidade);
- risco operacional;
- risco de reporte financeiro.

Os riscos são reconhecidos pela empresa por questões legais ou pela sua necessidade de monitoramento para garantir a continuidade da empresa, sendo que caberá à empresa monitorar os ricos para atender aos objetivos (ex.: Risco de Liquidez – Indústrias monitoram o risco de fluxo de caixa – pagar e receber – para honrar seus compromissos) ou por exigência regulatória (ex.: financeiras monitoram o risco de crédito por exigência legal – Bacen).

O universo de risco proposto para garantir as Demonstrações Financeiras é o de risco de reporte financeiro.

Tendo por objetivo o monitoramento do risco de reporte financeiro, então será possível garantir (de forma razoável) a integridade das Demonstrações Financeiras, independentemente de outros possíveis riscos existentes na empresa.

Para facilitar o entendimento de riscos que suportam as Demonstrações Financeiras, será necessária a compreensão mínima dos principais universos de riscos, destacados na Figura 5.1.

Figura 5.1 Tipos de riscos

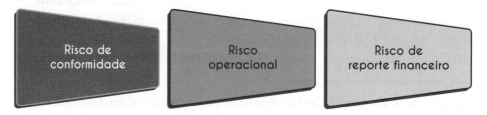

Os riscos de conformidade, operacional e de reporte financeiro precisam estar bem definidos conceitual e estruturalmente para que o mapeamento de Controles Internos possa garantir as Demonstrações Financeiras, pois é possível que o Controle Interno seja estendido para os riscos de conformidade e operacional, mas não é a abordagem e o objetivo dessa obra.

5.1 RISCO DE CONFORMIDADE

Risco de sanções legais e regulatórias, de perda financeira ou reputação que um banco pode sofrer como resultado da falha no cumprimento da aplicação de leis, regulamentos, código de conduta e das boas práticas bancárias. (Adaptado do Banco de Compensações Internacionais – BIS, do inglês Bank for International Settlements)

O risco de conformidade ou *compliance*, termo utilizado principalmente por instituições financeiras, está relacionado à toda ou qualquer ação ou atividade em descumprimento de exigências internas (políticas e procedimentos) ou externas (leis e regulamentos).

O objetivo de monitorar os riscos de conformidades abrange todo atendimento das leis e regulamentos aplicáveis à organização, independentemente do volume e da complexidade das exigências, tal como podemos considerar a complexidade e o volume de exigências legais existentes no Brasil. Da mesma forma a necessidade de atendimento de todas as políticas e procedimentos internos, os quais são criados ou implementados para atender a um objetivo ou necessidade da organização, independentemente da sua relevância.

O estabelecimento de Controles Internos para o monitoramento dessas conformidades internas ou externas, a fim de identificar ou prevenir os descumprimentos de normas, procedimentos, leis e regulamentos, pode contribuir com a gestão de riscos, mas não necessariamente garantirá as Demonstrações Financeiras, pois estas estão, em sua maioria, previstas por riscos específicos de reporte financeiro.

5.2 RISCO OPERACIONAL

Risco de que deficiências em sistemas de informações ou Controles Internos resultarão em perdas inesperadas. Este risco é associado a erro humano, falhas de sistemas e procedimentos e controles inadequados. (Comitê de Basileia)

O risco operacional possui uma abrangência elevada, pois, além do erro humano ou falha sistêmica, compreende os desvios por fraude, o que potencializa a sua extensão, podendo ser aplicado ou adaptado às necessidades de implementação de controles nas organizações, sendo desde um simples procedimento a complexos mecanismos de acompanhamento de operações da organização.

O objetivo de monitorar os riscos operacionais abrange toda a possibilidade de perdas ou falhas, sem exceções, estando limitado apenas por decisão da própria organização.

O estabelecimento de Controles Internos para o monitoramento desses riscos operacionais, a fim de identificar ou prevenir os erros humanos ou falhas sistêmicas, contribui significativamente com a gestão de riscos, mas não necessariamente garantirá as Demonstrações Financeiras, por não atuar isoladamente para fins dos riscos específicos de reporte financeiro.

5.3 RISCO DE REPORTE FINANCEIRO

Riscos de omissão ou distorção nas demonstrações financeiras em razão de erro ou fraude. (Adaptação do COSO 2013, p. 83)

O risco de reporte financeiro é específico para a divulgação das Demonstrações Financeiras, objeto de tomada de decisão dos acionistas e da administração, que tem suas características fundamentais na relevância e na representação fidedigna das informações, sendo:

- **Relevante**: informação capaz de fazer diferença para tomada de decisão do acionista ou da administração.
- **Fidedigna**: conteúdo da informação completa, neutra (imparcial) e livre de erros.

O objetivo de monitorar os riscos de reporte financeiro abrange toda possibilidade de perdas ou falhas, sem exceções, não serem reconhecidas pela organização de forma precisa, tempestiva, completa, verdadeira e de acordo com os princípios contábeis.

O estabelecimento de Controles Internos para o monitoramento de riscos de reporte financeiro possibilita a identificação, a prevenção e a detecção de erros humanos ou falhas sistêmicas muito além da elaboração das Demonstrações Financeiras (Fechamento Contábil), porque os Controles Internos são estendidos aos demais processos de negócios (ex.: Folha de Pagamento, Compras, Vendas) e de tecnologia (ex.: Infraestrutura e Sistemas) que, direta ou indiretamente, são os processos geradores de informações e dados para a elaboração das Demonstrações Financeiras.

O mapeamento de Controles Internos para garantir as Demonstrações Financeiras não tem por objetivo principal a prevenção de perdas oriundas de riscos operacionais ou de conformidade, mas tem por objetivo reconhecer essas perdas de forma precisa e tempestiva com os princípios contábeis.

Figura 5.2 Tipos de riscos

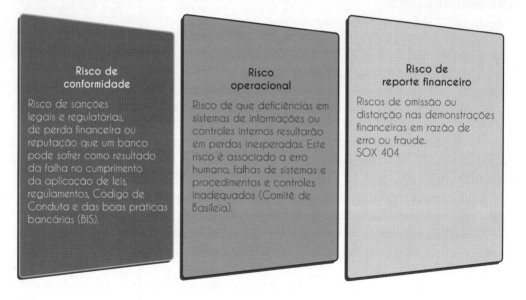

PRÁTICA 21: Risco de reporte financeiro

Somente os riscos associados aos reportes financeiros são objetivos de um mapeamento de Controles Internos SOX, pois estes são específicos para garantir as Demonstrações Financeiras.

5.4 IDENTIFICAÇÃO DE TIPOS DE RISCOS

A identificação de riscos com ênfase nas Demonstrações Financeiras estará focada nos riscos de reporte financeiro. Esses riscos precisam ser devidamente compreendidos em relação aos outros riscos, no qual destacamos os riscos de *compliance* e operacional. Um melhor entendimento dessa segregação dos riscos de reporte financeiro pode ser compreendido pela Tabela 5.1.

Tabela 5.1 Risco Potencial – Tipo de Risco

Risco Potencial	Tido de Risco		
	Reporte Financeiro	Operacional	*Compliance*
Notas fiscais de fornecedores registradas em duplicidade em contas a pagar	✓		
Ingresso de pessoa não autorizada nas dependências da companhia		✓	
Atraso no envio da declaração de imposto de renda			✓

A tabela relaciona a possibilidade de um risco e a sua possível classificação por tipo. "Notas fiscais de fornecedores registradas em duplicidade em contas a pagar" é um risco a ser reconhecido como de reporte financeiro, pois uma nota fiscal paga em duplicidade impacta diretamente na Demonstração Financeira, uma vez que é registrado um pagamento que não é devido, independentemente da falha ou erro ser de natureza operacional (ex.: sistema aceitar nota em duplicidade ou uma pessoa inserir a nota em duplicidade por desconhecimento do processo).

A possibilidade de risco de "Ingresso de pessoa não autorizada nas dependências da companhia" é um problema operacional, pois um indivíduo não autorizado nas dependências da companhia não impacta as Demonstrações Financeiras de forma imediata, embora este possa roubar um ativo da empresa – ainda assim, será uma perda por falta de controle operacional; a perda resultante do roubo é que impacta as Demonstrações Financeiras. As empresas estão sujeitas a perdas, mas o não reconhecimento oportuno da perda é o que afeta as Demonstrações Financeiras por não estarem fidedignas. As falhas e os erros são parte da existência de processos, pois não há sistema perfeito, porém esses desvios precisam ser devidamente reconhecidos para que as Demonstrações Financeiras reflitam a verdade, mesmo que a verdade seja uma perda por roubo ou furto ocasionada pelo ingresso de indivíduo não autorizado nas dependências da empresa.

O exemplo da possibilidade de risco por "Atraso no envio da declaração de imposto de renda" é pertencente ao *compliance*, pois esse tipo de atraso não impacta as Demonstrações Financeiras de forma imediata, embora possa resultar em multa para empresa – ainda assim, será uma perda por falta de controle para um cumprimento regulatório, independentemente de falha em processos operacionais; a perda resultante de multa pelo atraso no envio da declaração do imposto de renda é o que impacta as Demonstrações Financeiras. As empresas estão sujeitas a perdas por multas, mas o não reconhecimento oportuno das perdas é o que afeta as Demonstrações Financeiras, por não estarem fidedignas. As multas por falhas e erros são parte da existência de processos, já que dependem da intervenção humana e não existe sistema perfeito, porém esses desvios precisam ser devidamente reconhecidos para que as Demonstrações Financeiras reflitam a verdade, mesmo que a verdade seja uma perda por multa ocasionada pelo atraso no envio da declaração do imposto de renda.

A diferenciação dos riscos de *compliance*, operacional e de reporte financeiro pode ser considerada uma interpretação do risco. Essa interpretação define limites e responsabilidade para que o controle interno tenha um objetivo concreto e definido, e, com isso, atender aos objetivos da organização.

72 Mapeamento de Controles Internos SOX

Para estabelecer a estrutura de Controles Internos para garantir as Demonstrações Financeiras, o mapeamento de riscos deve interpretar os riscos de reporte financeiro, pois todos os riscos podem ter impacto financeiro, mas não necessariamente estarão devidamente refletidos nas Demonstrações Financeiras.

A seguir vamos interpretar riscos de *compliance*, operacional e de reporte financeiro de forma a justificar a necessidade do mapeamento do risco para as Demonstrações Financeiras. Por meio dessa abordagem será possível identificar os riscos de reporte financeiro isolando os erros mais comuns que podem acontecer em um mapeamento de Controles Internos – SOX.

Tabela 5.2 Riscos de *compliance*, operacional e de reporte financeiro que justificam a necessidade do mapeamento do risco para as Demonstrações Financeiras

Riscos Potenciais	Tipo de Risco			Comentário Justificativa
	Reporte Financeiro	Operacional	Compliance	
Prorrogação de pagamento a fornecedores		✓		É uma decisão ou estratégia da organização, e o desvio de uma política pode estender para *compliance*.
Antecipação de pagamentos ou recebimentos		✓		É uma decisão ou estratégia da organização, e o desvio de uma política pode estender para *compliance*.
Provisão de recursos financeiros	✓			Toda provisão ou estimativa precisa de registro e impacta diretamente o reporte financeiro.
Multas e juros previstos por descumprimento de contratos		✓		Perda operacional que pode ser estendida ou atribuída para *compliance*, mas o não pagamento da multa devida pode impactar o reporte financeiro.
Limites na aprovação de pagamentos		✓		É uma decisão ou estratégia da organização, e o desvio de uma política pode estender para *compliance*.
Vendas de ativos a preço inferior ao preço de mercado		✓		É uma decisão ou estratégia da organização, e o não reconhecimento ou aprovação pode impactar o reporte financeiro.
Operações com fornecedores com problemas de crédito		✓		É uma decisão ou estratégia da organização, e a operação com fornecedores fictícios ou fraudulentos pode impactar o reporte financeiro.
Registro do pagamento de PIS, COFINS, Contribuição Social	✓			Todo registro errado ou indevido tem impacto direto no reporte financeiro.
Registro de entrada e saída de mercadorias	✓			Todo registro errado ou indevido tem impacto direto no reporte financeiro.

(Continua)

(Continuação)

Riscos Potenciais	Tipo de Risco			Comentário Justificativa
	Reporte Financeiro	Operacional	Compliance	
Falha no envio de relatórios (auditoria de balanço trimestral)			✓	É uma exigência regulatória, ainda que possa ser estendida ou atribuída ao risco operacional.
Adequação à Lei nº 12.826 (Anticorrupção)			✓	É uma exigência regulatória, e o não pagamento da multa devida pode impactar o reporte financeiro.

O risco operacional é o que mais facilmente pode ser confundido com os riscos de reporte e *compliance*, pela abrangência limitada à decisão da empresa, pelo quanto está interessada em monitorar, prevenir e despender recursos financeiros ou humanos para controlar os riscos operacionais, enquanto os riscos de *compliance* são diretamente associados às exigências regulatórias ou procedimentos internos. Para os riscos de reporte financeiro a limitação será nos processos monitorados, definidos pela materialidade ou pelas asserções das Demonstrações Financeiras.

5.5 ASSERTIVAS DE RISCOS

A identificação dos tipos de riscos existentes é imprescindível durante um mapeamento de Controles Internos SOX para que o objetivo de garantir a integridade das Demonstrações Financeiras seja atingido. Para tanto, a ênfase será sobre os riscos de reporte financeiro, e para que esses riscos sejam devidamente compreendidos e reconhecidos é necessário aplicar assertivas sobre as Demonstrações Financeiras.

Figura 5.3 Risco de reporte ou risco SOX

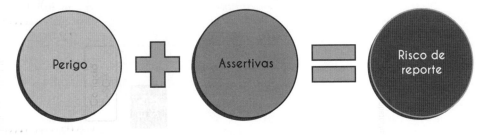

PRÁTICA 22: Assertivas das Demonstrações Financeiras

A elaboração e a divulgação das Demonstrações Financeiras são devidamente apresentadas quando acuradas e fidedignas em relação a todas as suas transações, registros, receitas, despesas e demais elementos contidos na sua publicação, sendo todos esses representados ou categorizados nas assertivas.

As assertivas são representações ou conjunto de declarações da administração, explícitas ou implícitas, contidas nas Demonstrações Financeiras.

A.S. Nº 5 – An Audit of Internal Control Over Financial Reporting That is Integrated with an Audit of Financial Statements

28. The auditor should identify significant accounts and disclosures and their relevant assertions. Relevant assertions are those financial statement assertions that have a reasonable possibility of containing a misstatement that would cause the financial statements to be materially misstated. The financial statement assertions include

* *Existence or occurrence;*

* *Completeness;*

* *Valuation or allocation;*

* *Rights and obligations;*

* *Presentation and disclosure.*[1] *(Auditing Standard 5 – parágrafo 28)*

As contas relevantes foram identificadas por meio do cálculo e da aplicação da materialidade na seleção de processos para mapeamento; agora, esses processos são submetidos às assertivas das Demonstrações Financeiras, que devem ser consideradas como a possibilidade de erro ou falha (risco potencial) que pode acontecer ou conter nos processos, transações, informações, dados e aplicações.

As assertivas são definidas resumidamente na Figura 5.4.

A aplicação das assertivas para afirmar um objetivo ou na forma de um questionamento de um processo possibilita a identificação do perigo (risco) e promoverá a identificação do risco de reporte financeiro.

As assertivas são de fácil compreensão por departamentos contábeis, pois são rapidamente associadas aos princípios contábeis exigidos para elaborar as Demonstrações Financeiras, mas inversamente proporcional é a compreensão das assertivas por departamentos não contábeis, o que dificulta um mapeamento de Controles Internos SOX.

A aplicação das assertivas utilizando palavras-chave que remetem ao respectivo objetivo possibilita que o entendimento técnico da demonstração financeira seja compreendido com maior clareza por outros departamentos não contábeis.

---

[1] 28. O auditor deve identificar as contas e as divulgações significativas e suas assertivas relevantes. Assertivas relevantes são aquelas afirmações das demonstrações financeiras que tenham uma possibilidade razoável de conter uma distorção que causaria uma distorção material nas demonstrações financeiras. As assertivas sobre as demonstrações financeiras incluem:

* existência ou ocorrência;

* integridade;

* valoração ou alocação;

* direitos e obrigações;

* apresentação e divulgação.

Capítulo 5 | Principais Universos de Riscos | 75

Figura 5.4 Assertivas de risco

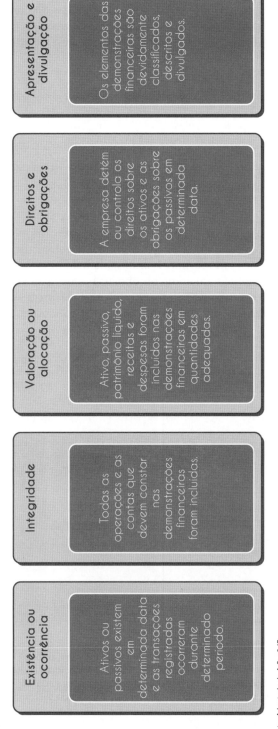

Existência ou ocorrência	Integridade	Valoração ou alocação	Direitos e obrigações	Apresentação e divulgação
Ativos ou passivos existem em determinada data e as transações registradas ocorreram durante determinado período.	Todas as operações e as contas que devem constar nas demonstrações financeiras foram incluídas.	Ativo, passivo, patrimônio líquido, receitas e despesas foram incluídos nas demonstrações financeiras em quantidades adequadas.	A empresa detém ou controla os direitos sobre os ativos e as obrigações sobre os passivos em determinada data.	Os elementos das demonstrações financeiras são devidamente classificados, descritos e divulgados.

Fonte: Adaptado do A.S. nº 15

5.5.1 Existência ou Ocorrência

A assertiva de "Existência ou ocorrência" é uma afirmação ou questionamento aplicado para o reconhecimento preciso e real da existência física de ativos ou existência do compromisso em relação aos passivos, bem como às receitas e despesas registradas. Em destaque a parte relacionada à "Ocorrência", que é afirmação sobre o correto e preciso período em que os ativos e passivos são registrados, contidos nas Demonstrações Financeiras.

- **Existência**: garante que as informações de ativos e passivos declarados pela empresa são reais, não havendo registro duplicado ou fictício nos registros, ou, ainda, não declarado;
- **Ocorrência**: garante que o período indicado nos registros é tempestivo, no momento e nas quantidades corretas, não havendo distorção de tempo no reconhecimento.

A melhor forma de aplicar essas assertivas é atribuindo as palavras-chave que enfatizam seu objetivo: quantidade, fictícios, duplicados, adequados, existentes, correto, período (momento), como podemos acompanhar nos exemplos relacionados:

- A contabilização das despesas é realizada no **mês**.
- Há registro de nota fiscal **fictícia ou em duplicidade**.
- A **quantidade** de estoque está registrada corretamente.
- O quadro de funcionários é **correto**.

5.5.2 Integridade

A assertiva de "Integridade" é uma afirmação ou questionamento aplicado para a totalidade de transações (volume de registros) e contas das Demonstrações Financeiras.

Integridade (completo) garante que todas as operações ou transações são reais, não são omitidas dos registros financeiros, que são devidamente refletidas e registradas nas Demonstrações Financeiras.

A melhor forma de aplicar essa assertiva é atribuindo as palavras-chave que enfatizam seu objetivo: todas, válido, íntegro, completo, como podemos acompanhar nos exemplos relacionados:

- **Todas** as operações e as contas que devem constar nas Demonstrações Financeiras foram incluídas.
- **Todas** as notas fiscais de entrada estão registradas.
- O saldo de estoque é **válido**.
- As Demonstrações Financeiras são **íntegras**.

5.5.3 Valoração ou Alocação

A assertiva de "Valoração ou alocação" é uma afirmação ou questionamento aplicado para o reconhecimento apropriado em valores para os ativos, passivos, receitas e despesas, contidos nas Demonstrações Financeiras.

Valoração ou alocação garantem que as operações são registradas na empresa pelo seu real valor monetário. Uma afirmação de que os ativos, passivos, patrimônio líquido, receitas e despesas foram incluídos nas Demonstrações Financeiras nos montantes corretos.

A melhor forma de aplicar essa assertiva é atribuindo as palavras-chave que enfatizam seu objetivo: valor, mensuração, cálculo, apuração, como podemos acompanhar nos exemplos relacionados:

- O **cálculo** correto dos impostos a pagar.
- O registro da nota fiscal pelo **valor** correto.
- A **apuração** da folha de pagamento foi realizada corretamente.
- Os **custos** (mensuração) são apropriados corretamente.

5.5.4 Direitos e Obrigações

A assertiva de "Direitos e obrigações" é uma afirmação ou questionamento aplicado para o reconhecimento devido de ativos e passivos que serão realizados no futuro; são os compromissos e expectativas financeiras que devem ser registrados.

Direitos e obrigações garantem que a empresa tem propriedade para o registro de um ativo, por exemplo, e que apenas obrigações reais (passivos) são registradas na empresa.

A empresa detém ou controla os direitos sobre os ativos e as obrigações sobre os passivos em determinada data.

A melhor forma de aplicar essa assertiva é atribuindo as palavras-chave que enfatizam seu objetivo: pagamento, contas a pagar, contas a receber, impostos a restituir, férias a pagar, provisão, contratos formalizados com contrapartes, como podemos acompanhar nos exemplos relacionados:

- Os **pagamentos** são válidos.
- O valor de **contas a receber** é íntegro.
- A **provisão** de férias e 13º salário é correta.
- Os impostos a **restituir** são corretos.

5.5.5 Apresentação e Divulgação

A assertiva de "Apresentação e divulgação" é uma afirmação ou questionamento aplicado à apropriada classificação, descrição e divulgação das Demonstrações Financeiras de acordo com os princípios contábeis.

Apresentação e divulgação garantem que todas as operações da empresa são registradas e divulgadas nas Demonstrações Financeiras.

Os elementos das Demonstrações Financeiras são devidamente classificados, descritos e divulgados.

A melhor forma de aplicar essa assertiva é atribuindo as palavras-chave que enfatizam seu objetivo: registro, conta contábil, classificação, transação, como podemos acompanhar nos exemplos relacionados:

- Todas as notas fiscais de entrada estão **registradas**.
- O saldo de **estoque** (transação) é válido.
- O plano de **contas contábeis** é íntegro.
- O **imobilizado em andamento** (classificação) é válido.

As assertivas em geral complementam umas as outras para atender a um objetivo (risco) ou, em determinados casos, estarão todas presentes em um único risco, como podemos observar no exemplo:

- **Todos**[1] os **pagamentos**[2] e **provisões**[3] são efetuados dentro do **período**[4] de competência adequado e registrados pelo **valor**[5] adequado e na **conta contábil**[6] correta.

  [1] Integridade
  [2] Existência ou [4] ocorrência
  [3] Direitos e obrigações
  [5] Valoração ou alocação
  [6] Apresentação e divulgação

- Os **impostos a recolher**[1] sobre **todas**[2] as **receitas**[3] de aplicações financeiras **existentes**[4] são **calculados**[5] no **mês**[6] e nas **contas contábeis**[7] válidas.

  [2] Integridade
  [3] Direitos e [1] obrigações
  [4] Existência ou [6] ocorrência
  [5] Valoração ou alocação
  [6] Apresentação e divulgação

As assertivas estão presentes em todos os processos de uma empresa, mas nem todas as assertivas estão presentes em todos os processos. Por exemplo, um processo de estoque ou expedição em que a entrada e a saída de mercadorias são gerenciadas exclusivamente por tipo e quantidade, especificamente a assertiva de "Valoração ou alocação" não será aplicável, pois o processo não contempla valor ou cálculo. O valor e o cálculo serão cobertos pela assertiva de "Valoração ou alocação" nos processos de Recebimento Fiscal (entrada) ou Vendas – Faturamento (saída).

PRÁTICA 23: Aplicação das assertivas nos processos

Todos os processos são passíveis de identificação de risco por assertivas, porém nem todas as assertivas estão presentes em todos os processos.

5.5.6 Identificação das Assertivas

A identificação da assertiva de forma explícita, ou seja, no próprio descritivo do risco é colaborativa para a área de Controles Internos estabelecer um mapeamento que seja compreendido pelas áreas de negócios. No entanto, as assertivas não atribuídas no descritivo do risco também podem ser consideradas de forma implícita, e, neste caso, precisam estar identificadas na matriz de risco e controles (*vide* item 10.1 – Procedimentos de Validação), pois controles serão necessários para mitigar os riscos expostos pelas assertivas, sejam explícitas, sejam implícitas. Podemos identificar as assertivas de risco de forma explícita na Tabela 5.3.

Tabela 5.3 Risco potencial – Assertivas

RISCO POTENCIAL	ASSERTIVAS				
	Existência ou Ocorrência	Integridade	Valoração ou Alocação	Direitos e Obrigações	Apresentação e Divulgação
Cadastro de **todos** os fornecedores realizados corretamente		✓			
Todos os **valores** da folha de pagamento são devidos **no mês**	✓	✓	✓		
Pagamentos de **salários de funcionário** são **válidos**	✓	✓			
Registro da nota fiscal na **conta contábil** correta					✓
Cadastro de clientes em **duplicidade** ou **fictício**	✓				

Também podemos identificar as assertivas de risco de forma implícita na Tabela 5.4.

Tabela 5.4 Risco potencial – Assertivas (incluindo implícitas)

RISCO POTENCIAL	ASSERTIVAS				
	Existência ou Ocorrência	Integridade	Valoração ou Alocação	Direitos e Obrigações	Apresentação e Divulgação
Registro das **despesas dentro do mês** adequado	✓	✓	✓ Implícito		✓ Implícito
Cadastro de **itens** corretos	✓	✓ Implícito			
Alteração de preço do item realizado no **valor** correto	✓ Implícito	✓	✓		
Cálculo do imposto realizado corretamente	✓ Implícito	✓ Implícito	✓		
Os **lançamentos contábeis** foram efetuados dentro do **período de competência** adequado, no **valor** e na **conta contábil** correta	✓	✓ Implícito	✓	✓ Implícito	✓

Nos casos em que as assertivas sejam documentadas de forma implícita no mapeamento de Controles Internos, os controles exigidos obrigatoriamente devem mitigar as assertivas implícitas.

Em outros normativos ou literaturas mais assertivas podem existir ou serem aplicadas, no entanto, para fins de Controles Internos SOX, o *Public Company Accounting Oversight Board* (PCAOB) especificou a utilização das assertivas apresentadas contemplando outros desdobramentos de assertivas possíveis que se faz conhecer: Corte (*Cut Off* de Receita), Classificação e Exatidão.

Perguntas sugeridas pelo autor

1. O que é risco?
2. O que é risco de conformidade?
3. O que é risco operacional?
4. O que é risco de reporte financeiro?
5. O que é assertiva de risco?

6

COMO ESCREVER RISCOS DE REPORTE FINANCEIRO?

Objetivos de Aprendizagem

O propósito do capítulo *Como Escrever Riscos de Reporte Financeiro?* é apresentar um formato de escrita de risco para contemplar o risco SOX, a formatação de entendimento objetivo e amigável entre o Controle Interno e a área de negócios requerida para avaliação de aderência e efetividade, e possibilitar que a escrita precisa do risco permita o mapeamento do tipo de risco proposto para o monitoramento desejado pela organização.

A identificação dos riscos de reporte financeiro é realizada por meio da aplicação das assertivas, sempre que possível trabalhando da forma explícita para melhor reconhecimento, principalmente, das áreas não contábeis em relação aos riscos relacionados às Demonstrações Financeiras.

Em um mapeamento de Controles Internos, a escrita do risco é a etapa de formalização dos riscos e o momento de reconhecimento do risco pela área mapeada; a forma descrita do risco está suscetível à interpretação e ao julgamento do responsável pelo controle interno, mesmo que devidamente aplicada e contempladas corretamente as assertivas. O descritivo do risco baseado na interpretação e no julgamento do controle interno pode gerar descritivos de riscos que expressam objetivos incorretos, direcionados às soluções e não aos perigos, e até mesmo na execução de atividades e não às suas finalidades.

Por isso, a forma de escrever o risco fará toda a diferença quando apresentada para a área de negócios. Há uma necessidade de que o mapeamento de Controles Internos apresente esse risco como um agregador de valor para as áreas e não como algo estritamente negativo.

6.1 ABORDAGENS PARA DESCRITIVOS DE RISCOS

Uma abordagem para escrever o risco de modo que seja exposto e reconhecido como agregador de valor contempla trabalhar o objetivo de Controles Internos em relação ao que deve ser considerado como risco e o que não pode ser considerado como risco, sobre o viés de sua formalização, como podemos observar na Figura 6.1.

Figura 6.1 Abordagem de descritivo de risco

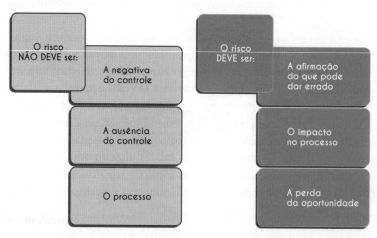

É possível interpretar os riscos com escritas inapropriadas em relação a escritas mais apropriadas nos Quadros 6.1 a 6.3, que propõe como interpretá-los ou explicá-los às áreas mapeadas. Assim, será promovida a compreensão diretamente no descritivo do risco e de forma que agregue valor.

Quadro 6.1 Escrita de risco utilizando "a afirmação do que pode dar errado"

O risco NÃO pode ser: Negativa do Controle	O risco DEVE ser: A afirmação do que pode dar errado
1. Não existe alçada para pagamentos. OBS.: A alçada é um controle para o pagamento e não o risco.	1. Os pagamentos são válidos. OBS.: Não validar ou aprovar pagamentos, por exemplo, mediante uma alçada, pode gerar pagamentos indevidos ou não autorizados.
2. O sistema de RH não restringe cadastros em duplicidade. OBS.: A restrição do cadastro em duplicidade é o controle e não o risco.	2. Os valores da folha de pagamento são exatos. OBS.: Cadastros duplicados no sistema de RH podem resultar em valores indevidos na folha de pagamento.
3. Os pagamentos não são autorizados. OBS.: A existência de autorização de pagamento é um controle para os pagamentos e não o risco.	3. Todos os pagamentos são devidos. OBS.: Os pagamentos indevidos ou fraudulentos, que podem ser evitados por autorizações, são os problemas potenciais.

Quadro 6.2 Escrita de risco utilizando "o impacto no processo"

O risco NÃO pode ser: A ausência do controle	O risco DEVE ser: O impacto no processo
4. A reconciliação bancária não é realizada. OBS.: Não realizar o controle de reconciliação pode gerar o problema, mas não é o risco.	4. Há valores não depositados no banco, resultando em potenciais desvios. OBS.: A possibilidade de desvios é o que impacta o processo.

(Continua)

(Continuação)

O risco NÃO pode ser: *A ausência do controle*	O risco DEVE ser: *O impacto no processo*
5. A ordem de compra não é realizada. *OBS.: Não realizar o controle de ordem de compra pode gerar o problema, mas não é o risco.*	**5. Compras indevidas ou desnecessárias.** *OBS.: A possibilidade de compras indevidas ou desnecessárias é o impacto no processo.*
6. Não há validação do cadastro de clientes. *OBS.: Não controlar validação das informações de cadastros de clientes pode gerar o problema, mas não é o risco.*	**6. Os recebimentos idênticos ao faturamento.** *OBS.: A possibilidade de registros fictícios para inflar as vendas e receitas é o impacto para o processo de vendas.*

Quadro 6.3 Escrita de risco utilizando "a perda da oportunidade"

O risco NÃO pode ser: *O processo*	O risco DEVE ser: *A perda da oportunidade*
7. Os juros e multas são pagos em tempo hábil. *OBS.: Os juros e multas são o resultado de um processo de pagamento falho ou não programado e não o risco.*	**7. As duplicatas são reconhecidas ou programadas em tempo hábil.** *OBS.: As duplicadas programadas adequadamente evitam juros e multas, recursos que poderiam estar aplicados ou investidos.*
8. O inventário não é realizado. *OBS.: Inventariar é um processo de validar o estoque, gerenciar e monitorar os ativos e não o risco.*	**8. Os registros do estoque são válidos.** *OBS.: Os registros de estoque são íntegros por que há inventário, evitando perdas futuras ao identificar perdas por roubos, obsolescência.*
9. Cadastro de fornecedores fraudulentos ou fictícios. *OBS.: Os cadastros, seleção e análise de fornecedores são processos e não o risco.*	**9. O contas a pagar contém registros íntegros.** *OBS.: A análise e a validação de fornecedores previnem fraudes, evitando desvios no contas a pagar e redução do fluxo de caixa.*

As abordagens apresentadas podem ser utilizadas em conjunto, não havendo restrição a uma opção, a real necessidade é que a comunicação escrita do risco seja compreendida pela área mapeada e devidamente referenciada às assertivas, porque posteriormente serão estas as premissas para definir os controles necessários.

6.2 MODELOS DE DESCRITIVOS DE RISCOS

É possível melhorar a comunicação necessária com as áreas mapeadas por meio da construção da escrita do risco em forma de pergunta.

As expressões "o que garante?" ou "o que pode assegurar?" remetem a uma postura menos invasiva ou hostil para a área em que os Controles Internos estão sendo implementados, pois o risco em formato de pergunta pode manter todo o sentido do risco de reporte baseado em assertivas e ainda conduzir os indivíduos a refletirem sobre suas operações.

É extremante oportuno que a reflexão da área de Controles Internos tenha como ponto de partida o risco, pois os riscos estarão presentes nos processos. Uma vez identificados e reconhecidos como um potencial problema a ser monitorado, a sua continuidade será mantida em busca da identificação dos controles.

No Quadro 6.4 podemos avaliar os mesmos riscos apresentados anteriormente no formato de pergunta.

Quadro 6.4

O QUE GARANTE...?
1. **O que garante que** os pagamentos são válidos?
2. **O que garante que** os valores da folha de pagamento são exatos?
3. **O que garante que** todos os pagamentos são devidos?
4. **O que garante que** há valores não depositados no banco, resultando em desvios?
O QUE PODE ASSSEGURAR...?
5. **O que pode assegurar que** não há compras indevidas ou desnecessárias?
6. **O que pode assegurar que** os recebimentos são idênticos ao faturamento?
O QUE PODE ASSSEGURAR...?
7. **O que pode assegurar que** as duplicatas são reconhecidas ou programadas em tempo hábil?
8. **O que pode assegurar que** os registros do estoque são válidos?
9. **O que pode assegurar que** o contas a pagar contém registros íntegros?

Esse modelo de escrever risco em forma de pergunta tem caráter muito mais colaborativo e amigável na exposição de potenciais problemas, fazendo da atividade de Controle Interno um parceiro das áreas de negócios em busca de melhorias para a própria área de negócios, pois possibilita expor para alta administração e para os acionistas a agregação de valor do controle interno como parte integrante para continuidade dos negócios.

Perguntas sugeridas pelo autor

1. O que não pode ser considerado na escrita do risco?
2. O deve ser considerado na escrita do risco?
3. Por que fazer o risco em formato de pergunta?
4. Por que escrever o risco em formato de pergunta?
5. Escreva um risco utilizando a abordagem proposta.

7

AVALIAÇÃO DE RISCOS

Objetivos de Aprendizagem

O propósito do capítulo *Avaliação de Riscos* é apresentar a importância e a necessidade de avaliar o risco, mensurar o seu impacto para a organização, a priorização do risco e a relevância baseada em critérios e sugestões de critério para avaliação de riscos, e diferenciar os riscos por nível e criticidade de forma técnica.

A avaliação de riscos para o mapeamento de Controles Internos surgiu após a identificação e o reconhecimento dos riscos de reporte financeiro atrelados às assertivas, sendo a avaliação de riscos a segunda etapa para implementação de estrutura de Controles Internos formal. Para isso, é necessário mensurar a dimensão dos riscos.

A etapa de avaliação de riscos é o momento de priorização dos riscos que foram identificados. Assim como os processos foram priorizados pela materialidade, os riscos têm uma seleção de priorização, seja para o equilíbrio dos custos envolvidos para estabelecer Controles Internos, seja para uma estratégia de priorização da parte do processo mapeado que merece destaque nas ações de implementação de controles ou extensão do universo de testes de controle.

A elaboração de uma avaliação considerando premissas estatísticas e com dados e valores históricos e estruturados é complexa, exige conhecimentos específicos de diversas especialidades e ferramentas (*softwares*) de simulação probabilística, e, embora exijam um custo superior, podem promover um resultado mais acurado, porém nunca perfeito, porque o risco é uma incerteza e a avaliação de risco é aplicada sobre essa incerteza.

Independentemente da complexidade dos riscos, a avaliação do risco é uma etapa obrigatória no mapeamento de Controles Internos, pois é parte fundamental do processo de estabelecer Controles Internos.

PRÁTICA 24: A importância da avaliação de riscos

- identificar o que é crítico;
- definir prioridades;
- conhecer o apetite ao risco.

7.1 CRITÉRIOS DE AVALIAÇÃO

Existem diversas formas de avaliar os riscos, podendo envolver bases probabilísticas, estatísticas, históricas ou subjetivas, mas são, em sua maioria, fundamentadas pelas vertentes de impacto e probabilidade, como podemos observar de maneira simplista na Figura 7.1.

Figura 7.1 Avaliação de risco – Probabilidade x impacto

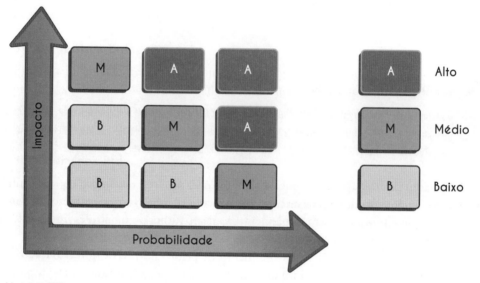

Fonte: Adaptado de COSO

Essas vertentes expõem que quanto maior for o impacto e a sua probabilidade de ocorrer, maior será a preocupação com o risco.

A probabilidade e o impacto podem ser trabalhados em diversas escalas, desde o nível de risco "muito baixo" até o "risco crítico", variando conforme a extensão e os objetivos da organização.

O impacto, para as Demonstrações Financeiras, será atrelado ao valor. No entanto, algumas empresas consideram outros impactos não financeiros para atribuir a vertente da escala de impacto, por exemplo: imagem e reputação, possibilidade de perdas humanas ou parada da operação.

A probabilidade considera a vertente de um intervalo de tempo em dias, meses ou anos.

Podemos verificar um exemplo de critério de avaliação de risco referenciado ao impacto adverso na receita, porém outros indicadores (ex.: custos ou ativos) podem ser utilizados em relação às operações da empresa, como especificado na Figura 7.2.

A estimativa de impacto para classificação do risco como alto é aplicada aos riscos que superem 20% da receita de vendas, logo todos os riscos em que o impacto potencial, ou pior cenário, está projetado a valor igual ou superior a 20% das receitas são considerados riscos altos.

Da mesma forma, os riscos serão classificados como médio quando o impacto potencial for entre 5% e 20% da receita, enquanto os riscos serão classificados como baixos quando o impacto potencial for inferior a 5% da receita.

Outra possibilidade de avaliação de risco é atribuir o impacto dentro dos valores envolvidos nas operações do próprio processo, previamente identificado pela materialidade. Na Figura 7.3 consideramos essa aplicação ao processo de Folha de Pagamento.

Figura 7.2 Critérios de Avaliação de Risco

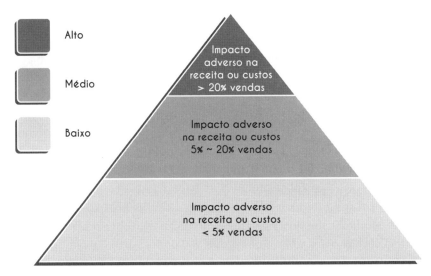

Fonte: Adaptado de COSO

Em um processo de Folha de Pagamento que envolve um total de R$ 3.850.000,00 ao ano, consideramos também três níveis de risco (alto, médio e baixo) e atribuímos hipoteticamente que esse processo contemple apenas três grandes operações: o pagamento de bônus na ordem de R$ 2.000.000,00 ao ano, o pagamento de salários na ordem de R$ 1.500.000,00 ao ano e o pagamento de benefícios na ordem de R$ 350.000,00 ao ano.

Ao aplicar a mesma pirâmide de impacto na avaliação de riscos, obteremos o resultado de classificação apresentado na Figura 7.3.

Figura 7.3 Avaliação de risco – Folha de Pagamento

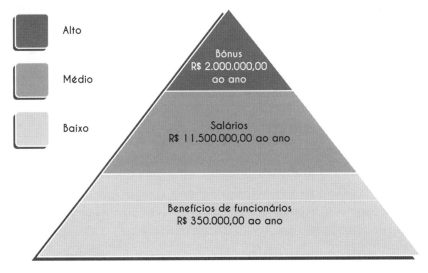

Fonte: Adaptado de COSO

A criticidade, a priorização e o apetite ao risco classificam o nível dos riscos da seguinte maneira: no processo de Folha de Pagamento – Bônus, em um nível de risco alto; na Folha de Pagamento – Salários, em um nível de risco médio; e na Folha de Pagamento – Benefícios, em um nível de risco baixo.

Ainda que não esteja especificada a probabilidade do risco, nesse caso o volume de transações de bônus, os salários e benefícios, e os esforços serão concentrados na etapa do processo do risco alto para o risco baixo.

A avaliação de risco também terá uma importância significativa em relação à natureza dos controles, durante a criação da matriz de riscos e controles (*vide* item 11.4 – Matriz de Riscos e Controles).

7.2 MODELO DE AVALIAÇÃO DE RISCO

Para que os Controles Internos para as Demonstrações Financeiras possam estabelecer um grau razoável de conforto sob a avaliação dos riscos de reporte financeiro identificados por meio das assertivas, então a área de Controles Internos, em conjunto com a administração, deve buscar critérios que atendam aos seus objetivos. Embora não existam regras que estabeleçam critérios mínimos para avaliação de risco, há necessidade de fundamentar o máximo possível os critérios para que a avaliação realmente represente a criticidade, a priorização e o apetite ao risco.

Dessa forma, apresentamos uma proposta de critérios de avaliação de riscos, no qual a área de Controles Internos possa compreender a adoção dos critérios e para que desenvolva o que melhor atende às necessidades da organização, assim poderá afirmar que os riscos mais relevantes foram considerados.

A avaliação de risco proposta neste modelo contempla cinco critérios de avaliação, premissas de pontuação, definições (parâmetros) mensuráveis e subjetivas, três níveis de riscos e uma curva de pontuação da classificação do risco.

Os critérios aplicados serão: Risco de Fraude, Risco de Imagem, Volume de Transações, Autoavaliação do Ambiente e Automação do Processo.

- **Risco de Fraude:** identificar e classificar a possibilidade de ocorrência de fraude por pessoas de dentro ou de fora da organização.
- **Risco de Imagem:** identificar e classificar a possibilidade de exposição negativa aos clientes, fornecedores, concorrentes, órgãos reguladores ou fiscalizadores.
- **Volume de Transações:** identificar e classificar o volume de transações da operação; nesse modelo, contemplaremos o valor.
- **Autoavaliação do Ambiente:** identificar e classificar com base na opinião da área avaliada, pertencente ao ambiente da operação.
- **Automação do Processo:** identificar e classificar o tipo e a abrangência de atividades sistêmicas que suportam a realização da operação.

Podemos observar os possíveis questionamentos da área de Controles Internos relacionando os critérios a um risco, conforme o modelo do Quadro 7.1.

Capítulo 7 | Avaliação de Riscos

Quadro 7.1 Possíveis questionamentos da área de Controles Internos relacionando critérios a um risco

O que garante o cadastro ou a alteração correta de preços de produtos? (assertivas: Integridade, Ocorrência, Valoração)	
Risco de Fraude	A alteração do preço pode trazer benefício individual ou imparcial? O controle interno deve questionar e compreender com base histórica as falhas e o nível de segregação das pessoas autorizadas para essa operação, para justificar o nível de risco entre baixo, médio ou alto.
Risco de Imagem	O preço do produto pertence ao atacado ou varejo? Está publicado em larga escala (internet) ou na gôndola? Quanto um preço errado desse produto pode afetar uma crítica na mídia? Então será possível justificar o nível de risco em baixo, médio ou alto.
Volume de Transações	O controle interno deve apurar dados que demonstrem o volume e a grandeza financeira de cadastros ou alterações de preços que foram realizados em determinado período e que justifiquem classificar o nível de risco em baixo, médio ou alto.
Autoavaliação do Ambiente	O controle interno questiona e considera como a própria área que exerce o cadastro e alteração do preço reconhece a exposição ao nível de risco em baixo, médio ou alto.
Automação do Processo	O controle interno deve validar como o cadastro e a alteração de preços estão operando por mecanismos que previnam falhas por pessoas, pois quanto maior a automação do processo, menor deve ser a possibilidade de falhas e desvios que justifiquem classificar em risco baixo, médio ou alto.

Para cada critério é considerada uma premissa de pontuação, equivalente a 1 ponto com mesmo peso e importância.

A classificação do risco é dividida em três níveis: baixo, médio e alto, tendo cada critério mesmo peso e importância, conforme proposto no Quadro 7.2. A atribuição de pontuação para os riscos permite que o conjunto de critérios mensuráveis ou subjetivos tenha uma relação e possibilite um resultado fundamentado. Porém, para equalizar a pontuação é recomendado que a pontuação de cada critério seja considerada em definições de parâmetros associados e atribuídos aos critérios, como sugerido no referido quadro (em premissas para pontuação), que apresenta exemplos para compreensão dos parâmetros mensuráveis (valor ou quantidade) e dos subjetivos.

Para cada risco, devem ser aplicados todos os critérios, mantendo a grade de pontuação para qualquer processo, para que sejam avaliados sob o mesmo padrão, a fim de apurar os riscos mais relevantes.

Quadro 7.2 Critérios de avaliação de risco por pontuação

1. Risco de Fraude	2. Risco de Imagem	3. Volume de Transações	4. Autoavaliação do Ambiente	5. Automação do Processo
Baixo (1 ponto)	Baixo (1 ponto)	Baixo (1 ponto)	N/A – Não aplicável (0 ponto) ou Satisfatório (1 ponto)	N/A – Não aplicável (0 ponto) ou Automático (1 ponto)

(Continua)

(Continuação)

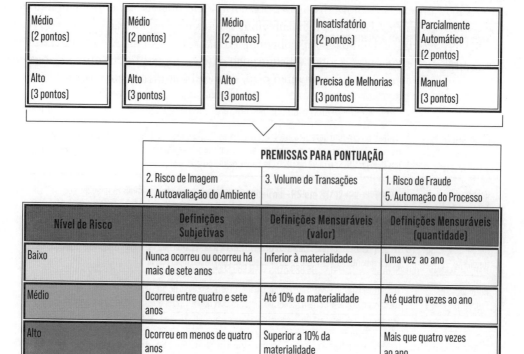

Ao aplicarmos os critérios sugeridos será obtido um resultado padronizado para os riscos avaliados, no qual os riscos serão classificados sobre o resultado relacionado à pontuação atribuída: nível baixo (de 0 a 8 pontos), médio (de 9 a 11 pontos) e alto (de 12 a 15 pontos).

Figura 7.4 Resultado da avaliação de risco

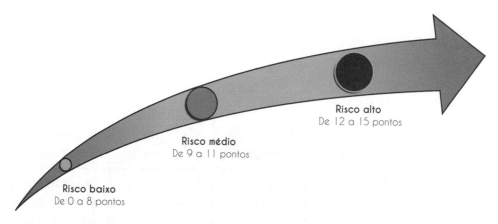

Para o modelo proposto de avaliação e classificação, pode haver uma variação significativa dependendo do tipo de negócio, no qual cabe à organização, por meio da área de Controles Internos, analisar e ajustar os critérios, as premissas (pesos de importância), as definições (parâmetros) mensuráveis e subjetivas e a curva do nível de risco.

1. **Critérios:** fraude, imagem, transações, automação, autoavaliação.
2. **Premissas:** 1 ponto por item com igual importância.
3. **Definições (parâmetros):** duas subjetivas, duas mensuráveis por quantidade e uma mensurável por valor.
4. **Nível de risco:** baixo, médio e alto.
5. **Curva de pontuação:** 0 a 15 pontos distribuídos em: baixo – 0 a 8, médio – 9 a 11 e alto – 13 a 15.

Em casos em que o resultado da avaliação dos riscos esteja concentrando a classificação em apenas um tipo de risco (baixo, médio ou alto), deve-se verificar a necessidade de reavaliação dos pontos e classificações, pois toda aplicação de avaliação de risco é uma simulação e, por isso, será necessário aplicar diversos cenários de critérios até identificar o modelo mais adequado para a organização, além de promover uma reflexão dos riscos e a necessidade de conhecê-los e geri-los como parte integrante dos objetivos organizacionais.

Perguntas sugeridas pelo autor

1. Qual é a importância da avaliação de risco?
2. Quais são as vertentes para avaliação de risco?
3. Qual nível (escala) deve ser utilizado na avaliação de risco?
4. Informe os critérios propostos na avaliação de risco sugerida no capítulo.
5. Quais são os critérios que podem ser aplicados na avaliação de risco?

8

PRINCIPAIS UNIVERSOS DE CONTROLES

Objetivos de Aprendizagem

O propósito do capítulo *Principais Universos de Controles* é apresentar a importância e a necessidade de controles, a definição de controles, formatos mínimos para entendimento de controles passiveis de formalização, elaborar descritivo de controle e discernir entre atividades e controles para avaliação e aplicação em uma estrutura de Controles Internos.

A identificação de controles para o mapeamento de Controles Internos surgiu após a identificação e o reconhecimento dos riscos de reporte financeiro atrelados às assertivas. Para tanto, conhecer o universo de controles é necessário para separar os controles que serão passíveis de atender aos objetivos da organização para assegurar a exatidão das Demonstrações Financeiras, os quais serão formalizados no documento principal para o mapeamento de Controles Internos, a Matriz de Riscos e Controles.

94 Mapeamento de Controles Internos SOX

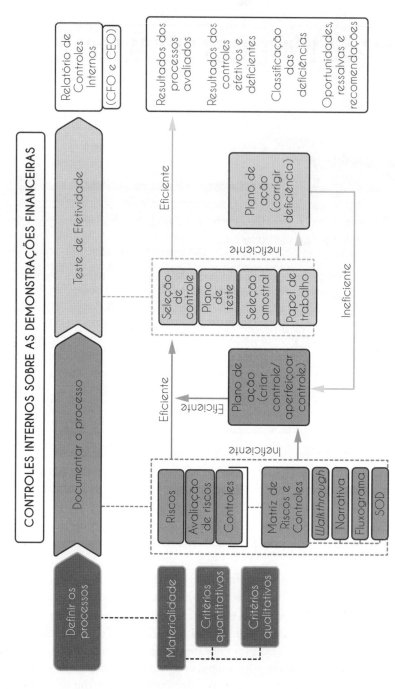

Figura 8.1 Mapeamento de Controles Internos – Controles

Sendo a identificação de controles a terceira etapa para implementação da estrutura de Controles Internos formal, possibilitando compreender o que são os controles e a necessidade de identificá-los:

*Controle interno é um processo conduzido pela estrutura de governança, para administração e por outros **profissionais** da entidade, e desenvolvido para proporcionar **segurança razoável** com respeito à **realização dos objetivos** relacionados a operações, divulgação e conformidade.* (Adaptação do Committee of Sponsoring Organization of the Treadway Commission – COSO)

Os controles são ações para a empresa detectar, prevenir, corrigir e monitorar eventos para o cumprimento dos seus objetivos, evitando desvios decorrentes de erros ou fraudes. No entanto, o universo de controles pode ser muito abrangente. Entre eles, cabe destacar:

- controles operacionais;
- controles gerenciais;
- controles financeiros;
- controles diretivos;
- controles de aplicação;
- controles de processamento;
- controles de atividades;
- controles de salvaguarda;
- controles antifraude.

Os controles são estabelecidos pelas empresas previamente ou em resposta a eventos não desejados ou à necessidade de monitoramento para garantir a continuidade da empresa, pois não há empresa que consiga perpetuar suas operações sem a existência de controles, uma vez que são eles que suportam o alcance dos objetivos. As empresas falham por não avaliar o quanto esses controles estão efetivos, ou seja, estão cumprindo os seus objetivos nos processos organizacionais. Essa avaliação dos controles é realizada em sua maioria em auditorias, mas é uma resposta de caráter corretivo ou reativo a eventos, enquanto deveria pertencer a curso natural de verificação em um processo de Controles Internos, de caráter detectivo e preventivo.

Para evitar distorção do objetivo de atender a Demonstrações Financeiras e priorizar os controles, o mapeamento de Controles Internos deverá isolar os controles operacionais, os controles que não suportam as assertivas e os controles que são duplicados ou redundantes nos processos.

O universo de controle proposto para garantir as Demonstrações Financeiras são todos os controles que suportam os riscos de reporte financeiro, ou seja, controles que assegurem as assertivas identificadas nos processos, podendo ser classificados como os controles que têm por objetivo prevenir fraude e erros, salvaguardar os ativos ou atividades relacionadas ao atendimento das assertivas.

Tendo por objetivo atender às assertivas, então será possível focar em monitorar e garantir as Demonstrações Financeiras, independentemente de outros controles também necessários e importantes para os demais objetivos (operacional, gerencial, qualidade ou padronização) dos processos.

Figura 8.2 Priorizar controles de reporte de financeiro

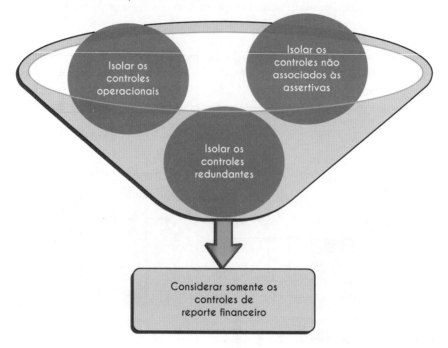

PRÁTICA 25: Controles

Os controles devem pertencer ao curso normal dos processos e operações para mitigar os riscos com efetividade.

Para facilitar o entendimento e a implementação de controles que suportam as Demonstrações Financeiras será necessária a compreensão mínima sobre controles para diferenciar os controles específicos para o reporte financeiro dos demais controles e das atividades.

8.1 CONTROLES X ATIVIDADES

Todo processo é conduzido por inúmeras ações e rotinas para o cumprimento de um objetivo; muitas dessas ações são atividades e outras são controles. As atividades e os controles são diferenciados pela sua relevância e segurança para que o objetivo seja atingido, por isso as ações de diferenciar as atividades e os controles existentes em um processo são um desafio do mapeamento de Controles Internos, pois requer compreensão do processo, dos riscos e de suas respectivas e reais mitigações.

- **As atividades** são rotinas que suportam os controles, dependem de outras atividades para formar um controle e isoladamente não mitigam o risco.
- **Os controles** são premissas identificadas para mitigar ou minimizar a ocorrência do risco adequadamente formalizado e evidenciado.

Os controles para o mapeamento de Controles Internos serão as atividades críticas, mensuráveis, testáveis e capazes de mitigar o risco.

Em muitos casos existem controles para mitigar os riscos, porém não são devidamente formalizados ou são controles informais, não sendo passíveis de testes que comprovem a sua efetividade, motivo pelo qual a sua inclusão na Matriz de Risco e Controles resulta em um controle considerado deficiente ou inexistente. Para que somente controles adequados, e não meramente atividades, sejam incluídos na Matriz de Riscos e Controles, as regras da Figura 8.3 precisam ser consideradas.

Figura 8.3 Ciclo de identificação de controles

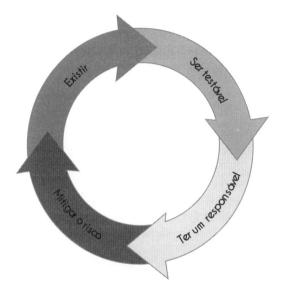

Um adequado procedimento para o mapeamento de Controles Internos será avaliação sobre o desenho e efetividade do controle, por isso o controle precisa ser passível de comprovação e o ciclo de identificação deve contemplar:

Existir (desenho): O controle existe?

O controle existe e o seu desenho pode ser comprovado porque há evidências físicas ou eletrônicas da sua operação, por exemplo: Conciliação Bancária – documentada por evidências físicas e aprovações que evidenciam a sua existência e operação, o desenho do controle pode ser validado.

Um mapeamento considera controles em operação e não os controles futuros ou que deveriam estar operando, tudo que ainda entrará em operação é ausência do controle, controles criados para implementação futura é um planejamento, são planos de ações. Os controles que ainda serão implementados não existem. Um mapeamento de Controles Internos considera a operação como é realizada, e não como deveria ser realizada; por isso, controles a serem implementados não devem ser considerados controles.

Ser testável (efetivo): O controle é efetivo?

O controle é efetivo porque sua eficácia e eficiência podem ser comprovadas por um teste seguro (seleção aleatória) e objetivo (inspeção, checagem e *reperformance*)[1] por meio de

---

[1] Critérios que serão contemplados no *walkthrough*.

checagem e monitoramento da sua operação. Por exemplo: diversas conciliações bancárias são selecionadas e avaliadas por um indivíduo independente (Controle Interno); a conciliação é refeita do início ao fim, validando a qualidade da informação gerada e o retorno obtido pela correta execução do controle, ou seja, o momento em que são realizadas, os dados que são utilizados, a capacitação das pessoas executoras e a competência das pessoas revisoras ou aprovadoras.

Um mapeamento considera controles efetivos quando possui níveis de conferência e aprovação adequados, documentação apropriada (bases eletrônicas ou cálculos e checagens explícitos) e nível de segurança sobre a execução preciso (momento da elaboração), evidenciando que o controle foi realizado como parte do processo e não exclusivamente realizado por uma solicitação de auditoria. Os controles são eficazes quando pertencem ao curso natural do processo.

Ter um responsável (proprietário): Há um responsável pelo controle?

O controle é relevante porque a atribuição de responsabilidade pode ser comprovada, pelo comprometimento que os indivíduos têm sobre a realização do controle. Independentemente de controle manual ou eletrônico, todo controle deve ter um proprietário responsável sobre a sua operação. Por exemplo: a conciliação bancária está sob a responsabilidade do coordenador contábil, evidenciada por assinatura. Na ausência do coordenador, o comprometimento sobre a realização da conciliação permanece ao ser comunicado ou delegado a outro coordenador com conhecimentos equivalentes ou à gestão hierarquicamente superior.

Um mapeamento considera controles e os seus proprietários válidos quando são identificados. Todo controle sem vínculo a uma gestão está sujeito ao esquecimento ou realização de forma indevida ou inefetiva. A responsabilidade do controle acontece quando o controle é reconhecido pela organização, os envolvidos têm o comprometimento e a ciência sobre a sua necessidade, e, por isso, executa-o ou delega-o apropriadamente.

Mitigar o risco (suportar a assertiva): O controle suporta o risco?

O controle previne ou minimiza o risco de reporte financeiro quando pode ser comprovada a sua associação às assertivas, pois evidencia que existe para cumprir um objetivo específico do processo. Por exemplo: a conciliação bancária suportando o risco – *O que garante que todos os valores em banco são válidos?* (*Integridade, Ocorrência e Valoração*)

O risco está associado às assertivas de Integridade, Ocorrência e Valoração, logo a checagem do controle deve cumprir que todos os saldos em bancos são conciliados (Integridade), realizados na competência (Ocorrência) e confrontando os valores (Valoração) entre os saldos nos extratos bancários e os saldos contábeis, comprovando que o controle mitiga o risco proposto pela assertiva.

Um mapeamento considera controles que suportem as assertivas; os controles que não suportam assertivas não garantem que o Controle Interno seja específico para assegurar a elaboração das Demonstrações Financeiras. Os controles que mitigam assertivas, mas que não seja exatamente a assertiva proposta pelo risco, não estão mitigando o risco específico.

Os controles associados às assertivas atendem aos princípios contábeis e objetivos de controle esperados para elaboração das Demonstrações Financeiras.

PRÁTICA 26: Controles x Atividades

Os controles devem ser passíveis de comprovação da sua existência, testáveis (efetividade), atribuídos a um responsável e capazes de mitigar o risco a que estão associados.

8.2 MITIGAÇÃO DE RISCO

Em um mapeamento de Controles Internos devem ser considerados os controles que existem naturalmente no processo, ou seja, que são parte do processo e suficientes para mitigar o risco previsto de forma individual ou em conjunto com outros controles. O controle será suficiente quando assegurar ou suportar o risco antes que possa ocorrer ou imediatamente quando surge a possibilidade de ocorrer, como forma de assegurar que o risco não ocorreu ou teve o seu impacto estendido. Por isso, podemos afirmar que pode haver diversos controles, suportando uma mesma assertiva ou risco, para assegurar que o risco esteja mitigado.

Nesse caso, a área de Controles Internos precisará ter conhecimento do processo e verificação adequada para discernir que os controles estão devidamente mitigando os riscos, seja qual for o atributo conferido ao controle: natureza, tipo, operacionalização, objetivos ou frequência.

8.3 NATUREZA DO CONTROLE

A natureza do controle é o atributo que determina a relevância ou significância do controle para mitigar o risco, possibilitando que as falhas ou exceções, sobre os problemas significativos ou com impacto material (ET – Erro Tolerável) para as Demonstrações Financeiras, sejam identificadas ou corrigidas em tempo hábil.

A relevância do controle para o processo é atribuída pela classificação por controle primário (*key*)[2] ou controle secundário; a classificação dos controles estabelecerá a necessidade e a extensão do Teste de Efetividade.

PRÁTICA 27: Desenho – Controles primários e secundários

Todos os controles primários ou secundários devem ser avaliados pela área de Controles Internos para que sejam contemplados na Matriz de Riscos e Controles.

8.3.1 Controle Primário (*Key*)

O controle primário é o que possui maior grau de importância para o processo mapeado, e a inexistência ou falha de execução deste pode impactar direta ou imediatamente no objetivo do processo. O grau de importância deve ser definido por critérios, ou seja, regras que possam ser aplicadas à avaliação do controle e que determinará relevância para o processo mapeado, no qual são sugeridos os critérios relacionados.

---

[2] Os controles primários também são conhecidos por controles-chave, *key controls* ou controles da primeira linha de defesa.

Criticidade no processo (alçada, valor, dados)

Os controles que existem para checar alçadas, conferir ou validar valores, confrontar dados ou origem de informações.

Exemplo: a organização que determina uma alçada (Compras) de aprovação deseja que esta seja cumprida e o controle de compras que existe para checar essa alçada cumpre esse objetivo, sendo relevante para o processo.

A checagem de valores entre uma origem (recebimento fiscal) e o seu destino (contabilidade) previne desvios ou ações imediatas, sendo relevante para o processo.

A checagem de dados (quantidades, classificações contábeis, parâmetros) entre as origens (relógio de ponto) e os destinos (cálculo da folha de pagamento) previne desvios ou ações imediatas, sendo relevante para o processo.

Volume de riscos (assertivas)

Os controles capazes de mitigar mais riscos ou em um mesmo risco forem capazes de mitigar diversas assertivas, então requerem que sejam inspecionados com maior frequência em teste de efetividade.

Exemplo: na seleção de controles para Teste de Efetividade, priorizar os controles que asseguram uma abrangência maior de inspeções (valor, integridade, ocorrência) propostas pelas assertivas eleva a qualidade do teste, sendo relevante para a área de Controles Internos.

Nível de risco (alto e médio)

Os controles capazes de mitigar riscos avaliados como médios ou altos monitoram as maiores expectativas de aversão ao risco da organização, então requerem que sejam inspecionados com maior frequência em Teste de Efetividade.

Exemplo: na seleção de controles para Teste de Efetividade, priorizar os controles que asseguram o risco de maior impacto (riscos médios e altos), pois suportam a identificação de perdas significantes ou materiais, sendo relevante para a área de Controles Internos.

Nível de confiança (Teste de Efetividade – objetivo e seguro)

Os controles que possuem testes de efetividade objetivos, ou seja, o seu teste pela área de Controles Internos, possuem uma finalidade específica, como identificar uma fraude ou a inadequada segregação de funções.

Exemplo: na inspeção e checagem de controles que proporcionam a verificação de que a execução do controle pelo indivíduo seja imparcial ou impeditiva de vantagens para benefícios próprios (Alteração e Cadastro de Preços), existe a finalidade específica de avaliar a possibilidade de fraude, sendo relevante para a área de Controles Internos.

Os controles que possuem Testes de Efetividade seguro, ou seja, o seu teste pela área de Controles Internos, ocorrem por uma seleção de amostras diretamente nas bases de dados de ocorrência ou a base de dados é protegida por *log* (rastreamento) de atividades.

Exemplo: na seleção de amostras para inspeção e checagem no Teste de Efetividade, a possibilidade de a área de Controles Internos solicitar diretamente ao TI a extração no sistema de folha de pagamento (sem a participação da área de Folha de Pagamento), os registros de pagamentos que serão avaliados elevam o nível de confiança das informações que serão avaliadas, sendo relevante para a área de Controles Internos.

Nível de automatização (controles de aplicação)

Os controles que são, em sua maior parte ou totalidade, sistêmicos ou automáticos proporcionam maior segurança para qualquer processo, pois os sistemas são estruturados por parâmetros e configurações padronizadas que possuem menor possibilidade de falha, enquanto as pessoas podem falhar ou fraudar imprevisivelmente.

Exemplo: a inspeção e a checagem de uma interface ou parâmetro de cálculo em sistema proporcionam maior confiança na execução do controle do que quando a sua execução é realizada por pessoas por meio de planilhas eletrônicas, sendo relevante para a área de Controles Internos.

É importante que a empresa, pela área de Controles Internos, determine critérios para classificação de controle em primário ou secundário. A aplicação de critérios diminuirá a subjetividade ou a dependência do responsável pelo mapeamento, possibilita padronização e equalização na avaliação dos Controles Internos independentemente do processo ou área mapeada.

A empresa de auditoria independente de balanço pode contribuir significativamente com sugestões de critérios de controle primário, pois possui experiências oriundas de outras empresas e há o interesse entre as partes de que exista a estrutura de Controles Internos para garantir a elaboração das Demonstrações Financeiras. No entanto, essa participação é uma possível contribuição, e não uma obrigação da auditoria de balanço.

Os controles primários serão avaliados periodicamente em testes de efetividade e, consequentemente, proporcionarão maior segurança e confiança na apresentação dos resultados de Controles Internos sobre as Demonstrações Financeiras.

PRÁTICA 28: Controles primários
Todos os controles primários devem ser submetidos a Teste de Efetividade.

8.3.2 Controle Secundário

O controle secundário é o que possui menor ou moderado grau de importância para o processo mapeado, quando este possuir outros controles que garantem a efetividade do processo, e a inexistência ou falha de execução deste pode impactar indiretamente ou posteriormente no objetivo do processo. O grau de importância deve ser definido por critérios – os mesmos aplicados aos controles primários –, porém não atenderão todos os critérios exigidos e, por isso, serão menos importantes e, consequentemente, secundários.

Uma relevante tratativa entre os controles primários e secundários é o Teste de Efetividade, pois todo controle primário obrigatoriamente deve ser submetido ao Teste de Efetividade, devido a sua importância, enquanto os controles secundários serão submetidos a Teste de Efetividade de forma opcional ou em caso de falha do controle primário.

Tabela 8.1 Critérios para classificação da natureza do controle

Critério	Primário (*key*)	Secundário
Criticidade no Processo	Alto	Moderado ou baixo
Volume de Riscos	Mitiga múltiplas ou todas as assertivas	Mitiga uma ou poucas assertivas
Nível de Risco (Alto e Médio)	Obrigatório	Opcional
Nível de Confiança	Alto ou parcial	Baixo
Nível de Automatização	Alto ou parcial	Baixo ou inexistente

Para os riscos médios e altos em que não forem identificados controles que atendam aos critérios de classificação de controle primário, os controles identificados, ainda que possuam característica de controle secundário, devem ser classificados como controles primários. Neste caso, o controle primário (com características de secundário) será submetido a Teste de Efetividade obrigatório e será possível comprovar o quanto o risco está devidamente mitigado ou descoberto.

Tabela 8.2 Ponderações da natureza do controle

Indagação	Existência de Primário (*key*)	Existência de Secundário
O nível de risco é alto ou médio?	Obrigatório	Opcional
O nível de risco é baixo?	Opcional*	Obrigatório**
Qual a necessidade de Teste de Efetividade?	Obrigatório	Desejável

* Mesmo com o controle significativo ou relevante, há possibilidade de classificá-lo como secundário por deliberação do controle interno.

** Obrigatório, caso não haja controle primário.

Para os riscos baixos em que não haja histórico da ocorrência do risco por um determinado período, os controles identificados que atendam a todas as características de um controle primário podem ser classificados, por deliberação do controle interno, como controle secundário, e, com isso, não submeter o controle ao Teste de Efetividade, sendo possível otimizar os esforços da área de Controles Internos. Porém, todo Teste de Efetividade eleva o nível de segurança na avaliação dos controles.

PRÁTICA 29: Controles secundários – Teste de Efetividade

Os controles secundários são desejáveis para Teste de Efetividade.

A empresa poderá abolir o conceito de controle secundário no mapeamento de Controles Internos. Nesse caso, todo controle identificado e incluído na Matriz de Riscos e Controles será classificado universalmente como controle primário, mas essa tratativa despenderá mais esforços nos testes de efetividade, porque a vantagem de mapear controle secundário é justamente otimizar esforços de monitoramento nos controles relevantes sem perder a gestão geral dos controles.

A empresa que determina tratar exclusivamente todos os controles como primários em sua Matriz de Riscos e Controle terá mais esforços para avaliar a estrutura de Controles Internos, porém obterá resultados mais seguros e precisos sobre a avaliação dos controles.

8.4 TIPO DE CONTROLE

O tipo de controle é um atributo que confere ao controle a identificação do momento em que mitiga o risco, sendo a sua forma preventiva ou detectiva.

8.4.1 Controles Preventivos

Os controles preventivos são todos que operam para evitar a ocorrência de erro, fraude ou falha e devem ser capazes de evitar antecipadamente o desvio.

Exemplos: um controle de alçada de aprovação funciona para prevenir desvios ou autorizações inapropriadas no processo.

Um controle de restrição de acesso a um sistema funciona para prevenir ingresso não autorizado ou permissão inapropriada ao sistema.

8.4.2 Controles Detectivos

Os controles detectivos são todos que operam para verificar a possibilidade de ocorrência de erro, fraude ou falha e devem ser capazes de identificar o desvio no processo ou fora deste.

Exemplos: um controle de conciliação de contas a receber funciona para identificar a falta, duplicidade ou valores indevidos no processo.

Já um controle de teste de *backup* de dados funciona para validar que o armazenamento de dados está funcionando apropriadamente ou conferir uma dupla checagem no processo.

8.5 OPERACIONALIZAÇÃO DO CONTROLE

A operacionalização do controle é um atributo que confere ao controle a identificação do nível de intervenção dos indivíduos e dos sistemas, o nível de manipulação ou automatização que possibilita maior efetividade para mitigar o risco, sendo de forma manual, parcialmente sistêmica ou sistêmica.

8.5.1 Controles Manuais

Os controles manuais são todos que operam por manuseio das pessoas inseridas nos processos e são identificados por total intervenção e realização humana e geração de evidências físicas.

Exemplos: um controle de Ficha de Inventário, no qual a contagem ou registro da contagem é realizada pela pessoa em documento físico.

Um controle de Expedição de Mercadorias, no qual a conferência da mercadoria liberada ou a autorização para despacho da mercadoria é realizada pela pessoa em documento físico.

8.5.2 Controles Parcialmente Sistêmicos

Os controles parcialmente sistêmicos são todos que operam por interação das pessoas com os sistemas. São identificados pelo uso de aplicações sistêmicas, mas que necessitam de intervenção de pessoas para realização. As pessoas não seriam capazes de realizá-los sem a utilização de sistemas. As duas perspectivas têm a geração de evidências físicas ou eletrônicas.

Exemplos: um controle de Ficha de Inventário Eletrônico, no qual a contagem é realizada por leitura do código de barras da mercadoria, e o registro, direto no sistema. O equipamento de leitura do código precisa de uma pessoa para ser operado ou confirmar a devida leitura pelo equipamento, ou seja, a contagem é realizada pelo equipamento operado por uma pessoa e evidenciado pelo registro eletrônico.

Um controle de Interface de Carga de Dados entre sistemas distintos (sistema de registro de ponto e o sistema de folha de pagamento), no qual os registros entre sistemas são transferidos (interface) quando uma pessoa manuseia o comando sistêmico para que a coleta e a transferência dos registros sejam realizadas e evidenciadas por relatório eletrônico dos dados transferidos.

8.5.3 Controles Sistêmicos

Os controles sistêmicos são todos que são operados automaticamente pelo sistema e são identificados pela autonomia das aplicações do sistema e de ocorrer sem a intervenção de pessoas, sendo evidenciado por registros e *logs* eletrônicos.

Exemplos: um controle de Inventário de Licenças de *Software*, no qual verificações das licenças em uso são monitoradas ou rastreadas por uma programação ou parâmetro do sistema, ou seja, toda nova licença é identificada automaticamente pelo sistema e registrada no Indicador de Licenças Ativas.

Um controle de Interface Automática entre sistemas distintos (sistema de vendas e o sistema cobrança), no qual os registros entre sistemas são transferidos imediatamente a cada novo evento e evidenciados pelo *log* de transferência de dados no próprio sistema.

Os controles sistêmicos possuem uma abrangência maior e mais efetiva para a mitigação de riscos, por isso identificá-los apropriadamente promove que o ambiente de controle tecnológico (ITGC) tenha gestão sobre esses controles para evitar que a implementação de novos sistemas, a modificação dos sistemas existentes (melhorias ou customizações) e a extinção de sistemas não prejudiquem o ambiente de negócios. A Figura 8.4 apresenta as principais estruturas de controles sistêmicos para que sua operacionalização na Matriz de Riscos e Controles seja apropriadamente referenciada.

Os controles sistêmicos são capazes de assegurar:

- **Parâmetros**: dados e registros fidedignos.
- **Cálculos**: valoração, mensuração e acuracidade nos registros.
- **Interface**: transferência de dados e registros fidedignos e tempestivos.

- **Restrição de Acesso**: responsabilidade sobre o uso de transações eletrônicas, possibilidade de uma segregação de funções executada de forma apropriada e tempestiva.

Os controles sistêmicos proporcionam elevado nível de confiança em um mapeamento de Controles Internos e, por isso, requerem validação apropriada e monitoramento para que este não seja modificado indevidamente ou sua operação falhe por qualquer tratativa no ambiente tecnológico.

Figura 8.4 Controles sistêmicos

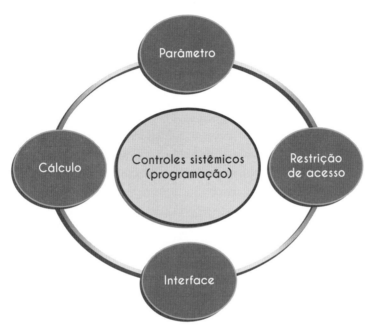

8.6 OBJETIVOS DE CONTROLE

Os objetivos de controle são um atributo que confere ao controle a identificação do propósito específico da sua existência, o que é esperado que o controle proporcione para mitigar o risco, sendo a forma de estabelecer ações antifraude, salvaguardar ativos ou controlar atividades.

8.6.1 Antifraude

Os controles antifraude são todos que operam para inibir fraudes por pessoas de dentro ou fora da organização. Proporcionam uma razoável segurança ao prevenir ou detectar uma fraude, desvio ou manipulação de dados com impacto material (superior ao ET).

Exemplos: um controle de Alterações de Salários – a pessoa com acesso ou autoridade para alterar salários pode alterar o próprio salário ou de outros em benefício próprio.

Um controle de Reconhecimento de Receita – o departamento responsável pelos critérios de apuração e reconhecimento das vendas pode manipular dados de vendas em determinados períodos para elevar as receitas e, com isso, aumentar seus ganhos atrelados à participação nos Lucros e Resultados.

O mapeamento de Controles Internos deve estabelecer controles para inibir essa possibilidade de fraude.

8.6.2 Salvaguarda

Os controles de salvaguarda são todos que operam para resguardar os bens e direitos da organização. Proporcionam uma razoável segurança de que a aquisição, a utilização ou a disposição dos ativos, obrigações e direitos não estão sendo utilizadas de forma irregular ou não autorizada.

Exemplos: um controle de Venda de Ativo Fixo – uma pessoa com a gestão ou autorização para comercialização de ativo fixo da empresa pode vender ou precificar a venda de um ativo em benefício próprio ou inapropriadamente e degradar a real posição dos ativos da empresa.

Um controle de Desconto de Duplicatas – o departamento responsável pela captação de recursos para capital de giro pode forjar recebíveis para obtenção de recursos financeiros, sem que o lastro da operação (duplicata) realmente seja um direito da organização.

O mapeamento de Controles Internos deve estabelecer controles para inibir essa possibilidade de inadequada gestão dos ativos.

8.6.3 Atividades

Os controles de atividades são todos que operam para monitorar a adequada elaboração das Demonstrações Financeiras independentemente do processo organizacional, sem finalidade específica de inibir fraude ou resguardar ativos.

Exemplos: um controle do valor de Gestão Patrimonial (*Impairment*[3]) – uma pessoa responsável ou habilitada para a valorização de ativos para redução no valor recuperável dos seus ativos de longa duração pode errar a valorização em caso de ausência de informações precisas ou desconhecimento das exigências requeridas pelas normas contábeis, e, consequentemente, impactar em ajuste errado ou indevido no balanço patrimonial.

Um controle de Apropriação de Custos – o departamento responsável pelo custeio e mensuração dos custos de produtos pode falhar ou mensurar erroneamente os custos do produto, possibilitando classificações irregulares nas Demonstrações Financeiras.

O mapeamento de Controles Internos deve estabelecer controles para assegurar informações verdadeiras e acuradas para a elaboração das Demonstrações Financeiras.

8.7 FREQUÊNCIA DO CONTROLE

A frequência do controle é um atributo que confere ao controle a identificação do volume de vezes que precisa ou deveria ocorrer para que exista efetividade em mitigar o risco, sendo as frequências periódicas ou irregulares.

---

[3] *Impairment*: teste de recuperabilidade de ativos.

8.7.1 Periódica

Os controles com frequência periódica são todos que operam por período de tempo determinado, podendo o controle ser realizado anualmente, semestralmente, trimestralmente, bimestralmente, mensalmente, quinzenalmente, semanalmente ou diariamente.

Exemplo (anualmente): um controle de Emissão da Publicação das Demonstrações Financeiras – por uma determinação da empresa, a publicação das Demonstrações Financeiras pode ser anual ou conforme determinação legal aplicada ao tipo de empresa (capital aberto, capital fechado).

Exemplo (semestralmente): um controle de Distribuição dos Lucros – por determinação da empresa, a distribuição dos lucros pode ocorrer na periodicidade semestral.

Exemplo (bimestralmente): um controle de Baixa de PLD (Perdas por Liquidação Duvidosa) – a área de negócios, por decisão da administração, pode determinar a PLD na periodicidade bimestral.

Exemplo (mensalmente): um controle de Pagamento de Salários – a área de negócios, por decisão da administração, pode determinar os pagamentos de salários (sem antecipações ou adiantamentos) na periodicidade mensal, não podendo legalmente extrapolar essa periodicidade.

Exemplo (quinzenalmente): um controle de Pagamento de Comissão – a área de negócios, por decisão da administração, pode determinar os pagamentos de comissão na periodicidade quinzenal.

Exemplo (semanalmente): um controle de Apuração de Férias de Funcionários – a área de negócios, por decisão da administração, pode determinar a apuração e a comunicação de férias aos funcionários na periodicidade semanal.

Exemplo (diariamente): um controle de Saldos de Aplicação e Resgates – a área de negócios, por decisão da administração, pode determinar que a validação dos saldos de aplicação e resgates seja realizada na periodicidade diária.

Essa escala de tempo de realização do controle impacta diretamente no volume de amostras que serão selecionadas durante os testes de efetividade, bem como a determinação da periodicidade estabelecida para o controle deve estar adequada a uma razoável mitigação do risco. O não cumprimento da frequência do controle ou o cumprimento em atraso resultará em deficiência na elaboração do controle.

8.7.2 Por Ocorrência (Irregulares)

Os controles com frequência por ocorrência ou irregular são todos que operam por demanda ou continuamente, podendo o controle ser realizado múltiplas vezes ao dia ou poucas vezes ao ano de maneira imprevisível.

Exemplos: um controle de Reajuste de Preço – o controle será considerado irregular porque deverá ser monitorado somente quando houver a necessidade de modificação do preço, seja múltiplas vezes ao dia, como operações de troca de moeda estrangeira que têm sua volatilidade totalmente sob demanda, ou preços de mercadorias (venda de produtos linha branca) que podem não ter nenhuma alteração no período de um ano e em outro ano haver múltiplas ocorrências; por isso, ambos os casos serão considerados como de frequência por ocorrência.

Um controle de Restrição de Acesso Sistêmico – o controle será considerado por ocorrência porque uma vez que o sistema possui uma restrição ou bloqueio de acesso, esse deverá ocorrer toda vez que for feita uma tentativa, por isso a sua frequência é por ocorrência. Outras nomenclaturas comuns utilizadas para controles por ocorrência são: irregulares, sob demanda ou recorrentes.

O controle em que a escala de frequência for por ocorrência terá maior volume de amostras selecionadas durante os testes de efetividade.

Perguntas sugeridas pelo autor

1. O que é controle?
2. Qual a diferença entre atividades e controles?
3. O que é controle primário (chave/*key*)?
4. O que é controle secundário?
5. Quais são as classificações dos objetivos dos controles de reporte financeiro?

9

COMO ESCREVER CONTROLES DE REPORTE FINANCEIRO?

Objetivos de Aprendizagem

O propósito do capítulo *Como Escrever Controles de Reporte Financeiro?* é apresentar um formato de escrita de controle para suportar o risco de reporte financeiro (SOX), a formatação para um entendimento objetivo de controles formais e de fácil compreensão pelas áreas de negócios e pela estrutura de Controle Internos.

A identificação dos controles de reporte financeiro é realizada para atender ou mitigar os riscos atrelados às assertivas, cabendo ao controle interno vincular apropriadamente o controle ou controles que mitigam o risco ou riscos. Um controle poderá atender a diversas assertivas, mas também haverá situações em que há a necessidade de vincular diversos controles para mitigar uma ou mais assertivas. Essa vinculação entre controle e risco (assertiva) será contemplada na Matriz de Riscos e Controles.

Em um mapeamento de Controles Internos, a escrita do controle é a etapa de formalização dos controles e o momento de avaliar quais são os controles existentes na área mapeada, pois o risco já foi reconhecido pela área e se faz necessário eleger quais controles realmente estão operando e se estão efetivos para o processo.

A formalização do controle é a interpretação operacional e técnica das atividades de controles de fácil entendimento pelos envolvidos dentro ou fora do processo.

A interpretação operacional é o entendimento do executor do processo, como realiza a atividade, de quem recebe e a quem envia informações, dados, documentos para que o objetivo do processo seja alcançado. O entendimento operacional do controle de fácil compreensão e assimilação pela área mapeada são os atributos de Tipo de Controle (preventivo ou detectivo), Operacionalização do Controle (Manual, Parcialmente Sistêmico ou Sistêmico), Frequência do Controle (Periódica ou Por Ocorrência) e, principalmente, a evidência do controle.

A interpretação técnica é o entendimento do especialista de controle interno no mapeamento de Controles Internos, ao vincular os demais atributos do controle considerados técnicos: Natureza do Controle (Primário ou Secundário), Objetivos do Controle (Antifraude, Salvaguarda e Atividades) e, principalmente, vincular o controle às assertivas.

Embora as áreas de negócio possam ter algum conhecimento sobre todos os atributos do controle, cabe ao controle interno a responsabilidade de referenciar apropriadamente os atributos de controle, pois além de avaliar todos os controles que são contemplados na Matriz de Riscos e Controles, a função do controle interno é opinar nas modificações dos atributos, exigir melhorias de controles ou a implementação de controles nos processos.

110 Mapeamento de Controles Internos SOX

As áreas de negócios podem conhecer a operação e os processos em um excelente nível de detalhe, mas não necessariamente conseguem traduzir essas informações de maneira apropriada em controles por um descritivo formal, momento em que o controle interno contribuirá significativamente para transmitir de forma apropriada os controles.

Por isso, a forma de escrever o controle fará toda a diferença na comprovação de que os controles existem, são realizados, evidenciados e finalmente formam os subsídios necessários para comprovar a sua efetividade.

9.1 ABORDAGEM PARA DESCRITIVOS DE CONTROLES

Uma abordagem metódica para formalizar os controles é estabelecer perguntas que promovam o entendimento do controle, seja para atender a interpretação operacional ou a técnica.

Essa interpretação é necessária antes que inicie o descritivo do controle, pois será possível identificar os objetivos do controle no processo e analisar, para fins de Controles Internos, o que deve contemplar o descritivo adequadamente estruturado para atender aos riscos de reporte. A ausência de uma abordagem estruturada e objetiva pode gerar descritivos confusos, imprecisos ou que narram a operação em vez de esclarecer os seus conteúdos, fazendo que um possível controle (evidência) pareça deficiente.

A seguir, podemos acompanhar uma abordagem sugerida com 10 pontos para adequar a interpretação operacional e técnica, de forma objetiva e analítica, que permite compreender o controle antes de elaborar seu descritivo.

9.1.1 Dez Pontos de Abordagem Operacional e Técnica para Interpretar Controle de Reporte Financeiro

1 Abordagem Operacional	
Indagação	Quem é o responsável (gestor) pelo controle?
Objetivo	**Identificar a área e o gestor.**
Análise do Controle Interno	*A falha do controle compete àquela área ou gestão?*
Adicionar ao Controle	Departamento e o cargo de gestão.

O primeiro ponto de abordagem tem por propósito atribuir responsabilidade ao controle, seja para delegar apropriadamente, seja para penalizar o não cumprimento do controle. É um entendimento operacional que pode ser definido pela própria área de negócios, mas cabe ao controle interno identificar potenciais ausências de segregação de função.

2 Abordagem Operacional	
Indagação	Quem executa o controle?
Objetivo	**Identificar quem elabora, realiza ou conhece o controle.**

(Continua)

(Continuação)

Análise do Controle Interno	A competência e a atribuição do executor são apropriadas?
Adicionar ao Controle	Cargos executores ou sistema envolvido.

O segundo ponto de abordagem tem por propósito especificar o conhecimento e a habilidade na execução do controle, o nível hierárquico envolvido, as instruções e experiências que o executor detém para que seja realizado adequadamente. É um entendimento operacional que pode ser definido pela própria área de negócios, mas cabe ao controle interno ratificar as competências envolvidas na execução do controle.

3 Abordagem Operacional	
Indagação	Como o controle é realizado?
Objetivo	**Identificar detalhe da elaboração e execução.**
Análise do Controle Interno	Qual a origem e o destino da informação ou dados? Qual a checagem ou modificação da informação?
Adicionar ao Controle	Ações detalhadas do Controle: elaborar, aprovar, validar, conferir ou bloquear.

O terceiro ponto de abordagem tem por propósito detalhar de forma sucinta a ordem das informações, dos dados, dos documentos, dos envolvidos e das verificações que existem sobre o controle. É um entendimento operacional que pode ser definido pela própria área de negócios, mas cabe ao controle interno colaborar na adequada estruturação do controle, destacando os pontos relevantes que devem constar no descritivo.

4 Abordagem Operacional	
Indagação	Qual a evidência do controle?
Objetivo	**Identificar a comprovação física ou eletrônica da execução.**
Análise do Controle Interno	É satisfatória? Qual a segurança? O que pode ser testado?
Adicionar ao Controle	Documento, assinatura, configuração, parâmetro, *log* (rastreamento).

O quarto ponto de abordagem tem por propósito especificar as evidências físicas ou eletrônicas que ratificam o conteúdo do descritivo do controle. É um entendimento operacional que pode ser definido pela própria área de negócios, mas cabe ao controle interno avaliar e testar as evidências ao confrontá-las com o descritivo de forma a comprovar que o descritivo e suas evidências apresentam o mesmo conteúdo.

5 Abordagem Operacional e Técnica

Indagação	Qual a frequência do controle?
Objetivo	**Identificar a frequência periódica ou por ocorrência.**
Análise do Controle Interno	*É satisfatória para o risco?* *Pode ser comprovada a execução tempestiva?*
Adicionar ao Controle	Anual, semestral, bimestral, mensal, quinzenal, semanal, diário ou irregular.

O quinto ponto de abordagem tem por propósito especificar a frequência em que o controle é realizado. É um entendimento operacional e técnico, pois a própria área de negócios pode definir, mas cabe ao controle interno concordar ou intervir na periodicidade do controle, quando a periodicidade estabelecida pela área de negócios não atender ao nível de mitigação do risco avaliado pelo controle interno.

6 Abordagem Técnica

Indagação	Qual a natureza do controle?
Objetivo	**Identificar a significância do controle.**
Análise do Controle Interno	*Aplicar o critério de classificação de controle.*
Adicionar ao Controle	Primário ou secundário.

O sexto ponto de abordagem tem por propósito especificar a importância e a relevância do controle. É um entendimento técnico do controle interno em classificar o controle, mediante o critério de classificação de natureza do controle.

7 Abordagem Técnica

Indagação	Qual o tipo de controle?
Objetivo	**Identificar o momento do controle em relação ao risco.**
Análise do Controle Interno	*A mitigação é antecipada ou posterior ao evento?*
Adicionar ao Controle	Preventivo ou detectivo.

O sétimo ponto de abordagem tem por propósito especificar o momento da execução do controle. É um entendimento técnico do controle interno em classificar o controle que receber a contribuição da área de negócios.

8 Abordagem Técnica

Indagação	Qual a operacionalização do controle?
Objetivo	**Identificar o nível de automatização.**
Análise do Controle Interno	*A intervenção é por pessoa, sistemas ou ambos?*
Adicionar ao Controle	Manual, parcialmente sistêmico ou sistêmico.

O oitavo ponto de abordagem tem por propósito especificar o *modus operandi* do controle. É um entendimento técnico do controle interno em classificar o controle com base em seu nível de automatização e potencial de segurança para o processo.

9 Abordagem Técnica	
Indagação	Qual o objetivo do controle?
Objetivo	**Identificar o que o controle garante ou assegura.**
Análise do Controle Interno	*A possibilidade de fraude resguarda ativos ou as atividades de suporte às assertivas.*
Adicionar ao Controle	Antifraude, salvaguarda ou atividades.

O nono ponto de abordagem tem por propósito especificar os propósitos do controle. É um entendimento técnico do controle interno em classificar o controle sobre a perspectiva de fraude, roubo, erro, falha ou desvios que podem ocorrer no processo.

10 Abordagem Técnica	
Indagação	Quais as assertivas que o controle atende?
Objetivo	**Identificar explicitamente as assertivas.**
Análise do Controle Interno	*A conferência necessária pelo controle interno para comprovar que as assertivas estão suportadas.*
Adicionar ao Controle	Existência, ocorrência, integridade, valoração, alocação, direitos, obrigações ou apresentação e divulgação.

O décimo ponto de abordagem tem por propósito destacar ao controle interno que o controle deve atender às assertivas para mitigar o risco. É um entendimento técnico do controle interno tornar evidente em suas avaliações que as assertivas estão devidamente atendidas e vinculadas ao risco adequadamente.

Uma vez compreendido o funcionamento operacional do controle é possível elaborar um descritivo estruturado e adequado a um mapeamento de Controles Internos.

Quadro 9.1 Resultado da aplicação dos 10 pontos de abordagem

CONTROLE	
Quem (Área)	Área
Quem (Gestão)	Gestor
Quem (Execução)	Executor
Como	Detalhamento da execução Qual o nome do documento ou tela? Qual a origem? Qual o destino? O que contém? Conferência ou Aprovação?

(Continua)

(Continuação)

CONTROLE	
Evidência	Nomenclatura do documento
Frequência	Anual, semestral, bimestral, mensal, quinzenal, semanal, diário ou irregular
Natureza	Primário ou secundário
Tipo	Preventivo ou detectivo
Operacionalização	Manual, parcialmente sistêmico ou sistêmico
Objetivo (Específico)	Antifraude, salvaguarda ou atividades
Objetivo (Assertiva)	Existência, ocorrência, integridade, valoração, alocação, direitos, obrigações ou apresentação e divulgação

9.1.2 Modelos de Descritivos de Controles

É possível melhorar a comunicação necessária com as áreas mapeadas e a área de Controles Internos por meio da construção da escrita do controle realizada conjuntamente por elas, respeitando o entendimento da área de negócios e as necessidades técnicas para que o controle atenda a uma estrutura de Controles Internos adequadamente.

A seguir, podemos avaliar os controles apresentados em uma formatação adequada para adicionar na Matriz de Riscos e Controles.

CONTROLE	
Quem (Área)	Estoque
Quem (Gestão)	Supervisor de Estoque
Quem (Execução)	Inventariante
Como	O analista de inventário elabora um documento de "Baixa de Ativo" para absorver as divergências do estoque, contemplando os itens não identificados no inventário rotativo, e envia para aprovação da baixa para o Gerente de Estoque e Diretor Financeiro. Posteriormente, o analista de inventário efetiva a baixa dos itens não identificados no estoque.
Evidência	Documentos de Baixa de Ativo Relação dos itens baixados no estoque
Frequência	Irregular
Natureza:	Primário
Tipo	Detectivo
Operacionalização	Manual
Objetivo (Específico)	Salvaguarda
Objetivo (Assertiva)	*Vide* Matriz de Riscos e Controles

Capítulo 9 | Como Escrever Controles de Reporte Financeiro? **115**

CONTROLE	
Quem (Área)	Recursos Humanos
Quem (Gestão)	Gerente de Recursos Humanos
Quem (Execução)	Analista de Recursos Humanos
Como	O analista de RH recebe das áreas solicitantes o Formulário de Contratação de Pessoal para atender às demandas de admissão. Confere a existência da vaga em aberto e a aprovação da diretoria da área solicitante, verifica a data da contratação, os dados e os documentos do candidato. Não havendo inconsistências, o analista de RH libera a contratação no sistema de RH.
Evidência	Formulário de Contratação de Pessoal Documentos do Candidato Comprovante de Liberação no sistema de RH
Frequência	Irregular
Natureza	Primário
Tipo	Preventivo
Operacionalização	Parcialmente Sistêmico
Objetivo (Específico)	Atividades
Objetivo (Assertiva)	*Vide* Matriz de Riscos e Controles

CONTROLE	
Quem (Área)	Contas a Pagar
Quem (Gestão)	Coordenador Financeiro
Quem (Execução)	Assistente Financeiro
Como	Para pagamentos manuais, o assistente imprime o borderô no sistema FIN PAG, realiza a conferência do pagamento solicitado e confronta com o documento suporte (nota fiscal ou recibo). Posteriormente, encaminha para aprovação de dois procuradores. O assistente carimba o borderô e envia para o banco.
Evidência	Borderô de Pagamento Documento suporte (nota fiscal ou recibo) Procuração Vigente
Frequência	Diário
Natureza	Primário
Tipo	Detectivo
Operacionalização	Parcialmente sistêmico
Objetivo (Específico)	Atividades
Objetivo (Assertiva)	*Vide* Matriz de Riscos e Controles

116 Mapeamento de Controles Internos SOX

CONTROLE	
Quem (Área)	Compras
Quem (Gestão)	Superintendente de Compras
Quem (Execução)	Comprador
Como	O comprador solicita ao fornecedor: Termo de Compras aprovado por procurador do fornecedor, cópia do cartão do CNPJ, cópia do contrato social e comprovante de endereço. Posteriormente, preenche o formulário cadastral e solicita a aprovação do superintendente de compras. Após a aprovação, envia os documentos para a Central de Cadastro de Fornecedores.
Evidência	Termo de Compras Formulário cadastral Documentos do fornecedor (Contrato Social, cartão do CNPJ, comprovante de endereço)
Frequência	Irregular
Natureza	Primário
Tipo	Preventivo
Operacionalização	Manual
Objetivo (Específico)	Antifraude
Objetivo (Assertiva)	*Vide* Matriz de Riscos e Controles

CONTROLE	
Quem (Área)	Comercial – Vendas
Quem (Gestão)	Gerente de Vendas
Quem (Execução)	Sistema VENDAS
Como	O sistema VENDAS restringe o acesso à alteração de dados cadastrais de clientes. A modificação de dados de cliente é realizada pelo analista de Central de Cadastro e Relacionamento.
Evidência	Tela de Restrição de Acesso: Alteração de dados cadastrais de clientes. Sistema VENDAS – Transação CAD VENDAS e PEC CLIENTES.
Frequência	Irregular
Natureza	Primário
Tipo	Preventivo
Operacionalização	Sistêmico
Objetivo (Específico)	Antifraude
Objetivo (Assertiva)	*Vide* Matriz de Riscos e Controles

A restrição de acesso é um controle totalmente sistêmico, embora tenha responsável na área de negócios, porque é o sistema que bloqueia o acesso de pessoas não autorizadas.

CONTROLE	
Quem (Área)	Suprimentos – Recebimento Físico
Quem (Gestão)	Coordenador de Suprimentos
Quem (Execução)	Sistema SAP_SUP
Como	O sistema SAP_SUP (transação REC – Pedido) bloqueia o acesso aos usuários não autorizados ao recebimento de mercadorias; somente a equipe de suprimentos possui acesso à confirmação de entrada de mercadorias, porque ao confirmar o recebimento no sistema é automaticamente liberado para pagamento do fornecedor.
Evidência	Tela de Restrição de Acesso: Recebimento Físico de Mercadorias Sistema SAP_SUP – Confirmação de entrada de mercadorias
Frequência	Irregular
Natureza	Primário
Tipo	Preventivo
Operacionalização	Sistêmico
Objetivo (Específico)	Antifraude, salvaguarda ou atividades
Objetivo (Assertiva)	*Vide* Matriz de Riscos e Controles

CONTROLE	
Quem (Área)	Contabilidade
Quem (Gestão)	Contador
Quem (Execução)	Sistema CONT_SYS
Como	O sistema CONT_SYS bloqueia o acesso às transações de criação, alteração ou exclusão de contas contábeis do plano de contas da empresa.
Evidência	Tela de Restrição de Acesso: Criação de contas contábeis Alteração de contas contábeis Exclusão de contas contábeis
Frequência	Irregular
Natureza	Primário
Tipo	Preventivo
Operacionalização	Sistêmico
Objetivo (Específico)	Antifraude
Objetivo (Assertiva)	*Vide* Matriz de Riscos e Controles

A restrição de acesso que abrange diversas ações ou transações (criar, alterar e excluir) pode ser tratada por controles individuais, se aplicável aos responsáveis distintos para cada transação.

118 Mapeamento de Controles Internos SOX

CONTROLE	
Quem (Área)	Folha de Pagamento
Quem (Gestão)	Analista de Folha de Pagamento
Quem (Execução)	SISTEMA FOPAG_RUN
Como	O sistema FOPAG_RUN está parametrizado para **recalcular** mensalmente as horas (relógio de ponto, extras e faltas) conforme os dias úteis, feriados e descanso semanal remunerado.
Evidência	Tela Parâmetro de Cálculo Automático: Cálculo de relógio de ponto Cálculo de horas extras Cálculo de faltas Calendário de dias úteis Calendário de feriados Calendário de dias de descanso semanal remunerado
Frequência	Mensalmente
Natureza	Primário
Tipo	Detectivo
Operacionalização	Sistêmico
Objetivo (Específico)	Atividades
Objetivo (Assertiva)	*Vide* Matriz de Riscos e Controles

Os controles totalmente sistêmicos têm poucas exceções em que a frequência não é "irregular", como o modelo especificado.

CONTROLE	
Quem (Área)	Financeiro
Quem (Gestão)	Coordenador Financeiro
Quem (Execução)	SISTEMA PAG_CONTAS
Como	A interface entre o PAG_CONTAS (origem) e o Sistema LIQUIDA_CONTAS (destino) é executada automaticamente, confrontado os dados (fornecedor, número da nota fiscal, vencimentos e valor) e, em caso de inconsistência, disponibiliza um *log* (rastreamento) de informações inconsistentes.
Evidência	Tela de Dados do Sistema Origem (PAG_CONTAS) Tela de Dados do Sistema Destino (LIQUIDA_CONTAS) *Log* de inconsistência
Frequência	Irregular
Natureza	Primário
Tipo	Detectivo

(Continua)

(Continuação)

CONTROLE	
Operacionalização	Sistêmico
Objetivo (Específico)	Atividades
Objetivo (Assertiva)	*Vide* Matriz de Riscos e Controles

9.2 CONTROLES DE ALTA QUALIDADE OU *MANAGEMENT REVIEW CONTROLS*

A importância da apropriada identificação e formalização do controle foi apresentada pela abordagem de interpretação operacional e técnica das atividades de controles, sendo esta uma avaliação objetiva para Controles Internos. No entanto, ainda que essa avaliação objetiva defina e priorize controles (ex.: controle primário ou secundário), existe a oportunidade de elevar seu nível de avaliação e interpretação por meio de uma abordagem qualitativa.

O mapeamento de Controles Internos SOX por meio do regulador Public Company Accounting Oversight Board (PCAOB) reconhece a importância dos Controles de Alta Qualidade pelo *Management Review Controls* (MRC), ou também denominados controles de revisão da administração. Essa nomenclatura se deve à participação ou intervenção direta de um membro da alta administração na maioria dos controles, dadas a responsabilidade e a autoridade dos administradores. No entanto, outros níveis de gestão e profissionais devem ser considerados na abordagem qualitativa de Controles de Alta Qualidade, em razão de suas responsabilidades, autoridade e, principalmente, competência e acuracidade nas atribuições de suas funções.

A abordagem qualitativa do controle não é, necessariamente, reconhecida e identificada pela área de negócios, por isso é uma obrigação e uma responsabilidade do controle interno ou do auditor reconhecer os elementos do controle que possibilitem a abordagem qualitativa, pois essa análise envolve julgamento dele sobre o controle.

Entre esses elementos, o atributo de Controle de Alta Qualidade deve ser reconhecido por meio de aspectos identificados pelo controle interno ou auditor, no qual o avaliador do controle assegura e evidencia que ele possui maior possibilidade de identificar ou corrigir de maneira preventiva ou detectiva a ocorrência de falhas, erros ou desvios.

A identificação dessa qualidade requer o julgamento do avaliador; devido às experiências e vivências, ao tipo de negócios e ambientes de controle, os resultados apresentados podem ser subjetivos, variando conforme o conforto ou a opinião do avaliador. A fim de minimizar a subjetividade do julgamento, baseado em conforto ou opinião do avaliador, uma diversidade de critérios é aplicada para discernir sobre um controle – se ele é ou não de Alta Qualidade –, surgindo os mais complexos e variados critérios a serem utilizados.

Independentemente dos critérios constituídos, não há uma regra universal, e isso aumenta a responsabilidade do controle interno ou auditor. Assim, justifica-se propor, neste capítulo, a sugestão de critérios – mínimos e aceitáveis – para que os controles sejam identificados e classificados como Controles de Alta Qualidade.

9.2.1 Identificação dos Controles de Alta Qualidade (MRC)

A identificação dos Controles de Alta Qualidade deve ser atribuída a critérios e evidências que minimizem a subjetividade do julgamento do avaliador – controle interno ou auditor –

120 Mapeamento de Controles Internos SOX

e maximizem o reconhecimento da alta qualidade pelos demais envolvidos na avaliação de Controles Internos SOX, ou outras avaliações, inspeções, auditorias internas ou externas.

PRÁTICA 30: Ambientes de controles e Controles de Alta Qualidade (MRC)

Os Controles de Alta Qualidade ou MRC estão presentes em todos os ambientes de controles (Corporativo, Negócios ou Tecnológico), embora sejam mais presentes no Ambiente Corporativo, pois é o elemento qualitativo que estabelece sua distinção e importância envolvendo maior julgamento do controle interno ou auditor.

Os Controles de Alta Qualidade são identificados quando há o reconhecimento em níveis, preferencialmente explícitos, que são: objetividade, precisão, competência e autoridade envolvida.

A seguir, propõem-se os critérios e as evidências de qualidade, sugeridos para aplicação em níveis:

- **Nível de Objetividade** (mensuração e critério)

  Refere-se a toda existência formal de mensuração e aplicação de critérios para abordar ou decidir o que é analisado ou investigado no controle.

  Ex.: Relatórios Comparativos de Desempenho Financeiro (Receitas e Despesas Reais x Orçadas) possibilitam que estejam **mensurados** indicadores e resultados financeiros de forma explícita, sendo a solicitação de uma justificativa ou detalhamento da variação das despesas real x orçada pelo gestor ou administrador uma decisão subjetiva. Porém, ao estabelecer um percentual para toda variação de despesa real x orçada superior a 10%, torna uma decisão por **critério** objetivo, qualificando, assim, o "nível de objetividade" pela aplicação explícita da mensuração e do critério.

- **Nível de Precisão** (prevenir ou detectar tempestivamente)

  Trata de toda existência formal para prevenir ou detectar a possibilidade de erros ou falhas em indicadores financeiros aplicados nos controles analisados.

  Ex.: Relatórios de Avaliação de Ativos (máquinas e computadores) possibilitam identificar as máquinas e os computadores que estão efetivamente em uso e em condições adequadas ao seu propósito. Nesses relatórios, o gestor ou administrador pode **detectar** a depreciação por desgaste antecipado e, assim, providenciar a sua baixa ou "depreciação acelerada" de forma a **prevenir** distorções nos ativos imobilizados da empresa. Os controles que monitoram erros ou falhas no reconhecimento de posições financeiras pela aplicação de avaliações específicas sobre determinados ativos e passivos qualificam o "nível de precisão" na identificação de erros ou falhas.

- **Nível de Competência** (habilitação técnica e experiência)

  Considera toda existência explícita ou formal de qualificação profissional do envolvido na operacionalização ou análise do controle que atribui moderada competência para execução do controle.

  Ex.: Relatórios ou Pareceres Técnicos (Relatório de Contingências Trabalhistas) exigem que apenas profissionais específicos e habilitados em determinado campo de atuação emitam opiniões técnicas sobre determinados assuntos. Cabe destacar o valor de uma contingência trabalhista, baseado no valor pleiteado no processo desta natureza e no êxito de ganho da ação processual – remoto, possível ou provável – carecendo de amparo por avaliação de um profissional específico (advogado habilitado) que possui competência para discernir o valor da contingência. Os controles que necessitam da participação de profissionais **habilitados** ou com reconhecida **experiência** na área de atuação, por certificação ou tempo de atuação, asseguram que as posições financeiras sobre ativos e passivos sejam endossadas pela senioridade, qualificando assim o "nível de competência" aplicado explicitamente aos temas mais técnicos ou que necessitam de comprovada experiência.

- **Nível de Autoridade** (autoridade e responsabilidade)

Aborda sobre toda existência explícita ou formal de uma hierarquia organizacional ou confiança, atribuída aos profissionais envolvidos na operacionalização ou na análise do controle que confere ou legitima moderados poderes para execução do controle.

Ex.: Aplicações Financeiras ou Pagamentos (Procurador Financeiro ou Representante Legal), regularmente, são atribuídos ao gestor ou ao administrador, bem como a outros profissionais da organização com os quais há uma relação de confiança reconhecida por **autoridade** (Procuração) ou **responsabilidade** (Política de Alçada) para a tomada de decisão. Os controles que monitoram as autoridades e os poderes na organização que possibilitam ações concretas e imediatas sobre as posições financeiras e os impactos sobre os ativos e passivos qualificam, assim, o "nível de autoridade" na administração da organização.

PRÁTICA 31: Controles primários e Controles de Alta Qualidade (MRC)

Os Controles de Alta Qualidade ou MRC são controles primários que apresentam mais elementos qualitativos relacionados à competência, à experiência e à responsabilidade dos envolvidos na operacionalização do controle.

Os critérios – mínimos e aceitáveis – apresentados tornam objetiva e concreta a identificação dos Controles de Alta Qualidade, minimizando o julgamento que varia entre profissionais, bem como avaliando se esses critérios devem ser aplicados aos controles que foram previamente classificados na Natureza "Primário" (*vide* item 8.3.1). Assim, reforça-se que tal abordagem eleva o nível de avaliação e de interpretação dos controles de forma qualitativa, cabendo ao controle interno ou ao auditor determinar a necessidade de constituir outros critérios que endossem a sua identificação dos Controles de Alta Qualidade.

9.2.2 Classificação dos Controles de Alta Qualidade (MRC)

A identificação dos Controles de Alta Qualidade é imprescindível para o controle interno ou para o auditor elevar a qualidade da sua avaliação de controles, ao identificar em quais e em quantos níveis sugeridos – objetividade, precisão, competência e autoridade – realiza-se uma organização formal que ratifica o propósito de minimizar julgamentos. Ao formalizar os testes de controles considerando classes de identificação dos Controles de Alta Qualidade, propõe-se a elaboração de classificação matricial.

122 Mapeamento de Controles Internos SOX

A classificação matricial é sugerida em dois eixos: o primeiro está diretamente relacionado aos critérios que são particularidades de cada organização e, por isso, considera o Nível de Objetividade e o Nível da Precisão. Os critérios e as formalizações nos controles são decisão da organização, e ela as reconhece como agregador de valor no monitoramento dos controles e dos processos.

O segundo eixo é diretamente relacionado a critérios independentes das particularidades de cada organização. Dessa forma, consideram-se os níveis da Competência e da Autoridade, dado que são exigências ou requerimentos nos controles por decisão externa à organização, e que são utilizadas para agregar valor no monitoramento de controles e processos.

A classificação matricial deve partir do controle primário (*Key*) previamente existente, e, a cada nível ou múltiplos níveis que são reconhecidos no Controle de Alta Qualidade, sua combinação de níveis estabelece uma classe diferente. A "Matriz de Classificação" da Figura 9.1 representa três classes de combinação dos níveis.

Figura 9.1 Matriz de Classificação de Controles de Alta Qualidade (MRC)

Objetividade ou Precisão	Classe 2	Classe 3	Classe 3
Objetividade ou Precisão	Classe 1	Classe 2	Classe 3
Primário (*Key*)	*Key*	Classe 1	Classe 2
	Primário (*Key*)	Competência ou Autoridade	Competência ou Autoridade

A seguir, destacamos as combinações de níveis em classes:

- **Classe 1** (Controle *Key* + um nível identificado): todo controle primário (*Key*) em que é identificado ao menos um nível (objetividade, precisão, competência ou autoridade).
- **Classe 2** (Controle *Key* + dois níveis identificados): considera todo controle primário (*Key*) em que sejam identificados dois níveis combinados (objetividade, precisão, competência ou autoridade).
- **Classe 3** (Controle *Key* + três níveis identificados ou todos os níveis): trata-se de todo controle primário (*Key*) em que sejam identificados, ao menos, três níveis ou todos os níveis combinados (objetividade, precisão, competência ou autoridade).

PRÁTICA 32: Classificação dos Controles de Alta Qualidade (MRC)

A classificação dos Controles de Alta Qualidade (MRC) tem o propósito exclusivo de reconhecer quantos e quais níveis são identificados em um mesmo controle, pois, uma vez que o controle é de alta qualidade, será prioridade do controle interno ou auditor, independentemente da sua classificação na matriz.

As classes descritas pela Matriz de Classificação podem ser estendidas ou modificadas a partir de novos níveis de identificação de Controles de Alta Qualidade, que sejam estabelecidos formalmente pelo controle interno ou auditor durante a sua avaliação de controles. Independentemente da classe (1, 2 ou 3) a que o controle for associado pelos níveis identificados, o controle será um Controle de Alta Qualidade; assim, uma maior eficiência das operações do desenho de controles na mitigação dos riscos é esperada pelos avaliadores.

9.2.3 Qualidade das Informações da Entidade ou *Information Produced by Entity*

Para que haja uma avaliação objetiva, a identificação, a formalização e a qualificação dos controles para uma avaliação objetiva para controles internos dependem da integridade da informação utilizada no conteúdo do controle ou, ainda, da origem da informação que os designa.

A acurácia e a integridade da origem das informações para designação e seleção dos controles são frequentemente questionadas e criticadas pelo órgão regulador PCAOB nas inspeções sobre os trabalhos de Certificação SOX, devido à identificação de inúmeras fragilidades nos procedimentos aplicados para constatar a acuracidade e a integridade durante os testes de avaliação dos controles.

No Quadro 9.2, listamos algumas características essenciais dos dados para que se possa reconhecer a qualidade das informações.

Quadro 9.2 Qualidade da informação (dados)

Acessíveis	Fácil acesso e disponibilidade
Corretas	Precisos e completos
Atuais	Atualizados e coletados na frequência necessária
Protegidas	Protegidos, categorizados por sigilo e restritos ao responsável
Retidas	Permitem consulta e inspeções por tempo determinado
Suficientes	Nível de detalhe adequado e livre de interpretações distorcidas
Tempestivas	No tempo necessário
Válidas	Fontes autorizadas e verdadeiras
Verificáveis	Evidentes e formais

Fonte: Adaptado do COSO

Para reconhecer a qualidade das informações os dados precisam conter a abordagem requerida no Quadro 9.2, no qual o seu propósito pode ser destacado em um objetivo:

- Garantir a integridade na aplicação e utilização de regras e lógicas no tratamento da informação ou dados (origem) para obter uma nova informação ou dado, seja uma ou múltiplas regras, ao evidenciar e/ou refazer configurações que resultam em novos dados. Toda coleta física ou eletrônica que possa garantir que os parâmetros – regra ou configuração – sejam aplicados ao dado "Origem", obtendo um novo dado ou informação fidedigna.

O mapeamento de Controles Internos SOX requer que o controle interno ou auditor evidencie sua opinião sobre a avaliação de controles desde a origem da informação do controle, provendo dados relevantes que comprovem a acuracidade e a integridade da informação dos controles por meio de evidências objetivas e concretas que sejam suficientes para minimizar julgamentos.

O uso de múltiplos sistemas – sistemas legados, sistemas próprios nas operações das empresas e diferentes tipos de negócios – é a realidade e uma necessidade das organizações, motivo pelo qual é necessária uma apropriada avaliação do Ambiente Tecnológico para garantir os controles internos; ainda assim, as organizações e as áreas de negócios recorrem a inúmeras atividades e validações paralelas para composição parcial ou integral dos controles (valores e registros).

As atividades e as validações paralelas de controles são reconhecidas pelas organizações para verificar limitações de sistemas, ratificação de dados e valores entre áreas independentes, maior conforto dos gestores dos processos, ou autenticar processos terceirizados, mas, independentemente do propósito, é um instrumento presente nos processos e controles, reconhecido pelo gestor do processo. Esses instrumentos nos processos e controles devem ser reconhecidos pelo avaliador de controles internos ou auditor, mas, para reconhecer como controle, há a necessidade de comprovar que são fidedignos.

A comprovação de que as validações paralelas são fidedignas requer apropriada identificação e avaliação da origem das informações que são produzidas pela entidade, sendo o propósito neste capítulo apresentar uma sugestão de critérios mínimos e aceitáveis para que o avaliador aborde o menor número de critérios para garantir a acuracidade e a integridade das informações produzidas pela entidade.

9.2.4 Identificação de Qualidade das Informações da Entidade ou *Information Produced by Entity*

As informações produzidas por uma entidade estão presentes nos negócios e processos, sendo conduzidas pela participação e integração de pessoas, tecnologias e segurança, nas quais o responsável pelo controle interno ou auditor precisa avaliar a possibilidade de falhas, erros ou desvios.

A identificação da qualidade das informações requer o reconhecimento de em qual ambiente sistêmico a informação é produzida ou transformada pelo negócio ou processo avaliado. Assim, o próprio ambiente sistêmico é determinante para evidenciar a acuracidade e a integridade da informação. Os ambientes sistêmicos podem ser separados em Ambiente *Enterprise Resource Planning* (ERP) ou Ambiente de Planejamento de Recursos Empresariais, ou Ambiente *End User Computing* (EUC) ou Ambiente de Computação de Usuário Final, sendo a combinação dos ambientes possível, e assim ser considerado um ambiente híbrido.

O Ambiente ERP é um ambiente de informação geralmente mais padronizado e complexo. Nele, a governança de TI possibilita diversos recursos para monitoramento, tais como: gestão de mudança, desenvolvimento do sistema e gestão de acessos críticos que possibilitem fácil acesso aos registros e guarda das operações nele automatizadas e processadas. Isso é possível pois opera por gestão centralizada, em face dos diversos processos integrados ao mesmo sistema. Nesse ambiente, a origem da captura das informações e dados é facilmente rastreada e aditável, e os parâmetros estabelecidos ou modificados são facilmente discriminados por conteúdo, homologação e vigência.

O Ambiente EUC é um ambiente de informação geralmente mais flexível e customizado. Mesmo sob uma governança de TI, ele pode limitar o registro e a guarda das operações nele contidas, pois opera por gestão descentralizada, uma vez que é usual o desenvolvimento para atender a um processo ou operação específica e, ainda, envolver validadores e parâmetros em planilhas e *softwares* independentes. No Ambiente EUC, a origem da captura das informações e dados é de difícil rastreio e auditoria, em partes ou mesmo na totalidade dos parâmetros estabelecidos ou modificados, o que se deve a pouca ou nenhuma discriminação destes por conteúdo e por estarem sobrescritos a cada substituição e homologação ou vigência. Observe a Figura 9.2.

Figura 9.2 Ambiente da informação

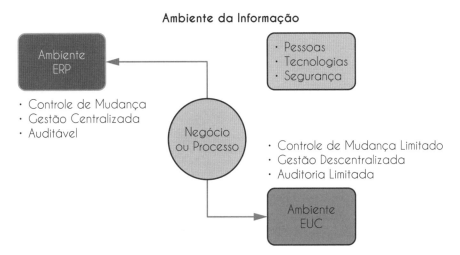

A partir da identificação do(s) Ambiente(s) de Informação, o controle interno ou auditor deverá reconhecer a acuracidade e a integridade da informação em todas as etapas: origem da informação, parâmetros envolvidos, geração da informação e informação produzida. A opinião do controle interno ou auditor sobre cada etapa, em nível satisfatório por meio de evidências concretas, determinará que a informação designada no controle é uma Informação de Alta Qualidade.

A abordagem de avaliação das Informações de Alta Qualidade pode ser aplicada a qualquer controle identificado nos Ambientes de Controles (Corporativo, Negócios ou Tecnológico), sendo, preferencialmente, sobre os controles mais relevantes (*Key*), ou, prioritariamente, os Controles de Alta Qualidade (MRC). Essa avaliação se dá em face da necessidade de mais recursos e tempo para aplicar a abordagem, e cabe ao controle interno ou ao auditor aplicar o seu julgamento para determinar quantos e quais controles serão avaliados acerca da Informação de Alta Qualidade. Cabe destacar que, quanto menor a confiança no Ambiente de Controle e no processo avaliado – seja por fragilidade no processo, seja pelos tipos de negócio ou pelo histórico de problemas –, maior deverá ser a quantidade de controles que avaliam as Informações de Alta Qualidade.

PRÁTICA 33: Controles para avaliar a Informação de Alta Qualidade ou *Information Produced by Entity* (IPE)

A avaliação de Informações de Alta Qualidade pode ser aplicada a qualquer controle reconhecido pelo controle interno ou auditor, mas preferencialmente os controles relevantes (*Key*) ou prioritariamente os Controles de Alta Qualidade (MRC).

Figura 9.3 Informação de Alta Qualidade ou IPE

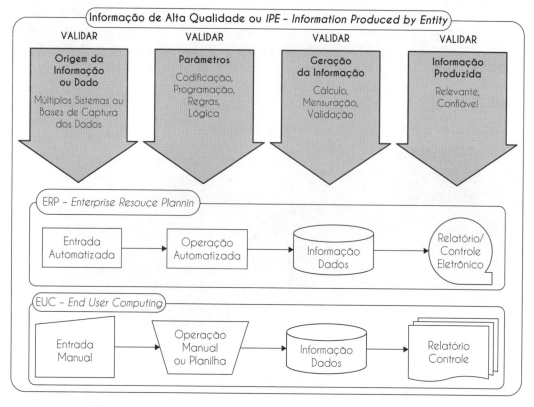

A seguir, destacam-se as etapas para evidenciar a Informação de Alta Qualidade:

- **Origem da Informação ou Dado** (Integridade)
  O objetivo desta etapa é garantir a integridade da informação ou dados inseridos no processo ou controle, seja oriundo de um ou múltiplos sistemas e fontes. Isso se dá ao evidenciar ou monitorar as extrações, as capturas, as interfaces ou a seleção de dados. Toda coleta física ou eletrônica que possa garantir que os dados originais foram preservados ou qualquer tratamento – exclusão ou modificação – de forma a serem, apropriadamente, reconhecidos e documentados.
  - **Ambiente ERP** – exemplo: registro de ponto (horas) de funcionários migra da marcação do ponto para o Processamento da Folha de Pagamento, evidenciando que as horas, os dias e os funcionários inseridos migraram apropriadamente entre os módulos do sistema integrado; em todo período (mês) capturado retroativamente para validação é possível obter a mesma informação e garantir o registro e a guarda por determinado tempo.
  - **Ambiente EUC** – exemplo: registro de ponto (horas) de funcionários migra da marcação do ponto para o Processamento da Folha de Pagamento, evidenciando que as horas, os dias e os funcionários inseridos migraram apropriadamente do Registro em Planilha *Web*, sendo que todo período (mês) é armazenado em diretório específico; uma vez que é possível retroagir a captura do dado armazenado, a validação depende de que a informação do registro seja guardada por determinado tempo.

Obs.: cabe destacar que a impossibilidade de retroagir a captura do dado no ERP ou no EUC limita a opinião do controle interno ou do auditor, não podendo atribuir que a origem é de Alta Qualidade, pois haverá necessidade de julgamento.

- **Parâmetros** (Integridade)
Nesta etapa, pretende-se garantir a integridade na aplicação e utilização de regras e lógicas no tratamento da informação ou dados (origem) para obter uma nova informação ou dado, seja uma ou múltiplas regras, ao evidenciar e/ou refazer configurações que resultam em novos dados. Toda coleta física ou eletrônica que possa garantir que os parâmetros – regra ou configuração – são aplicados ao dado "Origem", obtendo um novo dado ou informação fidedigna.

  - **Ambiente ERP** – exemplo: registro de ponto (horas) de funcionários é convertido em parâmetros salariais eletronicamente – quantidade de horas x faixa salarial, faixa de impostos, isenções regulamentares –, evidenciando as horas atribuídas aos respectivos salários e impostos no sistema integrado, sendo que toda atribuição de receita ou dedução de despesa pode ser reprocessada em diferentes períodos (mês) retroativamente para validação, sendo possível obter a mesma informação e garantir acuracidade em relação a diferentes regras – salários, impostos – em determinado momento.

  - **Ambiente EUC** – exemplo: registro de ponto (horas) de funcionários convertido por parâmetros salariais por meio de planilhas e tabelas – quantidade de horas x faixa salarial, faixa de impostos, isenções regulamentares – evidenciando que as horas atribuídas aos respectivos salários e impostos nas planilhas e tabelas utilizam validadores paras regras e lógicas estabelecidas, sendo que toda atribuição de receita ou dedução de despesa pode ser reprocessada pelas planilhas e *inputs* em diferentes períodos (mês) retroativamente para validação, sendo possível obter a mesma informação e garantir acuracidade em relação a diferentes regras – salários, impostos – em determinado momento.

  Obs.: ressalta-se que a impossibilidade de retroagir um parâmetro – regra ou configuração – no ERP ou no EUC limita a opinião do controle interno ou do auditor, não sendo possível atestar que um "Parâmetro" é de Alta Qualidade, pois haverá necessidade de julgamento.

- **Geração da Informação** (Acuracidade)
Esta etapa trata a acuracidade na geração de cálculos, apurações e quantificações da informação ou dados (origem) e as regras aplicadas para obter uma nova informação ou dado, seja uma ou múltiplas regras, ao evidenciar e/ou refazer cálculos, apurações ou quantificação. Toda coleta física ou eletrônica que possa garantir que a geração – memória de cálculo ou regra – seja aplicada ao dado "Origem", obtendo um novo resultado quantificável para dado ou informação fidedigno.

  - **Ambiente ERP** – exemplo: registro de ponto (horas) de funcionários calculado eletronicamente – valor hora, faixa salarial, salário final – evidenciando as horas atribuídas aos respectivos salários no sistema integrado, sendo que todo cálculo de pagamento pode ser reprocessado em diferentes períodos (mês) retroativamente para validação, sendo possível obter a mesma informação e garantir a acuracidade dos cálculos em relação a diferentes regras – salários – em determinado momento.

  - **Ambiente EUC** – exemplo: registro de ponto (horas) de funcionários calculado em planilhas e *softwares* específicos – fórmulas em planilha, Código/*Script* de Programação em *Software* Independente – evidenciando as horas atribuídas aos respectivos salários nas planilhas específicas ou sistema próprio, necessitando armazenar as planilhas por versão ou período, sendo que todo cálculo de pagamento pode ser reprocessado nas diferentes planilhas (mês) retroativamente para validação, possibilitando assim obter a mesma informação e garantir a acuracidade dos cálculos em relação a diferentes regras – salários – em determinado momento.

Obs.: a impossibilidade de retroagir um parâmetro – cálculo do dado – no ERP ou no EUC limita a opinião do controle interno ou auditor, não podendo atribuir que a "Geração da Informação" é de Alta Qualidade, pois haverá necessidade de julgamento.

- **Informação Produzida** (Acuracidade)

  Garantir a acuracidade no resultado ou dado reportado no controle é confiável, sendo o dado ou informação produzida (destino) relevante para a tomada de decisão dos gestores. Toda coleta física ou eletrônica que possa garantir que o dado ou a informação apresentada reflete apropriadamente as etapas desde sua origem, aplicação de Parâmetros e Geração de Informação nova produzida é fidedigna.

  ⅄ **Ambiente ERP** – exemplo: o resultado da folha de pagamento de funcionários é reportado eletronicamente no módulo contábil do sistema (registro contábil) e efetivado eletronicamente no módulo de pagamento do sistema (o envio dos pagamentos), evidenciando apropriadamente as obrigações salariais no(s) sistema(s) envolvido(s) no processo, sendo possível validar que a informação é confiável em determinado momento.

  ⅄ **Ambiente EUC** – exemplo: o resultado da folha de pagamento de funcionários é reportado em relatório físico (registro contábil) e efetivado manualmente (pagamentos), evidenciando apropriadamente as obrigações salariais no(s) relatório(s) envolvido(s) no processo, sendo possível validar que a informação é confiável em determinado momento.

  Obs.: a impossibilidade de retroagir o resultado da informação (Origem, Parâmetro, Geração) no reporte eletrônico ou físico no ERP ou no EUC limita a opinião do controle interno ou auditor, não podendo atribuir que a "Informação Produzida" é de Alta Qualidade, pois haverá necessidade de julgamento.

A validação de todas as etapas em que o dado ou a informação transita no processo avaliado, desde a origem até o destino final (controle), possibilita que o controle interno ou o auditor ratifique a identificação da Informação de Alta Qualidade, pois a validação minimizará os julgamentos envolvidos no processo de avaliação, mas, mesmo que não seja possível a validação da etapa identificação, os dados e as informações presentes nos controles ainda podem ser efetivos, baseados no julgamento profissional do avaliador, porém não devem ser reconhecidos como Informação de Alta Qualidade.

Perguntas sugeridas pelo autor

1. Qual é a importância da escrita (descritivo) do controle?
2. Qual é a abordagem para elaboração do descritivo do controle sugerida pelo autor?
3. Qual conteúdo deve ser especificado para elaboração do descritivo do controle?
4. Escreva um controle em um processo de livre escolha considerando a abordagem sugerida pelo autor.
5. Escreva um controle considerando o modelo sugerido pelo autor.

10

VALIDAÇÃO DOS CONTROLES

Objetivos de Aprendizagem

O propósito do capítulo *Validação dos Controles* é apresentar as exigências regulatórias para determinar as avaliações de controles pela estrutura de Controles Internos, técnicas para validar o seu desenho e a sua efetividade, e a forma de documentar a inexistência ou fragilidade, em níveis, do controle.

Os controles identificados para atender ao risco de reporte financeiro são devidamente segregados pela aplicação do Ciclo de Identificação de Controles (Existir – Desenho, Testável – Efetivo, Responsável – Proprietário, Mitigar – Assertivas).[1] A comprovação e a formalização de que os controles são apropriados para inclusão na Matriz de Riscos e Controles são asseguradas pela opinião do controle interno, que confirma a aderência do controle pela realização de um *Walkthrough*, ou qualquer outro instrumento formal de trabalho do controle interno que confirme a sua opinião expressa sobre a validação de desenho e a validação de efetividade dos controles.

O objetivo dessa validação é tornar evidente e legítima a realização do trabalho do controle interno, de maneira que tenha todos os subsídios formais para apresentação do mapeamento de Controles Internos e uma avaliação com embasamento técnico que será submetida à alta administração.

PRÁTICA 34: *Walkthrough* de Controles

Trata-se da forma de o controle interno validar e evidenciar um processo ou parte do processo, quando faz referência aos controles ou deficiências do controle. É a opinião expressa do controle interno, em grau razoável, sobre o controle.

10.1 PROCEDIMENTOS DE VALIDAÇÃO

A validação do controle pode acontecer por procedimentos de indagação, observação, inspeção e *reperformance*.[2] O controle interno pode selecionar um procedimento, uma combinação dos procedimentos ou todos os procedimentos.

A decisão do controle interno em utilizar ou combinar esses procedimentos é definida pelo seu julgamento profissional e pelo nível de detalhe que deseja para validar o processo mapeado, sendo que a escolha impacta diretamente no nível de confiança que é obtido na validação do controle, como apresentado na Figura 10.1.

---

[1]   Ver Figura 8.3 – Ciclo de Identificação de Controles: item 8.1.

[2]   *Reperformance*: refazer um mapeamento do início ao fim.

Figura 10.1 Procedimentos de validação *x* nível de confiança

Fonte: Adaptado do *Auditing Standards*

10.1.1 Indagação

O procedimento de indagação para validar um controle é questionar oralmente ou por escrito à área mapeada como o controle é realizado, provendo entendimento sobre a interpretação operacional ou técnica, no entanto sem a necessidade de coletar evidência. O uso exclusivamente desse procedimento é adequado quando o controle é realizado por diversas pessoas e, por isso, é possível identificar após aplicar os questionamentos sobre o controle a um grupo de pessoas, o seu nível de conhecimento, para tornar válido o controle mediante a igualdade das operações. O procedimento de indagação deve ser preferencialmente combinado com outros procedimentos.

Exemplo: questionar a área de contabilidade sobre como é realizada a conciliação de impostos, obtendo informações sobre quem, quando e como a conciliação é realizada. O *Walkthrough* deve descrever todo o conteúdo da validação, como ratificação e retenção da realização do procedimento de indagação.

Walkthrough de Controle			
Indagação: **SIM**	**Observação:** **NÃO**	**Inspeção:** **NÃO**	*Reperformance*: **NÃO**
Controle	Conciliação de Impostos		
Descritivo do Controle	O analista de Contabilidade coleta as informações do sistema de TRIBUTOS_X e confronta com as informações (tipo de imposto, conta de classificação, valores) do sistema CONTABIL_MASTER. Em caso de divergência envia um comunicado por correio eletrônico à equipe tributária para justificativa ou regularização por lançamento contábil manual. A conciliação é impressa e assinada pelo elaborador – analista de Contabilidade – e pelo conferente – analista sênior de Contabilidade.		

(Continua)

(Continuação)

Walkthrough de Controle			
Indagação: SIM	**Observação:** NÃO	**Inspeção:** NÃO	***Reperformance*:** NÃO
Frequência	Mensal		
Validação do Controle Interno	Interpretação Operacional: Em 15/05/22 entrevistamos o Sr. Carlos Gomes – analista de Contabilidade, elaborador da "Conciliação de Tributos", que informou como e quando é realizada a conciliação, sendo coerente com o descritivo do controle apresentado, não havendo exceções ou dados adicionais para incluir ao controle. Não foram entrevistados outros elaboradores, pois o segundo elaborador estava em treinamento externo. Não identificamos deficiência para o controle avaliado, em relação à interpretação operacional.		
Parecer	Controle não apresentou deficiência. Para a interpretação técnica, *vide* Matriz de Riscos e Controles.		
Responsável	Sr. Lucas Lino – analista de controle interno		

10.1.2 Observação

O procedimento de observação para validar um controle é acompanhar a execução do controle no momento da sua realização, provendo entendimento sobre a interpretação operacional ou técnica, no entanto sem a necessidade de coletar evidência. O uso exclusivamente desse procedimento é adequado quando o controle é simples e operado por diversos executores, como a contagem de um inventário ou confirmação de uma restrição de acesso, tornando o controle válido para o mapeamento. O procedimento de observação deve ser preferencialmente combinado com outros procedimentos, pois o controle necessita da compreensão de muitos dados e fica sujeito à interpretação ou esquecimento pelo responsável pelo mapeamento.

O procedimento de observação está sujeito a maior disponibilidade dos envolvidos, devido à necessidade de aguardar o momento da realização do controle, no caso de um controle mensal executado em um dia específico do período. Adicionalmente, embora não seja uma regra geral, acompanhar um controle por observação pode constranger ou inibir a correta execução do controle, podendo levar a falha pelo executor pela simples presença do responsável – analista de controle interno.

Exemplo: observar a área de contabilidade, como é realizada a conciliação de impostos, como são coletados as informações e os dados, os sistemas utilizados, a conferência ou a formalização.

Walkthrough de Controle			
Indagação: Não	**Observação:** SIM	**Inspeção:** NÃO	***Reperformance*:** NÃO
Controle	Conciliação de Impostos		

(Continua)

(Continuação)

Walkthrough de Controle			
Indagação: Não	**Observação:** SIM	**Inspeção:** NÃO	**Reperformance:** NÃO
Descritivo do Controle	O analista de Contabilidade coleta as informações do sistema de TRIBUTOS_X e confronta com as informações (tipo de imposto, conta de classificação, valores) do sistema CONTABIL_MASTER. Em caso de divergência envia um comunicado por correio eletrônico à equipe tributária para justificativa ou regularização por lançamento contábil manual. A conciliação é impressa e assinada pelo elaborador – analista de Contabilidade – e pelo conferente – analista sênior de Contabilidade.		
Frequência	Mensal		
Validação do Controle Interno	Interpretação Operacional: Em 15/05/22 acompanhamos o Sr. Carlos Gomes – analista de Contabilidade, elaborador da "Conciliação de Tributos" na realização da conciliação. Ele coletou informações dos impostos (PIS, COFINS, CS) no sistema TRIBUTOS_X e imprimiu o relatório de tributos. Posteriormente coletou informações dos registros dos impostos no sistema CONTABIL_MASTER e imprimiu o saldo contábil. Os dados (valor, imposto e classificação) foram confrontados e inseridos em uma planilha de conciliação, não houve divergências, sendo impressa e assinada pelo Sr. Carlos Gomes (elaborador) e pelo Sr. Fabio H. Oliveira (revisor). Não identificamos deficiência para o controle avaliado, em relação à interpretação operacional.		
Parecer	Controle não apresentou deficiência. Para a interpretação técnica *vide* Matriz de Riscos e Controles.		
Responsável	Sr. Lucas Lino – analista de controle interno		

10.1.3 Inspeção

O procedimento de inspeção para validar um controle é a coleta da evidência da execução do controle, posterior à operação. Na posse da evidência devem ser aplicados os entendimentos do controle. Nesse caso há combinação do procedimento de indagação ou o acompanhamento da execução do controle, quando combinado com o procedimento de observação. O uso exclusivamente desse procedimento de inspeção é de razoável segurança para o mapeamento de Controles Internos, embora somente o uso da inspeção seja uma abordagem praticada por pessoas experientes ou com elevado conhecimento do processo, por isso a combinação do procedimento de indagação é altamente recomendável para que o entendimento da evidência coletada seja adequado.

Walkthrough de Controle			
Indagação: Não	**Observação:** Não	**Inspeção:** SIM	**Reperformance:** NÃO
Controle	Conciliação de Impostos		
Descritivo do Controle	O analista de Contabilidade coleta as informações do sistema de TRIBUTOS_X e confronta com as informações (tipo de imposto, conta de classificação, valores) do sistema CONTABIL_MASTER. Em caso de divergência envia um comunicado por correio eletrônico à equipe tributária para justificativa ou regularização por lançamento contábil manual. A conciliação é impressa e assinada pelo elaborador – analista de Contabilidade – e pelo conferente – analista sênior de Contabilidade.		

(Continua)

(Continuação)

Walkthrough de Controle			
Indagação: **Não**	**Observação:** **Não**	**Inspeção:** **SIM**	*Reperformance*: *NÃO*
Frequência	Mensal		
Validação do Controle Interno	Interpretação Operacional: Em 15/05/22 recebemos do Sr. Carlos Gomes – analista de Contabilidade, elaborador da "Conciliação de Tributos" na realização da conciliação, uma cópia da Conciliação de abril, contendo a conciliação dos impostos (PIS, COFINS, CS), anexo das informações da origem (sistema TRIBUTOS_X) e as informações do destino (sistema CONTABIL_MASTER), saldo contábil. Os dados (valor, imposto e classificação) foram confrontados no documento planilha de conciliação, não houve divergências, e estava devidamente assinado pelo Sr. Carlos Gomes (elaborador) e pelo Sr. Fabio H. Oliveira (revisor), conforme a assinatura no Quadro de Assinatura do departamento. Não identificamos deficiência para o controle avaliado, em relação à interpretação operacional.		
Parecer	Controle não apresentou deficiência. Para a interpretação técnica *vide* Matriz de Riscos e Controles.		
Responsável	Sr. Lucas Lino – analista de controle interno		

10.1.4 *Reperformance*

O procedimento de *reperformance* para validar um controle é a coleta dos dados que geram a evidência final do controle, quando possível, realizada após a sua operação. Na posse dos dados do controle, este é realizado de forma independente, sendo que o mesmo resultado (quando correto) deve ser obtido. No entanto, obter o mesmo resultado sem a experiência no processo ou sem a combinação de outros procedimentos (indagação ou observação) não é possível em todos os controles. O uso exclusivamente desse procedimento requer experiência e habilidade avançada no processo, mas a sua aplicação combinada com outros procedimentos de indagação, observação ou inspeção resulta em elevado nível de segurança para o mapeamento de Controles Internos, embora demande maior tempo e esforço na sua realização é altamente recomendável a sua realização nos controles em que houver histórico de falhas ou prevalecer o ceticismo profissional sobre a operação.

Walkthrough de Controle			
Indagação: **Não**	**Observação:** **Não**	**Inspeção:** **NÃO**	*Reperformance*: *SIM*
Controle	Conciliação de Impostos		
Descritivo do Controle	O analista de Contabilidade coleta as informações do sistema de TRIBUTOS_X e confronta com as informações (tipo de imposto, conta de classificação, valores) do sistema CONTABIL_MASTER. Em caso de divergência envia um comunicado por correio eletrônico à equipe tributária para justificativa ou regularização por lançamento contábil manual. A conciliação é impressa e assinada pelo elaborador – analista de Contabilidade – e pelo conferente – analista sênior de Contabilidade.		
Frequência	Mensal		

(Continua)

(Continuação)

Walkthrough de Controle			
Indagação: Não	**Observação:** Não	**Inspeção:** NÃO	**Reperformance:** SIM
Validação do Controle Interno	Interpretação Operacional: Em 15/05/22 extraímos as informações de abril dos impostos PIS, COFINS e CS pelo sistema TRIBUTOS_X e posição contábil do mesmo mês pelo sistema CONTABIL_MASTER, usualmente utilizado pelo Sr. Carlos Gomes para elaboração da Conciliação de Impostos. Confrontamos os dados:		

	TRIBUTOS_X	CONTABIL_MASTER	Confronto
Conta	1002.10 1004.35 1005.00	1222.01 1444.01 1555.01	Classificação Contábil correta entre os sistemas
Valor R$	682,50 3.150,00 1.050,00	682,50 3.150,00 1.050,00	0,00 0,00 0,00
Imposto	PIS COFINS CS	PIS COFINS CS	Avaliada a alíquota aplicada à empresa

	Não houve divergências nos valores confrontados com base nas informações extraídas. Não identificamos deficiência para o controle avaliado, em relação à interpretação operacional.
Parecer	Controle não apresentou deficiência. Para a interpretação técnica *vide* Matriz de Riscos e Controles.
Responsável	Sr. Lucas Lino – analista de controle interno

10.2 VALIDAÇÃO DE DESENHO (*WALKTHROUGH*)

A validação de desenho é comprovação da existência dos controles identificados como relevantes para mitigar o risco de desvios e distorção das informações contidas no mapeamento de Controles Internos para Demonstrações Financeiras.

Na definição do *Auditing Standard*, a avaliação do desenho dos controles é definida para o auditor como:

A.S. Nº 5 – An Audit of Internal Control Over Financial Reporting That is Integrated with an Audit of Financial Statements

39. The auditor should test those controls that are important to the auditor's conclusion about whether the company's controls sufficiently address the assessed risk of misstatement to each relevant assertion.[3] (Auditing Standard 5 – parágrafo 39)

---

[3]   39. O auditor deve testar os controles que são importantes para a sua conclusão referente se os controles da empresa suficientemente mitigam o risco de distorção avaliado de cada afirmação relevante (assertiva do risco).

A validação de desenho – *Walkthrough* é uma avaliação qualitativa do controle e consiste em formalizar o passo a passo da atividade de avaliação, obtendo cópia de telas de sistemas, bem como modelos de planilhas e toda documentação acessória para entendimento da atividade referida como demonstração do controle executado.

A validação de controle com a combinação de todos os procedimentos (indagação, observação, inspeção e *reperformance*) possibilita maior segurança para a validação do controle, embora a aplicação de todos os procedimentos impacte em mais recursos financeiros (tempo e sistema), eleva o nível do resultado do mapeamento significativamente. Não sendo possível aplicar todos os procedimentos para validar o controle, a recomendação é que sempre sejam utilizados os procedimentos de inspeção (preferencial) e *reperformance* (desejável), combinados com pelo menos um dos demais procedimentos: indagação ou observação. Quando diversos procedimentos são combinados, o *Walkthrough* pode ser simplificado à exposição de determinado procedimento para enfatizar o que prover maior segurança.

10.2.1 Modelo de Aplicação de *Walkthrough*

A seguir um modelo sugerido de *Walkthrough* de Controle, também conhecido como o *workpaper*[4] (papel de trabalho) do controle interno, contemplando todos os procedimentos: indagação, observação, inspeção e *reperformance*.

Walkthrough de Controle			
Indagação: **SIM**	**Observação:** **SIM**	**Inspeção:** **SIM**	**Reperformance:** **SIM**
Controle	Conciliação de Impostos		
Descritivo do Controle	O analista de Contabilidade coleta as informações do sistema de TRIBUTOS_X e confronta com as informações (tipo de imposto, conta de classificação, valores) do sistema CONTABIL_MASTER. Em caso de divergência envia um comunicado por correio eletrônico à equipe tributária para justificativa ou regularização por lançamento contábil manual. A conciliação é impressa e assinada pelo elaborador – analista de Contabilidade – e pelo conferente – analista sênior de Contabilidade.		
Frequência	Mensal		
Validação do Controle Interno	Interpretação Operacional: Em 15/05/22 entrevistamos o Sr. Carlos Gomes – analista de Contabilidade, elaborador da "Conciliação de Tributos", que informou como e quando é realizada a conciliação. Na ocasião, acompanhamos o Sr. Carlos Gomes na realização da conciliação; ele coletou informações dos impostos (PIS, COFINS, CS) do sistema TRIBUTOS_X e imprimiu o relatório de tributos. Posteriormente, coletou informações dos registros dos impostos no sistema CONTABIL_MASTER e imprimiu o saldo contábil. Os dados (valor, imposto e classificação) foram confrontados e inseridos em uma planilha de conciliação; não houve divergências. A planilha foi impressa e assinada pelo Sr. Carlos Gomes (elaborador) e pelo Sr. Fabio H. Oliveira (revisor). Obtivemos cópia da "Conciliação de Tributos" e confrontamos as assinaturas do documento com o Quadro de Assinatura do departamento. Na mesma data, extraímos as informações de abril dos impostos PIS, COFINS e CS pelo sistema TRIBUTOS_X e posição contábil do mesmo mês pelo sistema CONTABIL_MASTER, e confrontamos os dados:		

(Continua)

---

4   *Workpaper*: termo utilizado por auditores na referência das suas avaliações ou documentos, preparada por eles no decorrer dos trabalhos, ainda utilizado mesmo quando realizado cada vez mais em formato eletrônico.

(Continuação)

Walkthrough de Controle			
Indagação: SIM	Observação: SIM	Inspeção: SIM	Reperformance: SIM
		TRIBUTOS_X	CONTABIL_MASTER	Confronto
	Conta	1002.10 / 1004.35 / 1005.00	1222.01 / 1444.01 / 1555.01	Classificação Contábil correta entre os sistemas
	Valor R$	682,50 / 3.150,00 / 1.050,00	682,50 / 3.150,00 / 1.050,00	0,00 / 0,00 / 0,00
	Imposto	PIS / COFINS / CS	PIS / COFINS / CS	Avaliada a alíquota aplicada à empresa
	Não houve divergências nos valores confrontados com base nas informações extraídas. Não identificamos deficiência para o controle avaliado, em relação à interpretação operacional.		
Parecer	Controle não apresentou deficiência. Para a interpretação técnica *vide* Matriz de Riscos e Controles.		
Responsável	Sr. Lucas Lino – analista de controle interno		

O documento de validação de desenho, independentemente do procedimento utilizado, deve conter um nível de detalhes para que qualquer envolvido do controle interno possa compreender a avaliação do controle. A opinião do avaliador é a responsabilidade no mapeamento de controle interno. Assim como os controles têm seu responsável – proprietário, o *Walkthrough* é o documento que pertence exclusivamente ao controle interno, provendo sua opinião e responsabilidade pela avaliação, pelo comprometimento e pela obrigação perante a organização, portanto deve ser identificado e assinado.

O mapeamento de Controles Internos impacta em custos de avaliação e tempo das áreas envolvidas, motivo pelo qual além da definição do apetite ao risco (materialidade) pela alta administração, a empresa deverá definir o quanto deseja dedicar esforços e recursos para que a qualidade do mapeamento de Controles Internos seja compatível com os objetivos e necessidades da organização.

As empresas têm avançado com a implementação de diversas ferramentas e sistemas para o monitoramento da gestão de riscos, que colaboram e agilizam os trabalhos de Controles Internos, mas os recursos (pessoas) competentes e capacitados ainda são os pilares de um mapeamento de Controles Internos apropriado.

10.3 VALIDAÇÃO DE EFETIVIDADE

A validação de efetividade do controle é a comprovação de que o controle opera adequada e oportunamente, possibilitando a real mitigação do risco a que as Demonstrações Financeiras estão expostas em relação aos processos que a antecedem.

O *Auditing Standard* ressalta a importância da avaliação da efetividade dos controles:

A.S. Nº 5 – An Audit of Internal Control Over Financial Reporting That is Integrated with an Audit of Financial Statements

44. The auditor should test the operating effectiveness of a control by determining whether the control is operating as designed and whether the person performing the control possesses the necessary authority and competence to perform the control effectively.[5] (Auditing Standard 5 – parágrafo 44)

A validação da efetividade operacional (Teste de Efetividade) é a avaliação quantitativa, a partir de uma avaliação qualitativa existente (*Walkthrough* de Desenho). O *Walkthrough* de Desenho avalia a qualidade do controle de forma isolada e o Teste de Efetividade ratifica sua eficiência qualitativa por meio de teste quantitativo, dando oportunidade ao universo de ocorrências do controle existente em uma seleção amostral e aleatória que reproduzirá um razoável nível de segurança sobre a avaliação do controle.

O controle será efetivo quando comprovado que a sua execução ocorreu todas as vezes e da forma que foi determinada para ocorrer e operar.

Essa fase de avaliação de efetividade também consiste em formalizar o passo a passo da atividade de avaliação da efetividade, obtendo evidências, físicas ou eletrônicas, para cada amostra do controle selecionado.

O Teste de Efetividade do controle é a reprodução parcial ou total dos procedimentos de indagação, observação, inspeção e *reperformance*. Não sendo possível aplicar todos os procedimentos para o Teste de Efetividade do controle, os procedimentos de inspeção ou *reperformance*, atrelados por seleção amostral aleatória, são obrigatórios porque ambos os procedimentos envolvem a coleta de evidências. O procedimento de indagação acontece de forma pontual para algumas amostras, a fim de entender qualquer particularidade que pode surgir durante o teste. No entanto, o procedimento de observação (acompanhar a realização e a execução do controle) é inviável, pois não é possível observar a realização e a execução do controle que já foi realizado.

PRÁTICA 35: Teste de efetividade do controle

Trata-se da forma de o controle interno validar e evidenciar a efetividade do controle ou deficiência do controle por seleção amostral e aleatória, possibilitando um resultado em grau razoável de eficácia do controle.

10.3.1 Seleção Amostral

A seleção amostral das evidências dos controles é o procedimento que proporciona a possibilidade de confiar nos controles existentes no mapeamento de Controles Internos.

---

[5]   44. O auditor deve testar a eficácia operacional de um controle para determinar se o controle está operando como desenhado e se a pessoa que realiza o controle possui a autoridade e a competência necessárias para realizar o controle efetivamente.

Na definição do *Auditing Standard*, a seleção das amostras dos controles é definida para o auditor como:

Auditing Standard – Audit Sampling
39. Sample items should be selected in such a way that the sample can be expected to be representative of the population. Therefore, all items in the population should have an opportunity to be selected. Random-based selection of items represents one means of obtaining such samples.[6] (AU Section 350 – Audit Sampling)

Um Teste de Efetividade inicia com a identificação da periodicidade do controle, pois este determinará o volume de amostras que serão submetidas a teste. O volume de amostras deve seguir uma quantidade selecionada, pois nem todos os controles são passíveis de teste sobre todas as suas ocorrências – por exemplo, testar se 100% das notas fiscais emitidas foram conferidas, sem impactar em elevados custos de avaliação. Por essa razão é determinado um volume de amostras para garantir razoável segurança sobre a avaliação; o volume de amostras exposto na Tabela 10.1 é um exemplo que pode ser seguido em qualquer tipo de negócio.

Tabela 10.1 Volume de seleção de amostras*

Frequência do controle	Nº de amostras-padrão**	Nº de amostras aumentada
Anual	1	1
Trimestral	2	2
Mensal	2	6
Semanal	5	15
Diário	15	50
Por ocorrência	25	60

* Volume mínimo de amostras, geralmente aceitas, para um Teste de Efetividade razoavelmente seguro.

** Volume de amostras adaptadas do AICPA.

O volume de seleção de amostras geralmente aceito é baseado em métricas e estudos que apresentam que um evento repetitivo, quando apurado todo o seu universo de amostras (população) e selecionado aleatoriamente, poderá obter um razoável nível de segurança sobre a efetividade de sua operação. Em caso em que a avaliação do controle (evidência) selecionado apresente resultado correto, o controle é considerado efetivo; então, para o controle que apresente desvio ou falha, o controle é considerado inefetivo.

---

[6] 39. Os itens de uma amostra devem ser selecionados de tal modo que é esperado que seja uma representação da população. Portanto, todos os itens da população devem ter a oportunidade de serem selecionados. A seleção aleatória é uma forma de obter tais amostras.

Figura 10.2 Seleção de amostras

Nos controles cuja frequência é periódica, a população para seleção é conhecida (anual, semestral, mensal), por exemplo:

- **Controle Anual:** universo de uma amostra (ano), pois é o total de eventos que é possível ocorrer, sendo um a sua população.
- **Controle Mensal:** universo de 12 amostras (meses), pois é o total de eventos que é possível ocorrer, sendo 12 a sua população.
- **Controle Diário:** universo de 365 amostras (dias),[7] pois é o total de eventos que é possível ocorrer, sendo 365 a sua população.

Para os universos conhecidos (anual, mensal, diário) a seleção aleatória é aplicada diretamente pelo volume de amostras propostas pela Tabela 10.1, pois não há qualquer intervenção dos envolvidos. Desde que praticado o volume mínimo necessário de amostras (volume de amostras-padrão) ou, quando necessário (julgamento do controle interno), praticado o volume de amostras aumentadas para controles com falhas recorrentes ou controles atrelados a riscos altos e sob ceticismo profissional do avaliador, neste caso elevando o nível de confiança do resultado do teste.

Para os universos desconhecidos, cuja frequência do controle é por ocorrência ou irregular, a seleção aleatória é aplicada sobre a extração do universo de ocorrências sobre determinado período, por exemplo:

- **Emissão de Notas Fiscais:** universo desconhecido, pois a frequência do controle é irregular, neste caso sendo necessário determinar um período de maturidade para validação da efetividade (janeiro a agosto) possibilitando a extração de informação (notas emitidas no período) para criação de uma base de dados.

A criação de base de dados torna conhecido o universo de ocorrências e, com isso, possibilita a seleção aleatória, por exemplo:

---

[7] 365 dias considerando o calendário gregoriano (ano solar) ou o equivalente em dias úteis praticado pela organização (dia útil é o universo geralmente aceito para uma periodicidade diária).

A extração das informações de todas as notas emitidas de janeiro a agosto totaliza 32.885 notas fiscais; agora, o universo é conhecido (32.885) e possibilita a aplicação da Tabela 10.1 para seleção aleatória.

Para que seja possível formalizar e evidenciar a existência da população que está sendo avaliada é necessário documentar uma base de dados, conforme relacionado a seguir.

Seleção da Amostra – Base de Dados	
Controle 01	
Documento	Especificar o documento
Descritivo do Controle	Especificar o descritivo do controle
Frequência	Especificar a frequência do controle
Critério da Apuração da População	Origem da base (sistema e/ou banco de dados) Nome da base de dados obtida (conteúdo) Período de ocorrência (maturidade) Quantidade total (população/universo) Exclusões (justificadas) e ordenações realizadas na base de dados
Método da Seleção	Volume selecionado e código da seleção
Parecer	Controle não apresentou deficiência Para a interpretação técnica *vide* Matriz de Riscos e Controles
Responsável	Especificar quem elaborou a base de dados de seleção

Dessa forma, será possível documentar o Teste de Efetividade, os procedimentos aplicados que favoreçam a imparcialidade da seleção das amostras, promovendo um resultado satisfatório, razoavelmente seguro e livre de julgamentos (seleção randômica por sistema) que podem acontecer por uma seleção direcionada que é baseada exclusivamente na experiência do avaliador.

10.3.2 Modelo de Seleção e Base de Dados

A seguir, está sugerido um modelo de base de dados para seleção de amostras, sendo um documento de exclusividade do controle interno para avaliação da eficiência do controle, o qual contempla os procedimentos adotados, os critérios de seleção e aplicação de ferramentas de seleção, que diminuem o nível de julgamento na coleta de amostras para teste.

Seleção da Amostra – Base de Dados	
Controle 01	
Documento	Notas fiscais
Descritivo do Controle	As notas fiscais de faturamento são conferidas (valor, quantidade e item) pelo operador na expedição da mercadoria. A confirmação da conferência é realizada pelo carimbo e assinatura do operador no romaneio de entrega e na liberação no sistema.
Frequência	Por ocorrência

(Continua)

(Continuação)

Seleção da Amostra – Base de Dados	
Controle 01	
Critério da Apuração da População	*Origem/Nome/Maturidade/População:* Em 15/05/22 extraímos do sistema de faturamento FAT_Milenium a relação das notas fiscais emitidas entre janeiro e julho/22, contendo os registros das notas fiscais de venda, totalizando 1.508 registros. *Exclusões*/Inclusões**/Ordenações:* Não houve necessidade de inclusões ou exclusões, e, por isso, ordenamos em forma crescente a coluna A ("Data de Emissão") e a coluna B (nº documento).
Método da Seleção	Selecionamos pelo sistema ACL_XY, randomicamente, 25 amostras para teste de um total de 1.508. *SEED NUMBER:*[8] 22.201.503.408
Amostras	Notas fiscais: 35, 40, 85, 94, 132, 176, 262, 384, 840, 872, 915, 1019, 1039, 1065, 1080, 1121, 1135, 1271, 1275, 1284, 1309, 1327, 1347, 1385, 1505
Responsável	Sr. Lucas Lino – analista de controle interno

*Exclusões são necessárias quando a coleta de dados contém cabeçalhos do sistema original, dados em brancos ou estornos, que, por razões justificadas e explícitas, devem ser expurgados da avaliação.
**Inclusões são necessárias quando há necessidade de unificar diversos arquivos ou integrar dados adicionais aos registros para obter toda população ou todos os dados (identificar valor ou nome de uma base que contenha apenas códigos).

As amostras selecionadas serão avaliadas individualmente, buscando identificar falhas, erros, desvios, inexistência de amostras ou fraudes que podem ocorrer no documento selecionado.

Para que a avaliação seja específica para as Demonstrações Financeiras, as premissas de avaliação das amostras devem estar relacionadas aos riscos que o controle tem a finalidade de mitigar, sendo necessário manter sua avaliação considerando as assertivas.

Seleção da Amostra – Base de Dados	
Controle 02	
Documento	Lançamentos Contábeis
Descritivo do Controle	O analista contábil realiza reclassificações de despesas, estornos ou baixas de registros por meio de lançamentos manuais no sistema SAP (transação FB50). Após a realização do lançamento, o supervisor contábil verifica a exigibilidade do lançamento e valida a operação. O controle é evidenciado pelo relatório de "Listagem de Lançamentos Manuais" assinado pelo analista contábil (elaborador) e pelo supervisor contábil (aprovador).
Frequência	Por ocorrência
Critério da Apuração da População	*Origem/Nome/Maturidade/População:* Em 15/04/22 extraímos do sistema de SAP a listagem de lançamentos contábeis manuais registrados de janeiro a março, contendo os registros dos lançamentos contábeis, totalizando 508 registros. *Exclusões/Inclusões/Ordenações:* Excluímos, pela coluna G ("Data de lançamento"), 42 registros referentes a lançamentos realizados fora do escopo maturidade (janeiro a março), sendo os registros excluídos da competência abril, totalizando 466 amostras para avaliação.

(Continua)

---

[8] *Seed Number:* número do código da seleção aleatória gerado pelos *softwares* e ferramentas (ACL, IDEIA) que promovem a seleção livre de julgamentos (direcionamento das amostras).

(Continuação)

Seleção da Amostra – Base de Dados	
Controle 02	
Critério da Apuração da População	Ordenamos em forma crescente a coluna G ("Data de lançamento") e a coluna C (nº documento). Selecionamos, randomicamente, 25 amostras para teste de um total de 466.
Método da Seleção	Selecionamos pelo sistema ACL_XY, randomicamente, 25 amostras para teste de um total de 466. *SEED NUMBER*: 25.501.501.401
Amostras	Lançamentos: 24, 39, 59, 77, 82, 84, 85, 88, 91, 136, 146, 153, 174, 180, 198, 222, 228, 266, 271, 298, 303, 328, 346, 371, 391
Responsável	Sr. Lucas Lino - analista de controle interno

A seleção de amostras também pode considerar a experiência do controle interno por meio da aplicação de mais critérios de seleção, desde que devidamente documentados.

O documento de validação de efetividade, independentemente do procedimento utilizado, deve conter um nível de detalhe para que qualquer envolvido do controle interno possa compreender a avaliação de efetividade do controle. A opinião do avaliador é ratificada pela seleção aleatória, removendo ou diminuindo a possibilidade ou parcial imperícia na escolha das amostras, no uso de julgamentos e, por isso, eleva o nível de conforto da avaliação, desde que suportado por ferramentas específicas para a seleção que estão disponíveis no mercado (*softwares* ACL e IDEA) – em alguns casos, com disponibilidade gratuita.

Os testes de efetividade têm custos de avaliação significativos, recursos sistêmicos e humanos, motivo pela qual a implementação de ferramentas e sistemas para o monitoramento, específico por análise de dados, contribui e pode ser aplicada para elevar o nível do resultado, porém tem reflexo no custo envolvido na implementação, na manutenção e nas abordagens aplicadas para uso no mapeamento de Controles Internos.

10.4 DOCUMENTAR DEFICIÊNCIAS (*GAP*)

A realização de teste de desenho e Teste de Efetividade tem por objetivo validar os controles, a eficiência e a eficácia das operações, por meio de avaliação e parecer formal da operação.

Os controles ineficientes, ineficazes ou a ausência de controles são parte do resultado do mapeamento de Controles Internos, sendo apresentados como os problemas que impactam ou podem impactar as Demonstrações Financeiras. Essa formalização é a deficiência de controle ou *GAP*.[9] Embora as deficiências sejam a identificação do problema ou a exposição aos riscos da organização, infelizmente são absorvidas de forma negativa pelas áreas de negócios. Isso ocorre porque muitas vezes a deficiência é exposta em caráter exclusivamente negativo e não como uma forma da gestão de riscos que deve agregar valor à operação ao identificar onde e o quanto os processos precisam de medidas corretivas ou melhorias.

---

[9]   *GAP*: termo utilizado por auditores na referência às falhas de controles ou ausências de controles, ou insuficiência de controles em mapeamento de Controles Internos.

O mapeamento de Controles Internos deve expor as deficiências identificadas como um produto da avaliação dos riscos e controles, enfatizando a avaliação do processo e a coleta de dados para tomada de decisão da alta administração e da área de Controles Internos.

A forma de documentar ou padronizar a exposição dos riscos por meio das deficiências permitirá transmitir o objetivo do mapeamento de Controles Internos como a área da empresa que será acionada, requerida e almejada pelas demais áreas de negócios para suporte e avaliação dos processos.

10.4.1 Classificação de Deficiências

A classificação de deficiência é a forma de documentar a exposição ao risco de maneira explícita ao problema que a assertiva está associada e não sobre o detalhe da situação em que ocorreu o problema, falha, desvio ou fraude, pois o nível de detalhe está especificado no *Walkthrough*.

O objetivo de classificar é ter uma avaliação macro dos tipos de deficiências, independentemente das áreas envolvidas, que estão ocorrendo na organização para que sejam possíveis ações por parte da alta administração e do mapeamento de Controles Internos. No entanto, a dimensão da classificação será a decisão do controle interno para melhor tabular e comunicar exposição ao risco para a alta administração. Entre as opções de classificação, podemos considerar:

- ausência de controle;
- ausência de evidência;
- erro durante a operação;
- controle insatisfatório;
- inapropriada segregação de função;
- exceções sobre controles de aplicação.

A classificação das deficiências deve ter a dimensão de opções que melhor atenda aos objetivos da organização, cultura e segmento de negócios, desde que promova um resultado que interprete os objetivos do mapeamento de Controles Internos e sua participação na gestão de riscos.

10.4.2 Modelo de Interpretação de Deficiências

A interpretação da deficiência é tornar explícito o julgamento do controle interno para a adequada tomada decisão, estabelecimento de ações para gestão de risco suportada por critérios de adequação ao conhecimento da organização e ao ambiente em que está inserida. Nos exemplos a seguir, está a avaliação da interpretação de deficiências de forma geral, entre as opções sugeridas na classificação das deficiências.

Ausência de controle

Exemplo: não há controle que mitigue o risco ou a assertiva relevante.

Interpretação do Controle Interno: se muitas áreas não têm controles formalizados caracteriza desconhecimento da área de negócios ou da organização em perceber os riscos ou estabelecer controles, cabendo uma melhor estrutura de Controles Internos para suporte ou treinamento das áreas.

Ausência de evidência

Exemplo: não há evidência que comprove a existência do controle.

Interpretação do Controle Interno: quando há muitas áreas que possuem controles, mas não são devidamente identificadas as documentações, há indício de potenciais desvios, já que não foram documentados.

Erro durante a operação

Exemplo: falta de assinatura em um ou mais documentos que comprove a rotina da execução do controle, ausência de documentos suporte ou erros de cálculos.

Interpretação do Controle Interno: quando há muitas falhas e erros na execução dos controles, caracteriza desconhecimento da operação, despreparo dos executores, imperícia dos profissionais ou demasiada carga de atividades, e o controle não é reconhecido como necessário.

Controle insatisfatório

Exemplo: o controle não mitiga o risco por inteiro.

Interpretação do Controle Interno: quando há controles que não mitigam todas as assertivas identificadas, caracteriza desconhecimento dos riscos da operação ou controles necessários, havendo necessidade de estrutura de Controles Internos para monitoramento e treinamento.

Inapropriada segregação de função

Exemplo: apenas um profissional realiza todas as operações de determinada área ou de diversas áreas.

Interpretação do Controle Interno: quando há diversas situações de inapropriada segregação de funções, caracteriza gestão descentralizada ou desconhecida e suscetível a fraude por conflito de interesse, ausência de limites e poderes, devendo o controle interno reconhecer e segregar as atividades e áreas adequadamente.

Exceções sobre controles de aplicação

Exemplo: o controle de aplicação é insuficiente ou frágil.

Interpretação do Controle Interno: quando há controles sistêmicos incapazes de atender à estrutura tecnológica da organização, tendo interface, acessos ou parâmetros inexistentes ou suscetíveis de constantes falhas, caracteriza limitações de infraestrutura tecnológica com impacto nas operações, muitas vezes não percebidos ou reconhecidos após a ocorrência de problemas irreversíveis, havendo necessidade de a estrutura de Controles Internos definir prioridades de implementação de melhorias sistêmicas, substituição de módulos de aplicação ou remediação por controles manuais com rigorosos testes de efetividade.

10.5 RELEVÂNCIA DAS DEFICIÊNCIAS

A relevância das deficiências dos controles é o procedimento que proporciona estabelecer o nível de gravidade ou impacto que a deficiência causa ou pode causar nas Demonstrações Financeiras e, por isso, a sua importância para o mapeamento de Controles Internos.

No *Auditing Standard*, a gravidade das deficiências dos controles é definida para o auditor como:

> *A.S. Nº 5 – An Audit of Internal Control Over Financial Reporting That is Integrated with an Audit*
>
> *64. The severity of a deficiency does not depend on whether a misstatement actually has occurred but rather on whether there is a reasonable possibility that the company's controls will fail to prevent or detect a misstatement.*[10] (*Auditing Standard 5* – parágrafo 64)

O nível de gravidade das deficiências pode ser classificado sobre a sua possibilidade ou impacto em relação à materialidade, sendo: deficiência, deficiência significativa ou fraqueza material.

10.5.1 Deficiência

A deficiência é a inadequação na qual o desenho ou operação de um controle não permite que a administração ou os funcionários previnam ou detectem e corrijam quaisquer distorções nas Demonstrações Financeiras em tempo oportuno; não importa o valor das distorções, não está sujeito a qualquer necessidade de julgamento sobre a sua relevância em determinado processo ou operação.

A deficiência, por ser de menor relevância, não deve conter ou possuir relação com eventos previamente identificados como fraude, mesmo quando a fraude for de baixo valor, devido às operações fraudulentas no mapeamento de Controles Internos para Demonstrações Financeiras possuir um objetivo específico na formalização dos controles (*vide* item 8.6 – Objetivos de Controle).

10.5.2 Deficiência Significativa

A deficiência significativa é a inadequação em um controle que é menos grave do que uma fraqueza material, mas ainda assim importante o suficiente para merecer atenção por parte dos responsáveis pela supervisão dos relatórios financeiros da empresa. Na deficiência significativa, o valor é relevante para o processo e é atribuído aos controles ineficientes ou inexistentes, que têm o objetivo de prevenir fraudes e inapropriadas segregações de funções de níveis hierárquicos da alta administração.

As deficiências significativas também contemplam deficiências não significativas, porém que são recorrentes, uma vez que os planos anteriores não obtiveram sucesso na mitigação do risco, ocasionando a materialização do risco por mais de um evento (calendário fiscal) consecutivo.

Outros critérios, especialmente sob o julgamento do controle interno, podem ser considerados para determinar uma deficiência significativa.

---

[10] 64. A gravidade de uma deficiência não depende de saber se uma distorção realmente ocorreu, mas sim se existe uma possibilidade razoável de que os controles da empresa deixarão de prevenir ou de detectar uma distorção.

10.5.3 Fraqueza Material

A fraqueza material é a deficiência ou uma combinação de deficiências no controle, de modo que há uma possibilidade razoável de ocorrer uma distorção relevante nas Demonstrações Financeiras superior ao Erro Tolerável pela organização (*vide* item 4.3 – Modelo de Materialidade), sem que possa ser prevenida ou detectada em tempo oportuno.

> **PRÁTICA 36: Níveis de deficiências**
>
> O nível de deficiência é estabelecido pelo controle interno, sendo a sua relevância atribuída à materialidade (valor), à possibilidade de fraude (risco) ou à recorrência de um risco (inefetividade na resposta ao risco).
> Deficiência, deficiência significativa ou fraqueza material.

> **Perguntas sugeridas pelo autor**
>
> 1. Qual é o ciclo de identificação de controles para reporte financeiro?
> 2. Quais são os procedimentos possíveis de serem aplicados para validação do controle?
> 3. O que é a validação do desenho (*Walkthrough* de Controle)?
> 4. O que é validação de efetividade?
> 5. Quais são as classificações para os níveis de deficiências para o reporte financeiro?

11

MAPEAMENTO DE PROCESSO

Objetivos de Aprendizagem

O propósito do capítulo *Mapeamento de Processo* é apresentar os elementos necessários para conduzir um mapeamento formal de Controles Internos, a interação e aplicação dos elementos do mapeamento, sugestões de formatos e modelos práticos para cada elemento para aplicação em uma estrutura de Controles Internos.

Ao estabelecer um mapeamento de Controles Internos sobre as Demonstrações Financeiras, há necessidade da compreensão do controle interno e sua relação com a organização, os indivíduos e os procedimentos requeridos. Os capítulos anteriores visaram a um entendimento prévio desse relacionamento, a importância, seu embasamento técnico, a abrangência e a forma de aplicação especificamente para uma abordagem de monitoramento de Controles Internos para as Demonstrações Financeiras.

Para a aplicação prática de um mapeamento de Controles Internos é necessário que as etapas e os objetivos anteriores sejam organizados e ordenados para a sua correta aplicação.

A Figura 11.1 demonstra as etapas, os objetivos, a ordenação e a organização, sendo os seus objetivos:

Definir os processos

É a seleção dos processos que serão o escopo do mapeamento de Controles Internos.

Serão selecionados pela aplicação da materialidade,[1] que é a utilização de critérios quantitativos e qualitativos.

Documentar o processo

É a avaliação do desenho do processo selecionado pelo controle interno, formalmente reconhecido pela identificação dos riscos[2] (assertivas)[3] e pela avaliação dos riscos (nível do risco)[4] e dos controles[5] que irão compor a Matriz de Riscos e Controles,

---

[1] *Vide* Cap. 4 – Definindo Processos para Mapeamento.

[2] *Vide* item 5.3 – Risco de Reporte Financeiro.

[3] *Vide* item 5.5 – Assertivas de Riscos.

[4] *Vide* Cap. 7 – Avaliação de Riscos.

[5] *Vide* Cap. 8 – Principais Universos de Controles.

impreterivelmente suportados por avaliações (*Walkthrough*/Parecer).[6] Estes podem ser oportunamente estabelecidos quando regidos por outros documentos suportes, como: narrativas, fluxogramas, Segregação de Funções (SOD).

Teste de Efetividade[7]

É a avaliação da eficiência do processo previamente mapeado pelo controle interno, formalmente documentado e especificamente sobre os controles existentes (mapeados), proporcionando um grau razoável de segurança na avaliação dos controles (seleção aleatória) sobre um período de maturidade.

Relatório de Controles Internos

É o resultado da avaliação dos Controles Internos para alta administração, em relação aos processos selecionados, para ratificar a adequada eficiência ou deficiências dos controles, níveis das deficiências, as oportunidades, ressalvas e recomendações em relação às Demonstrações Financeiras.

Para que a etapa Desenho do Processo seja mais facilmente realizada em relação à identificação dos riscos significativos e os controles relevantes sejam formalizados, a utilização de documentos formais para suporte no mapeamento contribui para o melhor entendimento dos processos, sendo entre as opções mais usuais a formalização de narrativas, de fluxogramas e a SOD.

PRÁTICA 37: Mapeamento de processo para Controles Internos

É a formalização apropriada das etapas: definir os processos, documentar o processo, Teste de Efetividade e relatório de Controles Internos.

---

[6] *Vide* Cap. 10 – Validação dos Controles.
[7] *Vide* item 10.3 – Validação de Efetividade.

Capítulo 11 | Mapeamento de Processo **149**

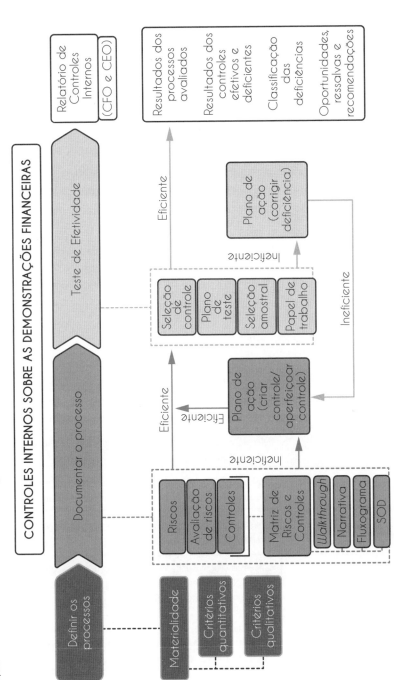

Figura 11.1 Mapeamento de Controles Internos – Abordagem

11.1 FLUXOGRAMA

O fluxograma, como documento suporte no mapeamento de Controles Internos, tem por finalidade expor a compreensão do processo, representar de forma simples e objetiva a transição de informações e ações. O fluxograma deve esquematizar a operação do processo de forma racional e objetiva, possibilitando o entendimento do processo de forma geral por todos os envolvidos. A visualização das informações (documentos e sistemas) e dos envolvidos (pessoas e departamentos) é um recurso que permite aplicar questionamentos de riscos (assertivas) e possibilitar a identificação dos controles ou sua inexistência.

A elaboração de um fluxograma pode conter o nível de detalhamento que a organização desejar; a extensão do fluxograma aumenta a riqueza de detalhes e pode melhorar a criticidade e análise do processo, mas não é a extensão que aumenta ou diminui a avaliação do controle interno, pois o objetivo é identificar os riscos relacionados ao reporte financeiro pela aplicação das assertivas. Portanto, um fluxograma simples, contendo as principais informações e ações, a adequada ordem e sequência das atividades e os envolvidos deve ser suficiente para a compreensão e a indagação dos possíveis riscos ou assertivas que podem existir no processo.

Para que a área de Controles Internos possa representar as operações relevantes e atividades existentes de maneira apropriada, vamos utilizar um modelo proposto para simbologia, significado e definição para mapear o fluxograma do processo para Controles Internos.

Tabela 11.1 Fluxograma – Requisitos mínimos para Controles Internos*

Símbolo	Significado	Definição
	Início ou Fim	Referenciar o início ou fim do processo, deve haver um início e um fim, mas outros desdobramentos serão contemplados como entradas e saídas.
	Documento	Referenciar o(s) documento(s) físicos nos processos que serão as possíveis evidências dos controles manuais.
	Atividade	Referenciar as atividades, ações de controle existentes nos processos. Deve contemplar as atividades manuais ou em sistemas (informar sistema).
	Sistema	Referenciar o sistema envolvido. Deve contemplar a intervenção manual no sistema ou atividade automática no sistema.
	Conector	Referenciar conexões entre as atividades, seja na própria página (utilizar letras – A, B, C), seja conexões com outras páginas (utilizar o número da página correspondente – pág. 3).
	Conector de processo	Referenciar processos ou subprocessos alternativos ou relacionados, porém que não fazem parte especificamente daquele objetivo.
	Decisão	Referenciar as decisões ou possibilidades. Deve especificar o resultado "sim" ou "não".

(Continua)

(Continuação)

Símbolo	Significado	Definição
	Seta de conexão envio Seta de envio e recebimento	Referenciar a ligação entre as atividades. Deve especificar o envio, o recebimento ou ambos.
	Nota explicativa	Referenciar especificações ou detalhes. Deve constar como parte de uma simbologia existente (atividade, decisão, sistema).
	Risco	Referenciar onde há possibilidade de risco, deve constar como parte de uma simbologia existente (atividade, decisão, sistema) e numerado conforme a Matriz de Riscos e Controles.
	Ponto de controle	Referenciar onde o ponto de controle foi estabelecido, deve constar como parte de uma simbologia existente (atividade, decisão, sistema) e numerado conforme a Matriz de Riscos e Controles.

* Simbologia e definição é um modelo proposto como mínimo pelo autor.

Independentemente da forma (vertical ou horizontal) que o fluxograma é elaborado, deve conter ou destacar as entradas, as atividades e as saídas do processo, especificando os limites e as responsabilidades com outros processos, o tratamento das exceções, a relação entre sistemas e principalmente as decisões, porque toda tomada de decisão em um processo será, por natureza, um risco.

- **Entradas:** considerar as origens das informações e os documentos que são inseridos no processo, quando e como o processo recebe informações por maneiras ou canais distintos devem ser destacados.

  As entradas que surgirem durante o processo devem ser destacadas com a simbologia de conexões ou referências a outros processos.

- **Atividades:** considerar a forma de execução das operações, a sequência, as intervenções manuais, as interações sistêmicas, as decisões, as alternativas e o relacionamento com outros responsáveis e processos.

  As atividades que geram a adição, exclusão, troca ou modificação de informações e documentos devem ser destacadas com simbologias de atividade, decisão, sistemas e documentos.

- **Saídas:** considerar os destinos das informações e os documentos que são produzidos no processo, quando e como o processo envia informações por maneiras ou canais distintos devem ser destacados.

  As saídas que surgirem antes do encerramento do processo devem ser destacadas com a simbologia de conexões ou referências a outros processos.

- **Limites:** considerar os limites entre departamentos e processos, separando apropriadamente as responsabilidades e operações, permitindo que seja mapeado exclusivamente o objetivo do processo e que as demais etapas e processos sejam devidamente referenciados.

Figura 11.2 Fluxograma de processo – Entradas, atividades, saídas, limites

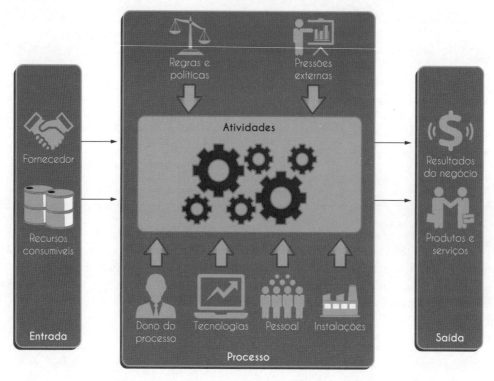

Uma importante ferramenta de gestão para a elaboração do fluxograma é aplicar um *checklist* que critique, relembre ou enfatize os pontos relevantes, como uma forma de memorizar as indagações e a análise que devem ser realizadas.

Tabela 11.2 *Checklist* do fluxograma

Indagação do Controle Interno	Análise/Objetivo	Simbologia/Exemplo
Qual o objetivo do processo?	Identificar o propósito do processo.	Referenciar o nome do processo ou subprocesso
O que gera demanda no processo?	O fato gerador de entrada para início das atividades do processo.	Insumo ou informação (origem) que inicia o processo
Todas as atividades foram confirmadas pela área de negócios?	Permitir que a área de negócios valide as informações do fluxograma.	Referenciar a área responsável
O fluxograma tem início e fim? O início ou fim está conectado a outro processo?	Estabelecer limites, entradas e saídas, mesmo que a entrada ou saída seja referência ou conexão com outro processo.	Início Fim Estoque
Todas as entradas e saídas foram consideradas?	Identificar quais os tipos de entradas e saídas existentes.	Documento Dados

(Continua)

(Continuação)

Indagação do Controle Interno	Análise/Objetivo	Simbologia/Exemplo
Todas as entradas e saídas ocorrem da mesma forma?	*Identificar os tipos de entradas e saídas que são centralizadas e as descentralizadas.*	Operação manual / Operação automática
A ordem ou sequência das informações está correta?	*Identificar a relevância da sequência das operações, seus impactos ou falhas.*	Elaborar → Conferir
Os sistemas foram identificados? A integração entre os sistemas é automática ou manual?	*Identificar a interação e intervenção do(s) sistema(s) envolvido(s).*	Inserir nota fiscal / CAB SYS
Existe mais de um sistema envolvido? Há troca de dados ou apenas recebimento ou envio?	*Identificar o tipo de interação e intervenção entre sistemas (parâmetro, input ou output de dados).*	Cálculo → Registro / CIV SYS / TDD SYS
A ordem ou sequência das informações altera o resultado? Há necessidade de isolar ou apenas explicar?	*Identificar e especificar operações que não alteram a operação final, mesmo quando realizadas desordenadas e pelo mesmo executor.*	Conferir dados → Cadastro aprovado / NOME/RG/CPF
As decisões e ações foram identificadas? As negativas são tratadas?	*Identificar etapas relevantes que podem alterar, agregar ou remover documentos ou informações.*	Não ← Decisão → Sim
Os limites entre os processos foram identificados?	*Identificar a interação e responsabilidades entre processos.*	Vendas / Compras → Fechamento Contábil

11.2 NARRATIVA

A narrativa, como documento suporte no mapeamento de Controles Internos, tem por finalidade descrever as etapas do processo ou operação, complementar um fluxograma ao adicionar detalhes que proporcionam maior compreensão do processo. Permite expor de forma minuciosa as nomenclaturas dos relatórios e documentos utilizados, a origem e o objetivo, as modificações e o destino na operação, destacando a importância e a transição das informações e ações. A narrativa deve capturar a sequência da operação do processo, os documentos, departamentos e pessoas (cargos) envolvidas de forma geral. A narrativa possibilita a identificação da forma com que as atividades são conduzidas, fazendo referências aos controles existentes.

A elaboração de uma narrativa pode conter o nível de detalhamento que a organização desejar; a extensão aumenta a riqueza de detalhes e pode melhorar o entendimento do processo, mas não é um documento para instruir ou regimentar um processo, pois o objetivo é apresentar as informações e os relacionamentos entre os documentos, os responsáveis e os departamentos.

Para que a área de Controles Internos possa representar as operações relevantes e as atividades existentes de maneira apropriada, vamos utilizar um modelo proposto para estabelecer a sequência, os propósitos e a definição para mapear a narrativa do processo para Controles Internos.

Tabela 11.3 Narrativa – Requisitos mínimos para Controles Internos*

DETALHAR	OBJETIVO
Nome da Empresa	Identificar a empresa mapeada (Ex: SOX Eletric)
Megaprocesso	Identificar o megaprocesso (Ex.: Contábil)
Processo	Identificar o processo (Ex.: Fechamento Contábil)
Responsável	Identificar o responsável (Ex.: Gestor contábil)
Competência	Identificar o período fiscal (Ex: 31 de dezembro de 2022)
Objetivo do Processo	Apresentar resumidamente a finalidade principal do processo e detalhar etapas existentes (Ex.: *O objetivo desta narrativa é identificar as principais atividades do processo de Fechamento Contábil, os departamentos, os níveis hierárquicos, as responsabilidades, os documentos, as aprovações e os controles envolvidos*)
Índice de Atividades	Especificar as etapas mais relevantes que são alvo do mapeamento (Ex.: *Provisões Contábeis, Classificações Contábeis, Apuração de Impostos, Fechamento Contábil*)
Contas Contábeis Significativas pela Materialidade	Referenciar as contas consideradas significativas no cálculo de materialidade que justificaram o mapeamento do processo (Ex.: 133. 500 – Prov. Férias/13º salário)
Processo	Estabelecer a narração das atividades estabelecidas no "Índice de Atividades"

Ex.: Fechamento Contábil
O Fechamento Contábil inicia-se com o envio do cronograma de fechamento contábil. O cronograma é enviado por *e-mail* pelo colaborador contábil para os departamentos envolvidos no fechamento (adm. de pessoal, fiscal, faturamento, controle patrimonial, entre outros), solicitando os documentos e as atividades necessárias para conclusão do fechamento do mês.

* Estrutura e definição é um modelo proposto como mínimo pelo autor.

Independentemente da forma que a narrativa é elaborada, deve conter ou destacar a introdução, a rotina das atividades, as transações entre sistemas, os departamentos envolvidos e a conclusão ou objetivo final do processo.

- **Introdução:** considerar o início do processo, seja o fato gerador as demandas de outros departamentos e processos, a forma de execução das operações, os responsáveis e as rotinas das atividades realizadas.

Capítulo 11 | Mapeamento de Processo **155**

- **Rotina de atividades:** considerar as nomenclaturas de documentos e sistemas, os responsáveis e a razão da elaboração das informações, os pontos de checagens, as evidências geradas e documentadas.
- **Transações (sistemas e departamentos):** considerar os limites entre sistemas e departamentos, separando apropriadamente as responsabilidades e operações, permitindo que seja mapeado exclusivamente o objetivo do processo e que as demais etapas e processos sejam devidamente referenciados.

Caso o mapeamento de Controles Internos contemple o fluxograma[8] do processo, será uma excelente referência para descrever a narrativa, sendo uma base para as indagações dos envolvidos em relação às nomenclaturas dos documentos e controles.

Uma importante ferramenta de gestão para a elaboração da narrativa é aplicar um *checklist* que critique, relembre ou enfatize os pontos relevantes, como uma forma de memorizar as indagações e a análise que devem ser realizadas.

Tabela 11.4 *Checklist* da narrativa

Indagação do Controle Interno	Análise/Objetivo	Exemplo
Qual o objetivo do processo?	*Identificar o propósito do processo.*	Referenciar o nome do processo ou subprocesso, etapa da atividade.
O que gera demanda no processo?	*O fato gerador de entrada para início das atividades, etapas e rotinas do processo.*	Insumo ou informação (origem) que inicia o processo, atividade ou rotina. Pode ser a conexão com uma demanda ou processo externo.
As etapas estão separadas?	*Identificar as etapas ou rotinas do processo que são importantes destacar separadamente.*	Ênfase na rotina das atividades, sendo esta operando independente ou simultaneamente.
As contas contábeis foram relacionadas?	*Identificar as contas contábeis significativas pela materialidade.*	A atividade ou rotina que está sendo mapeada trata a conta contábil significativa.
As contas contábeis pertencem ao processo?	*Identificar se as contas contábeis correspondem ao processo avaliado.*	A atividade ou rotina que está sendo mapeada trata a conta contábil significativa ou parte da conta.
O que gera demanda no processo?	*O fato gerador de entrada para início das atividades do processo.*	Os cálculos, aprovações e modificações dos documentos, sistemas utilizados e que geram ponto(s) de controle.
O mapeamento atende à realidade da operação?	*Identificar que o processo é a rotina real e não um planejamento do que é pretendido estabelecer.*	Os documentos, as rotinas e os sistemas estão em operação.
O mapeamento pertence à competência?	*Identificar se o processo contempla o período fiscal, está defasado ou trata regras recentes (inferior a três meses).*	Os documentos, as rotinas e os sistemas estão em operação e em tempo suficiente para avaliação.

---

[8] *Vide* importância e modelo proposto de fluxograma no item 11.1 – Fluxograma.

11.3 SEGREGAÇÃO DE FUNÇÕES

A segregação de funções, como documento suporte no mapeamento de Controles Internos, tem por finalidade expor a estrutura da gestão dos departamentos, indivíduos e sistemas por meio da prevenção de potenciais conflitos de interesses. Os conflitos de interesses são incompatibilidades entre o que deve ser feito e quem deveria fazê-lo, nos quais as funções realizadas por indivíduos diferentes ou de forma separada podem prevenir os riscos de erros, ações inadequadas ou fraudulentas. Cabe à área de Controles Internos em conjunto com a alta administração estabelecer mecanismos de controle para evitar, prevenir e monitorar os conflitos e incompatibilidades de função, quando existentes. Esses mecanismos podem ser realizados por meio de responsabilidades em um organograma hierárquico, segregação de atividades em um instrumento manual ou uma segregação de transações sistêmicas em um instrumento eletrônico sob transações críticas.

11.3.1 Organograma Hierárquico

O organograma, como documento suporte no mapeamento de Controles Internos, tem por finalidade esclarecer os níveis de gestão, responsabilidades e limites de atuação. O organograma deve capturar os níveis de responsabilidades e a abrangência sobre as atividades dos departamentos.

O organograma permite monitorar os possíveis conflitos de funções por meio dos níveis de responsabilidades existentes no processo, as alçadas e a quantidade de envolvidos em processos e decisões.

Figura 11.3 Segregação de Funções: organograma

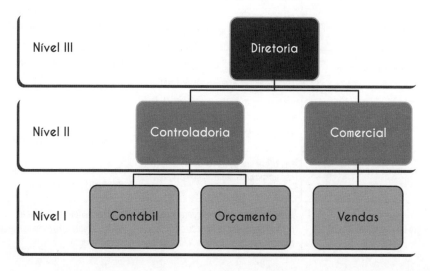

Cada organização possui estruturas e complexidades diferentes, porém a reflexão da gestão de responsabilidades e atribuições é um fator que subsidia os níveis envolvidos e as possíveis incompatibilidades que podem surgir nos processos, como podemos avaliar a seguir.

- **Nível I:** o primeiro nível busca representar a necessidade de separar a área de Vendas, com o objetivo principal de escoamento de produtos e serviços; a área de Orçamento, com o objetivo principal de simulação financeira; e a área Contábil. com o objetivo principal de registros reais. A área de Vendas operando simulações financeiras (atividade da área de Orçamento) pode obter benefícios próprios ao conhecer os preços, os custos e as margens de lucros, por meio do incremento ou da redução de margens que beneficiem as operações de vendas, por isso é uma incompatibilidade. A área de Vendas também pode obter benefícios próprios das informações preliminares de reconhecimento de receita de vendas (área Contábil), por meio da redução ou alavancagem de vendas que melhor atende aos interesses (meta mensal) da área de Vendas, por isso há uma incompatibilidade.

  A área de Orçamento em conjunto com a área Contábil pode obter benefícios próprios ao modificar os registros (provisionar ou ocultar operações) para manter níveis de operações próximos das estimativas originais, por isso há uma possível incompatibilidade de função.

- **Nível II:** o segundo nível busca representar a necessidade de separar a área de Controladoria, com o objetivo principal de planejar, controlar e registrar os resultados financeiros da organização; e a área Comercial, com o objetivo principal de escoamento de produtos e serviços. A área Comercial operando o planejamento, o controle e o registro de resultados financeiros (atividade da área de Controladoria) pode obter benefícios próprios ao conhecer os preços, os custos, as margens de lucros, as variações sobre o resultado real *versus* orçado, o reconhecimento de vendas, por meio do incremento ou redução de margens que facilitem as operações e os indicadores comerciais, por isso há uma possível incompatibilidade de função.

- **Nível III:** o terceiro nível busca representar que toda estratégia e operação (áreas de Orçamento, Contábil e Vendas) está subordinada a uma mesma diretoria, responsável pela gestão centralizada das áreas de Controladoria e Comercial, sendo a alçada competente para a tomada de decisão entre as áreas. A responsabilidade está sob domínio da alçada da diretoria, que é aplicável às áreas igualmente; a manipulação de informações ou decisões para benefício próprio sobre qualquer área impacta sobre a mesma diretoria, por isso uma incompatibilidade da função da diretoria atinge as áreas de Controladoria e Comercial com consequências para todos os envolvidos e caracteriza um conluio.

11.3.2 Instrumento Manual

O instrumento manual, como documento suporte no mapeamento de Controles Internos, tem por finalidade contemplar uma segregação de função que previna potenciais incompatibilidades de execução no processo ao definir responsáveis por documentos e a função principal dos executores, ao definir um controle da parte operacional na transição dos documentos, as responsabilidades e as formalizações. O instrumento manual é composto de regras de autorização, custódia, registro e controle, e a execução de mais de uma das responsabilidades por um mesmo executor é potencial incompatibilidade que pode existir nos processos.

A adoção dessas regras tem por objetivo prevenir desvios por incompatibilidade de função por meio da adequada gestão dos documentos e das atividades existentes no processo, mas também pode ser manipulada por conhecedores das regras em possíveis conluios por indivíduos que dominam os pontos de checagem.

Figura 11.4 Regras gerais de segregação de funções

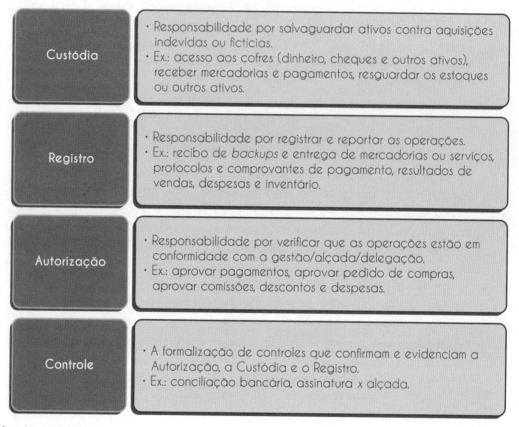

Fonte: Adaptado do COSO

A aplicação das regras de custódia, registro, autorização e controle é um mecanismo simples de identificar potenciais incompatibilidades, pois permite criticar a operação; para os casos em que uma das regras seja executada por um mesmo departamento ou pessoa, controles devem ser implementados para monitorar a incompatibilidade.

Podemos avaliar no modelo de instrumento manual proposto a transposição de uma rotina de gestão de pagamentos, e qualquer processo e as inúmeras rotinas existentes estão passíveis da avaliação de regras de segregação de funções.

Capítulo 11 | Mapeamento de Processo **159**

Tabela 11.5 Segregação de Funções – Instrumento manual

Requisitos Mínimos para Controles Internos*	
DETALHAR	**OBJETIVO**
Nome da Empresa	Identificar a empresa mapeada (Ex: SOX Eletric)
Megaprocesso	Identificar o megaprocesso (Ex.: Contábil)
Processo	Identificar o processo (Ex.: Fechamento Contábil)
Responsável	Identificar o responsável (Ex.: Gestor contábil)
Competência	Identificar o período fiscal (Ex: 31 de dezembro de 2022)
Objetivo	

Identificar o escopo da segregação de função. Exemplo:

Gestão de Pagamentos	Custódia	Registro	Autorização	Controle
Entrada Mercadoria	Recebimento			
Inserir Duplicatas a Pagar		Fiscal		
Autorizar Liquidação de Duplicatas			Financeiro	
Conciliar Pagamentos				Contábil

Fonte: Adaptado do COSO

* Estrutura e definição é um modelo proposto como mínimo pelo autor.

Em casos nos quais as empresas ou departamentos submetidos a estruturas reduzidas, nas quais um executor exerce diversas atividades, a criação de controles de validação e o monitoramento da incompatibilidade são necessários, seja pelo envolvimento de um novo aprovador, seja pela adição de documento de autorização, seja pela dupla de checagem da operação.

11.3.3 Instrumento Eletrônico

O instrumento eletrônico, como documento suporte no mapeamento de Controles Internos, tem por finalidade contemplar uma segregação de função que previna potenciais incompatibilidades na utilização das transações a sistemas existentes nos processos, ao definir responsáveis por transações eletrônicas (inserir, aprovar, estornar) e a função principal dos executores. Ao definir um controle de regras sobre as autorizações, as transações ou perfis de acesso aos sistemas, as incompatibilidades são tratadas antes do ingresso das pessoas aos processos. O instrumento eletrônico é composto de regras de responsabilidade (autorização) e criticidade (funções críticas), sendo que as funções do sistema são o alvo da avaliação e do monitoramento.

A adoção dessas regras tem por objetivo prevenir desvios por incompatibilidades de função por meio da adequada gestão das permissões de acessos sistêmicos existentes nos processos e na identificação dos conflitos de acesso, mas também pode ser corrompida por compartilhamento de senhas ou conluios, que, caso identificados, precisam ser severamente punidos.

Podemos avaliar a abordagem de incompatibilidades pela simples simulação de uma matriz de incompatibilidades sobre três acessos simples contemplados pelas áreas de Compras, Contábil e Financeiro. Caso considerarmos hipoteticamente que as áreas não possuem necessidade de segregação de funções na própria área, mas somente entre as áreas há necessidade de segregação, então é aplicada uma avaliação das transações na horizontal e na vertical para que o controle interno indague sobre as incompatibilidades. Ao abordarmos, na horizontal, os perfis de acessos às áreas de Compras, Contábil e Financeiro, e, na vertical, os respectivos perfis, temos o cenário proposto na Figura 11.5.

Figura 11.5 SOD – Segregação de Funções Eletrônicas – Regras de conflito

Matriz de Incompatibilidades Segregação de Funções sobre Acessos	COMPRAS	CONTÁBIL	FINANCEIRO
COMPRAS		SOD 01	SOD 02
CONTÁBIL	SOD 01		SOD 03
FINANCEIRO	SOD 02	SOD 03	

Ao cruzar a primeira linha (representação horizontal do perfil Compras) com a primeira coluna (representação vertical do perfil Compras) temos o perfil Compras x Compras e não há incompatibilidade, pois trata de uma avaliação dentro da própria área de Compras, e inicialmente foi considerado que não há conflito entre pessoas da mesma área.

Ao cruzar a primeira linha (representação horizontal do perfil Compras) com a segunda coluna (representação vertical do perfil Contábil) temos o perfil Compras x Contábil e há incompatibilidade de função, surgindo o primeiro conflito ou SOD 01, representado na figura.

Ao cruzar a primeira linha (representação horizontal do perfil Compras) com a terceira coluna (representação vertical do perfil Financeiro) temos o perfil Compras x Financeiro e há incompatibilidade de função, surgindo o segundo conflito ou SOD 02, representado na figura.

Ao cruzar a segunda linha (representação horizontal do perfil Contábil) com a primeira coluna (representação vertical do perfil Compras) temos o perfil Contábil x Compras e há incompatibilidade de função, no entanto é a contraposição do primeiro conflito (Compras x Contábil), ou seja, a mesma SOD 01 representada na figura e não um novo conflito.

Ao cruzar a segunda linha (representação horizontal do perfil Contábil) com a segunda coluna (representação vertical do perfil Contábil) temos o perfil Contábil x Contábil e não há incompatibilidade, pois trata de uma avaliação dentro da própria área Contábil, e inicialmente foi considerado que não há conflito entre pessoas da mesma área.

Ao cruzar a segunda linha (representação horizontal do perfil Contábil) com a terceira coluna (representação vertical do perfil Financeiro) temos o perfil Contábil x Financeiro e há incompatibilidade de função, surgindo o terceiro conflito ou SOD 03 representado na figura.

Ao cruzar a terceira linha (representação horizontal do perfil Financeiro) com a primeira coluna (representação vertical do perfil Compras) temos o perfil Financeiro x Compras e há incompatibilidade de função, no entanto é a contraposição do segundo conflito (Compras x Financeiro), ou seja, o mesmo SOD 02 representado na figura e não um novo conflito.

Ao cruzar a terceira linha (representação horizontal do perfil Financeiro) com a segunda coluna (representação vertical do perfil Contábil) temos o perfil Financeiro x Contábil e há incompatibilidade de função, no entanto é a contraposição do terceiro conflito (Contábil x Financeiro), ou seja, o mesmo SOD 03 representado na figura e não um novo conflito.

Ao cruzar a terceira linha (representação horizontal do perfil Financeiro) com a terceira coluna (representação vertical do perfil Financeiro) temos o perfil Financeiro x Financeiro e não há incompatibilidade, pois trata de uma avaliação dentro da própria área de Financeiro, e inicialmente foi considerado que não há conflito entre pessoas da mesma área.

Em resumo, para os cruzamentos horizontal e vertical dos três perfis existentes para as áreas de Compras, Contábil e Financeiro, temos um total de três possibilidades de conflito de funções:

- SOD 01 = Compras x Contábil
- SOD 02 = Compras x Financeiro
- SOD 03 = Contábil x Financeiro

Lembrando que a contraposição dos conflitos trata a mesma possibilidade de conflito, por isso somente três SODs para monitoramento.

Em continuidade à avaliação de segregação de funções por instrumento eletrônico, o controle interno (após definir os conflitos possíveis – SOD) deve avaliar os conflitos que estão em operação, sendo as pessoas detentoras de múltiplos acessos às transações que caracterizam conflitos (Regra de Conflito). Para essa avaliação o controle interno deve apurar todos os perfis existentes e identificar quais são as pessoas que possuem transações conflitantes ou transações além da sua competência ou responsabilidade na operação do processo. Caso existam pessoas com acessos a operações conflitantes, então consideramos que há um conflito em andamento ou que é reconhecida a violação na segregação de funções. Para melhor compreensão dessa violação vamos analisar os possíveis conflitos em operação. Após simularmos as possibilidades de SOD, vamos considerar o cenário de acessos apresentado na Figura 11.6. No caso contemplaremos a existência de nove pessoas (usuários nos sistemas) com acessos a um ou mais perfis: Compras, Contábil ou Financeiro, sendo que as pessoas habilitadas em mais de um perfil de acesso estão sob violação a um dos possíveis conflitos (SOD). A análise apresenta os usuários existentes, as transações atribuídas a cada usuário, o resultado do volume de violações e a especificação da violação a cada conflito (SOD).

Figura 11.6 SOD – Segregação de Funções Eletrônicas – Violações

Análise de Violações de Conflitos

Usuários	Acessos (Módulos)			Análise do Controle Interno	
	Compras	Contábil	Financeiro	Nº Violações	SOD
Steve	X			0	-
Bill	X	X		1	SOD 01
George	X			0	-
Nick	X			0	-
Larissa	X		X	1	SOD 02
Marina		X	X	1	SOD 03
Davi	X	X	X	3	SOD 01, SOD 02, SOD 03
Patrick	X			0	-
Drumond	X	X		1	SOD 01
			TOTAL	7	

Podemos avaliar que dos nove usuários existentes, cinco possuem conflito (Bill, Larissa, Marina, Davi e Drumond). No entanto, o volume é de sete violações, ou seja, há mais de uma violação por usuário –, no caso, o usuário Davi, presente em três SODs. Resumidamente, podemos afirmar que as violações são exponenciais em relação ao volume de usuários, ao volume de conflitos possíveis (SOD) e ao volume de transações a que os usuários estiverem atribuídos.

Importante destacar que foram contempladas apenas três áreas e nove usuários, simulação extremamente simplista. A realidade das empresas é um alto volume de usuários, diversas possibilidades de conflito, inclusive no próprio departamento.

Na Figura 11.7 é possível mensurar novos conflitos para as áreas de Compras, Contábil e Financeiro ao estender apenas três transações para cada departamento, o que resulta em 27 possibilidades de conflitos (SOD), mais uma vez assumindo que não há conflitos no próprio departamento.

Figura 11.7 SOD – Segregação de Funções Eletrônicas – Modelo de regras de conflito

Matriz de Incompatibilidades Segregação de Funções sobre Acessos		COMPRAS			CONTÁBIL			FINANCEIRO		
		Emitir Requisição	Criar Fornecedor	Aprovar Compra	Abrir Período	Lançamento Manual	Fechar Período	Aprovar Pagamento	Anular Pagamento	Baixar Pagamento
COMPRAS	Emitir Requisição				SOD 01	SOD 02	SOD 03	SOD 10	SOD 11	SOD 12
	Criar Fornecedor				SOD 04	SOD 05	SOD 06	SOD 13	SOD 14	SOD 15
	Aprovar Compra				SOD 07	SOD 08	SOD 09	SOD 16	SOD 17	SOD 18
CONTÁBIL	Abrir Período	SOD 01	SOD 04	SOD 07				SOD 19	SOD 20	SOD 21
	Lançamento Manual	SOD 02	SOD 05	SOD 08				SOD 22	SOD 23	SOD 24
	Fechar Período	SOD 03	SOD 06	SOD 09				SOD 25	SOD 26	SOD 27
FINANCEIRO	Aprovar Pagamento	SOD 10	SOD 13	SOD 16	SOD 19	SOD 22	SOD 25			
	Anular Pagamento	SOD 11	SOD 14	SOD 17	SOD 20	SOD 23	SOD 26			
	Baixar Pagamento	SOD 12	SOD 15	SOD 18	SOD 21	SOD 24	SOD 27			

O alto volume de transações e usuários existentes nas empresas submetido às regras de conflito exige um esforço significativo na avaliação de segregações de funções por Controles Internos, e, por esse motivo, as regras são parametrizadas em sistemas específicos para essa gestão de acessos, conflitos e violações.

Essa gestão normalmente é de alto custo (pessoas e sistemas) de implementação e manutenção, embora sejam mais efetivas e tempestivas, porém a definição das regras de conflito ainda é uma responsabilidade da administração com o suporte de Controles Internos na identificação, na correção e no monitoramento dos possíveis conflitos nas áreas de negócios.

Mesmo na ausência de sistemas específicos para o monitoramento das regras de conflitos, a área de Controles Internos deve estabelecer rotinas de validação de acessos sobre as transações críticas, as transações conflitantes, a revisão das regras de conflito, incluindo o cruzamento de dados de usuários x transações x regras por outros mecanismos existentes (Access®, Excel®), para que possa afirmar que existe um ambiente de transações eletrônicas controlado por segregação de funções.

11.4 MATRIZ DE RISCOS E CONTROLES

Figura 11.8 Mapeamento de Controles Internos – Matriz de Riscos e Controles

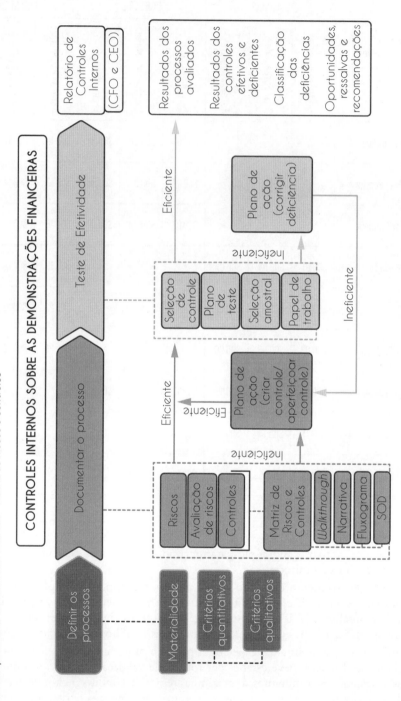

A Matriz de Riscos e Controles, como principal documento no mapeamento de Controles Internos, tem por finalidade identificar os principais riscos existentes nos processos, o nível dos riscos, os controles ou ausência de controles, as ações corretivas, todos monitorados para contribuir na gestão de riscos por Controles Internos. A Matriz de Riscos e Controles deve refletir as asserções sobre as Demonstrações Financeiras em todos os processos definidos no escopo de Controles Internos, refletindo as respostas aos riscos de reporte financeiro por meio da atribuição formal de responsabilidades pelas áreas de negócios e o reconhecimento das principais fragilidades a que os departamentos estão expostos, e que, por essa razão, têm os seus processos sob o monitoramento por Controles Internos.

A Matriz de Riscos e Controles possibilita identificar os pontos de controles ou ausência destes, as ações de remediação para as deficiências e as premissas da avaliação e verificação pela área de Controles Internos, proporcionando razoável segurança para a alta administração no monitoramento dos processos que estão mapeados em Controles Internos.

A Matriz de Riscos e Controles é o resultado do mapeamento de Controles Internos sobre as Demonstrações Financeiras, representando o apropriado entendimento dos documentos (fluxograma, narrativa e Segregação de Funções) por meio da aplicação de todos os elementos (riscos, avaliação de riscos, controles, validação de desenho) em um formato padronizado do trabalho realizado pela área de Controles Internos, na linguagem compreendida pelas áreas de negócios:

- Descritivo de Riscos de Reporte Financeiro;[9]
- Descritivos de Controles.[10]

O domínio dos elementos apresentados é que determinará a qualidade do mapeamento sobre os processos e a condução da gestão de riscos almejada pela administração.

11.4.1 Elaboração da Matriz de Riscos e Controles

A elaboração da Matriz de Riscos e Controles é iniciada pela referência ao descritivo do megaprocesso, do processo, da numeração dos riscos, dos descritivos do risco em formato de pergunta e das respectivas assertivas (explícitas ou implícitas) a que o risco está associado. Para adequada elaboração é proposta a separação em quatro etapas, sendo:

1ª Etapa – Nomenclatura, risco, assertivas

Nomenclatura da empresa, do megaprocesso, do processo, dos responsáveis, dos descritivos de risco e especificação das assertivas a que os riscos estão associados.

2ª Etapa – Avaliação do risco

Avaliação individual de cada risco identificado, por meio de aplicação de critérios e premissas para priorizar os riscos selecionados para o monitoramento.

---

9   *Vide* Cap. 6 – Como Escrever Riscos de Reporte Financeiro.
10   *Vide* Cap. 9 – Como Escrever Controles de Reporte Financeiro.

3ª Etapa – Controles x assertivas

Especificação da numeração do controle, do descritivo do controle e da resposta ou associação do controle à assertiva do risco.

4ª Etapa – Controles

Continuidade sobre a especificação do controle por meio da aplicação da abordagem técnica e operacional do controle que especificará os requisitos necessários para monitorar e testar os controles identificados.

As etapas propostas devem ser, preferencialmente, realizadas ordenadamente para facilitar a consolidação das diversas informações e a avaliação apropriada do entendimento do processo em um formato estruturado para Controles Internos, sem a necessidade de revisitar demasiadamente o processo mapeado.

Tabela 11.6 1ª Etapa – Modelo proposto de Matriz de Riscos e Controles

Nomenclaturas, Riscos e Assertivas[11]
Manter um cabeçalho-padrão para todas as assertivas e referenciar as que são aplicáveis ao risco, sejam estas explícitas ou implícitas.

ASSERTIVAS					Nome da Empresa - Ex: *SOX Eletric Ltda.*
Existência ou Ocorrência	Integridade	Valoração ou Alocação	Direitos e Obrigações	Apresentação e Divulgação	Nomenclatura da empresa, megaprocesso, processo, responsável Exemplo: ***MEGAPROCESSO:*** *Contábil* ***PROCESSO:*** *Fechamento Contábil* ***RESPONSÁVEL:*** *Gestor contábil*
X	X				Nº do Risco Ex: R01	Descritivo do risco em formato de pergunta. Ex: *O que garante que todas as transações de registros para Fechamento Contábil foram efetuadas?*

Para o exemplo consideramos que o risco está associado às assertivas de Existência ou Ocorrência e Integridade. Importante numerar o risco para que sejam adicionados na ordem que o processo se desenvolve.

Estrutura e definição é um modelo proposto como mínimo pelo autor.

---

[11] *Vide* item 5.5 – Assertivas de Risco.

Cada risco deverá aparecer uma única vez na matriz de risco, embora haja a possibilidade de que o mesmo risco esteja presente em diversas fases do processo. A alocação do mesmo risco em diversas fases impacta os diferentes controles necessários para atenuar o risco em todas as fases.

Tabela 11.7 2ª Etapa – Modelo proposto de Matriz de Riscos e Controles

Avaliação de Risco
Manter um cabeçalho-padrão para todos os critérios da avaliação de risco e especificar o resultado da avaliação (baixo, médio ou alto).

Avaliação de Risco[12]						
Risco de Fraude*	Risco de Imagem*	Volume de Transações*	Autoavaliação do Ambiente*	Automação do Processo*	RESULTADO**	
3	1	3	3	2	Alto (12 pontos)	

*Aplicado os critérios propostos na TABELA DE CRITÉRIOS DE AVALIAÇÃO DE RISCO POR PONTUAÇÃO e o modelo proposto nas PREMISSAS PARA PONTUAÇÃO (0 – Não Aplicável; 1 – Baixo; 2 – Médio; e 3 – Alto).
**Aplicado o nível de risco proposto na Figura 7.4.

Estrutura e definição é um modelo proposto como mínimo pelo autor.

Cada risco deve possuir a sua própria avaliação, destacando a importância e a priorização em relação aos demais riscos e refletindo imediatamente na estrutura e no volume de controles que serão necessários para a apropriada gestão do risco.

Tabela 11.8 3ª Etapa – Modelo proposto de Matriz de Riscos e Controles

Controle *x* Assertivas
Manter um cabeçalho-padrão para referenciar as assertivas que são respondidas pelo controle, a numeração e os descritivos dos controles.

(Continua)

---

[12] *Vide* item 7.2 – Modelo de Avaliação de Risco.

(Continuação)

ASSERTIVAS*				Nº	DESCRITIVO
Existência ou Ocorrência	Integridade	Valoração ou Alocação	Direitos e Obrigações / Apresentação e Divulgação		
				CM01**	Quem (Área): Contabilidade Quem (Executor): Analista contábil Como: O analista contábil acompanha o processo de Fechamento Contábil por meio do cronograma aprovado pelo gestor e publicado aos envolvidos.
O cabeçalho das assertivas é continuidade à referência ao risco (1ª Etapa), mas nesta etapa especifica o vínculo das assertivas ao controle.					

* Estrutura e definição é um modelo proposto como mínimo pelo autor.
**Sugestão de utilizar código ou referência para separar os controles manuais (CM) e os controles automáticos (CA).

Cada controle deve possuir a sua própria avaliação, destacando a importância em relação ao(s) risco(s) que está(ão) associado(s) e refletindo os pontos de controle em resposta às assertivas identificadas no risco. Porém, nem todos os controles respondem a todas as assertivas; nesses casos, é necessário mais de um controle para responder a todas as assertivas.

Tabela 11.9 4ª Etapa – Modelo Proposto de Matriz de Riscos e Controle

Controle[13]					
Manter um cabeçalho-padrão para todos os requisitos de controle.					
Evidência	Frequência	Natureza	Tipo	Operacionalização	Objetivo (Específico)
EX: Cronograma	EX: Mensal	EX: Primário	EX: Preventivo	EX: Manual	EX: Controle de atividade
Aplicado os "10 Pontos de Abordagem Operacional e Técnica para Interpretar Controle de Reporte Financeiro".					

Estrutura e definição é um modelo proposto como mínimo pelo autor.

Cada controle deve possuir a sua própria avaliação técnica e operacional, destacando os pontos de checagem pelo controle interno para estabelecer um controle apropriado para asse-

---

[13] *Vide* item 9.1 – Abordagem para Descritivos de Controle.

gurar as Demonstrações Financeiras, a abordagem necessária para a realização da validação de desenho e, posteriormente, a validação de efetividade.

11.4.2 Modelo de Matriz de Riscos

No modelo apresentado de Matriz de Riscos e Controles contemplamos o resultado das quatro etapas de elaboração; todos os riscos do processo e todos os controles estarão representados no documento. No exemplo temos dois riscos (R01 e R02), ambos devidamente descritos, avaliados e associados às assertivas. Para os riscos existem dois controles: CM01 (Controle Manual), em resposta ao risco R01, e CA30 (Controle Automático), em resposta ao risco R02. Podemos observar que o R02 está associado às assertivas de Existência ou Ocorrência, Integridade, Valoração e Alocação, Direitos e Obrigações, porém o controle CA30 está associado apenas à assertiva de Integridade, motivo pelo qual outros controles precisam existir para atender às demais assertivas do risco R02; do contrário, o risco permanecerá exposto a outras assertivas.

A identificação dos riscos por assertivas é obrigatória em mapeamento de Controles Internos para as Demonstrações Financeiras e as respostas aos riscos pela associação dos controles por assertivas são a análise do controle interno para identificar quantos ou quais os controles necessários para assegurar que o risco está apropriadamente monitorado.

11.4.3 Responsabilidade

Para adequada formalização de conclusão da Matriz de Riscos e Controles é necessária a confirmação das responsabilidades pelos envolvidos nos processos, a fim de ratificar o reconhecimento dos riscos pela área de negócios, seja por uma aprovação (ciência) por assinatura manual ou eletrônica do seu conteúdo pelo gestor do processo.

O comprometimento pelos controles também é ratificado na Matriz de Riscos e Controles, e há casos em que existem controles identificados e que não são exclusivamente operados pelo gestor do processo. Por exemplo: processo de faturamento em que a conciliação de Vendas x Faturamento é realizada pelo departamento contábil, nesse caso o controle é de responsabilidade da contabilidade e está assegurando um risco no processo de faturamento, e, por isso, a responsabilidade desse controle específico de conciliação deve ser submetida à aprovação (ciência) do gestor contábil.

A importância da aprovação da Matriz de Riscos e Controles pela área de negócios está no comprometimento e no reconhecimento da responsabilidade das áreas com o mapeamento de Controles Internos, pois independentemente do conhecimento aplicado pela área de Controles Internos aos processos, é de responsabilidade das áreas de negócios comunicarem as fragilidades ou os incidentes conhecidos, as mudanças nos processos ou as deficiências de qualquer natureza, caso não sejam percebidas pela área de Controles Internos. As áreas de negócios, em geral, conhecem os processos e têm a obrigação de comunicar o histórico de ocorrências à área de Controles Internos, para que esta área aplique a avaliação e o julgamento apropriados de que o risco é relevante para ser monitorado na Matriz de Riscos e Controles. Cabe ao controle interno compreender se o problema ou ocorrência, comunicado pela área de negócios, está realmente associado ao risco de reporte financeiro ou outros tipos de riscos (operacional ou conformidade). Em caso em que outros tipos de riscos sejam identificados, estes podem ser submetidos ao conhecimento e ações da administração, embora não seja o objetivo do mapeamento de Controles Internos sobre as Demonstrações Financeiras.

170 Mapeamento de Controles Internos SOX

Tabela 11.10 Nomenclaturas, riscos e assertivas, controle X assertivas, controle

ASSERTIVAS					SOX Eletric Ind. Ltda.			
Existência ou Ocorrência	Integridade	Valoração ou Alocação	Direitos e Obrigações	Apresentação e Divulgação	**MEGAPROCESSO:** Contábil **PROCESSO:** Fechamento Contábil **RESPONSÁVEL:** Gestor contábil			
X	X				R01		**O que garante que todas as transações de registros para Fechamento Contábil foram efetuadas?**	Evidência
X	X				R01	CM01	Quem (Área): Contabilidade Quem (Executor): Analista contábil Como: O analista contábil acompanha o processo de Fechamento Contábil por meio do cronograma aprovado pelo gestor e publicado aos envolvidos.	Cronograma
X	X	X	X		R02		**O que garante que as provisões para o Fechamento Contábil foram efetuadas e estão corretas?**	Evidência
	X				R02	CA30	Quem (Área): Contabilidade Quem (Executor): Sistema Como: O sistema SAP bloqueia o acesso de usuários não autorizados à transação de contabilização de lançamentos manuais. Transação FB50.	Transação FB50

Estrutura e definição é um modelo proposto como mínimo pelo autor.

Capítulo 11 | Mapeamento de Processo 171

					Avaliação de Risco					
					Risco de Fraude	Risco de Imagem	Volume de Transações	Autoavaliação do Ambiente	Automação do Processo	RESULTADO
Frequência	Natureza	Tipo	Operacionalização	Objetivo (Específico)	3	1	3	3	2	Alto (12 pontos)
Mensal	Primário	Preventivo	Manual	Controle de Atividade						
Frequência	Natureza	Tipo	Operacionalização	Objetivo (Específico)	3	2	3	3	2	Alto (13 pontos)
Irregular	Primário	Preventivo	Sistêmico	Antifraude						

Perguntas sugeridas pelo autor

1. Quais são os documentos passíveis de formalização em um mapeamento de processo em uma estrutura de Controles Internos?
2. Quais são os documentos de formalização mínimos para um mapeamento de processo em uma estrutura de Controles Internos?
3. Quais são os tipos formais de segregação de função?
4. Por que a Matriz de Riscos e Controles é a formalização mais importante?
5. A quem pertence a responsabilidade da documentação formalizada para Controles Internos?

12

CICLO DE VALIDAÇÃO E MONITORAMENTO

Objetivos de Aprendizagem

O propósito do capítulo *Ciclo de Validação e Monitoramento* é apresentar e esclarecer a periodicidade mínima de avaliação dos processos, as necessidades de revisão e o contínuo teste da efetividade dos controles a fim de obter uma segurança razoável na avaliação do ambiente controlado e monitorado na estrutura de Controles Internos.

O mapeamento de Controles Internos apropriado deve acompanhar uma rotina periódica de avaliação dos processos mapeados, podendo assegurar que possíveis mudanças no processo sejam consideradas em uma avaliação do desenho estabelecido para garantir a manutenção do mapeamento do processo em Controles Internos.

O calendário de manutenção pode ser estabelecido em conjunto com o período do ano fiscal da publicação das Demonstrações Financeiras (ex.: Brasil – janeiro a dezembro), desde que atenda a um prazo suficiente para o teste de desenho e o Teste de Efetividade dentro do período fiscal, assim qualquer desvio identificado nas fases de desenho ou efetividade são passíveis de remediações ou reconhecimento das potenciais perdas de forma apropriada antes do encerramento do período fiscal.

Dessa forma, o ciclo estabelecido para validação e monitoramento pode atender a um calendário anual ou um calendário sob demanda.

12.1 CALENDÁRIO ANUAL

O estabelecimento de validação de desenho e Teste de Efetividade em uma rotina do mapeamento de Controles Internos é usual e apropriado quando vinculado ao calendário das Demonstrações Financeiras, ou seja, todas as atividades realizadas no ciclo de um ano.

Os processos considerados significativos no escopo de materialidade de Controles Internos são submetidos à estrutura formal de Controles Internos (fluxograma, narrativa, SOD, matriz de riscos e controles), na qual a etapa de Documentar o Processo[1] é realizada em tempo suficiente para realização do Teste de Efetividade.

A área de Controles Internos deve julgar o tempo necessário para o Teste de Efetividade considerando a frequência[2] dos controles identificados nos processos, no qual o volume mínimo[3] de amostras que serão selecionadas para o Teste de Efetividade será determinante para ratificar o processo.

---

[1]   *Vide* Cap. 11 – Mapeamento de Processo.

[2]   *Vide* item 8.7 – Frequência do Controle.

[3]   *Vide* item 10.3.1 – Seleção Amostral.

174 Mapeamento de Controles Internos SOX

Caso não haja um volume mínimo de amostras para Teste de Efetividade, então a área de Controles Internos não poderá afirmar que o processo foi eficiente dentro do período de competência das Demonstrações Financeiras.

Por exemplo: um controle de Conciliações de Reconhecimento de Receita que tem a sua frequência determinada como mensal durante a fase de validação do desenho (Documentar Processo), porém o controle iniciou a sua operação em novembro, por critério de seleção amostral, o mínimo de amostras (Conciliação do Reconhecimento de Receita) é de três meses. Devido à criação do controle em novembro, haverá apenas mais uma amostra (dezembro) para avaliação em Teste de Efetividade, e, com isso, o processo estará deficiente na avaliação da área de Controles Internos, pois não houve realização ou comprovação do controle entre janeiro e outubro. A área de Controles Internos não poderá assegurar a eficiência do controle porque a maturidade (tempo) do controle não atende ao volume suficiente de amostras para uma apropriada avaliação de Controles Internos, sendo a maturidade do controle insatisfatória para emitir uma opinião sobre o controle.

O tempo de maturidade de avaliação será considerado sobre a frequência do controle no processo que exigir o maior tempo em operação entre todos os controles identificados no processo.

A área de Controles Internos deve ter especial atenção para controles implementados para atender a deficiências identificadas durante o mapeamento, pois um prazo de remediação (criação ou aperfeiçoamento do controle) inferior ao volume de amostras exigido no Teste de Efetividade resulta na mesma conclusão para a avaliação de Controles Internos.

Um importante fator para calendário anual é que todos os controles mapeados sejam submetidos à validação de desenho pela avaliação de pelo menos uma evidência (amostra) do controle e ao Teste de Efetividade pela avaliação do mínimo de evidências (amostras) requerido na seleção amostral.

12.2 CALENDÁRIO SOB DEMANDA

O estabelecimento de validação de desenho e Teste de Efetividade em uma rotina de mapeamento de Controles Internos desvinculado do calendário das Demonstrações Financeiras, ou seja, todas as atividades realizadas em ciclos superiores a um ano, é uma decisão da administração em conjunto com a área de Controles Internos.

Esse procedimento é usualmente utilizado para processos que sofrem oscilação de materialidade entre um ano e outro, sendo escopo de Controles Internos em um período, mas fora do escopo em outro período, devido à oscilação dos saldos das contas contábeis a que o processo está associado. Por exemplo: um processo de Vendas/Exportação é considerado no escopo de Controles Internos por apresentar uma materialidade relevante em determinado período (ano fiscal), porém no período seguinte perde sua relevância na materialidade para o escopo de Controles Internos devido à variação cambial ou taxas de exportação que desestimule as vendas para exportação. Devido ao processo não ser relevante pode ser excluído da avaliação de Controles Internos, no entanto pode voltar a ser relevante no próximo período, mas como o processo não foi monitorado no período anterior, exigirá novo mapeamento. Caso o processo seja mantido na validação de desenho e Teste de Efetividade em um calendário sob demanda (ex.: a cada dois anos), por decisão da administração e da área de Controles Internos, a manutenção do processo apresentará menos desvios, maior controle sobre a operação, reduzindo possíveis perdas decorrentes da exclusão do processo do escopo de monitoramento por Controles Internos.

É altamente recomendado manter um calendário sob demanda para atender a processos que perdem sua relevância em determinado período ou para avaliar outros processos que tenham operações em crescimento, embora ainda não relevantes. Por essa razão, são destaque da atenção da administração e da avaliação de Controles Internos para o monitoramento das operações antes de atingir proporções relevantes e possíveis perdas na mesma ordem de grandeza para organização.

Perguntas sugeridas pelo autor

1. Qual é o propósito do ciclo de validação e monitoramento?
2. Qual é a periodicidade apropriada para um calendário de Controles Internos sob as Demonstrações Financeiras?
3. Quais são as etapas que devem contemplar um ciclo de validação e monitoramento?
4. Qual é o tempo de maturidade para o Teste de Efetividade?
5. Em quais processos deve ser utilizado o calendário sob demanda?

13

RESULTADOS DE CONTROLES INTERNOS

Objetivos de Aprendizagem

O propósito do capítulo *Resultados de Controles Internos* é apresentar a necessidade da objetividade da apresentação de resultados das atividades de Controles Internos para os gestores dos processos e submeter à alta administração a simplicidade e a transparência das informações e os respectivos impactos para a organização.

O mapeamento de Controles Internos deve acompanhar uma rotina periódica de apresentação dos resultados das avaliações nos processos, a fim de ratificar os objetivos e as necessidades da identificação de riscos e estabelecimento de controles, expor e conscientizar a média e a alta gestão sobre a condução das atividades de gestão de riscos, a condução dos negócios, as fragilidades, as oportunidades ou perdas a que a organização está sujeita.

Os resultados devem ser compatíveis ao nível de detalhe a que os indivíduos têm responsabilidade ou poder de decisão sobre os processos, estratégias ou prestação de contas sobre a administração da organização.

Dessa forma, a apresentação de resultados de Controles Internos deve atender ao gestor do processo e à alta administração.

13.1 RESULTADOS PARA O GESTOR DO PROCESSO

Os gestores dos processos são a baixa e a média administração da organização e que têm poder de controle e decisão sobre as rotinas e pessoas inseridas nos processos de negócios, intervenção sobre a base da operação e as respostas para as iniciativas (controle ou remediações) de gestão de riscos de curto prazo.

Os gestores dos processos têm a participação técnica e operacional do processo, os detalhes da execução ou condução e delegação das atividades, mas, principalmente, são os responsáveis pelo cumprimento dos objetivos, pelo atendimento das metas e pela entrega dos resultados organizacionais à alta administração.

Esse nível de gestão deve receber todo conteúdo da avaliação de Controles Internos do processo sob sua responsabilidade, contemplando os documentos mandatórios[1] ou requeridos pela alta administração na formalização da avaliação de Controles Internos. Os resultados devem ser formalizados por aprovação (ciência) manual ou eletrônica, sejam positivos (sem deficiências), sejam negativos (com deficiência).

---

[1] *Vide* Cap. 3 – Ambientes de Controles Internos – Figura 3.7 – Documentos para formalização de mapeamento.

178 Mapeamento de Controles Internos SOX

Cabe ao controle interno apresentar um resumo do mapeamento de Controles Internos, contendo de forma sucinta a apresentação ou os esclarecimentos dos procedimentos de validação (indagação, observação, inspeção e *reperfomance*),[2] os documentos formalizados (fluxograma, narrativa, Segregação de Funções, Matriz de Riscos e Controles, *Walkthrough*), os envolvidos (pessoas e departamentos), o tipo e volume de riscos e controles documentados, enfatizar os controles efetivos que estão assegurando a operação e finalizar pelos controles inefetivos ou inexistentes que estão expondo a organização a falhas ou desvios.

Destacar os controles que estão operando com efetividade no processo tem como objetivo incentivar e estimular as adequadas ações de controles existentes nas áreas, ao mesmo tempo em que proporciona uma introdução para expor os controles que estão ineficientes ou ausentes, a necessidade de remediação e outros pontos de melhoria ou recomendações que surgirem.

Os pontos de melhoria são sugestões de modificações nos processos ou nos controles, visando a maior segurança ou eficiência na operação do processo para a gestão de riscos, porém que não desabonam a operação existente.

As recomendações são as exposições e riscos identificados no processo, mas que não são o objetivo de Controles Internos sobre as Demonstrações Financeiras, relacionados aos problemas operacionais ou de conformidade.

13.2 RESULTADOS PARA ADMINISTRAÇÃO

A alta administração, em especial o *Cheif Executive Officer* (CEO) e o *Cheif Financial Officer* (CFO) é a mais interessada nos resultados de Controles Internos sobre as Demonstrações Financeiras, porque é a responsável pela prestação de contas da organização aos acionistas ou aos demais membros da administração. A gestão de riscos por Controles Internos atende à continuidade dos negócios por meio do monitoramento dos processos, viabilizando uma avaliação que direciona a alta administração na tomada de decisão.

A alta administração tem a função estratégica e o planejamento da organização, a visão e a missão dos negócios com o foco em resultado, mas, principalmente, é a responsável pelo direcionamento dos objetivos organizacionais.

Esse nível de gestão deve receber o conteúdo macro da avaliação de Controles Internos, contemplando o escopo dos processos[3] e as suas justificativas de seleção (materialidade e Erro Tolerável), o tipo de risco considerado (risco de reporte financeiro) e as deficiências,[4] e os resultados devem ser formalizados por ata de reunião que destaque os ambientes avaliados (corporativo,[5] negócios[6] e tecnológico[7]), um resumo do volume total de deficiências, mas detalhando as deficiências significativas ou materiais, e finalizando com as ações de remediação realizadas ou em andamento, os responsáveis e os prazos de conclusão.

---

[2] *Vide* item 10.1 – Procedimentos de Validação.
[3] *Vide* Cap. 4 – Definindo Processos para Mapeamento.
[4] *Vide* item 10.5 – Relevância das Deficiências.
[5] *Vide* item 3.1 – Corporativo ou da Entidade – Figura 3.4 – Exemplos de controles do ambiente corporativo.
[6] *Vide* item 3.2 – Ambiente de Negócios ou do Processo – Figura 3.6 – Exemplos de processos do Ambiente de Negócios.
[7] *Vide* item 3.3 – Ambiente Tecnológico – Figura 3.9 – Exemplos de processos do Ambiente Tecnológico.

A área de Controles Internos deve apresentar independência e imparcialidade na avaliação do mapeamento e enfatizar a avaliação em duas etapas distintas, o resultado sobre o desenho do processo e o resultado sobre o Teste de Efetividade do processo, sendo necessário que as atividades de Controles Internos sejam realizadas no calendário das Demonstrações Financeiras, assegurando um atendimento dos riscos de reporte financeiro na apropriada competência do período fiscal requerido para a organização.

Perguntas sugeridas pelo autor

1. Qual é o propósito do reporte de resultados de Controles Internos?
2. Quais são os níveis de detalhes dos resultados reportados?
3. Quais são os ambientes de controles que devem ser reportados para a alta administração?
4. Quais são as etapas que devem ser reportadas à alta administração?
5. Como devem ser formalizados os reportes de resultados para a alta administração?

14
MODELOS PRÁTICOS

Objetivos de Aprendizagem

O propósito do capítulo *Modelos Práticos* é apresentar as situações prontas de um modelo de estrutura de Controles Internos, simulando um ambiente real desde a concepção da materialidade utilizada para identificar um processo até os elementos de estrutura de Controles Internos formalizados em um ambiente simulado, de forma a agregar uma sugestão de modelo para aplicação baseada na adoção das instruções, orientações e sugestões providas pelos demais capítulos e de capturar e consolidar os temas discutidos no decorrer da obra ao obter um resultado prático sobre dois processos mapeados em uma estrutura de Controles Internos.

Os modelos práticos são uma referência pronta e um ponto de partida para um mapeamento de processo, sendo uma interpretação da abordagem de conteúdo proposto. O modelo foi selecionado para destacar as demandas das Demonstrações Financeiras no processo de Fechamento Contábil e Gerenciamento de Dados.

Os documentos de Controles Internos contemplados nos modelos são constituídos exclusivamente da análise de materialidade para uma empresa e documentados apenas por fluxograma, narrativa e Matriz de Riscos e Controles.

O mapeamento de processo é uma análise que depende da interpretação do negócio e das experiências dos envolvidos, por isso os modelos são de simples referência para contribuir com a área de Controles Internos na elaboração do mapeamento específico para empresa que pretenda implementar ou adaptar as sugestões propostas.

14.1 ANÁLISE DE MATERIALIDADE

O modelo prático sobre análise de materialidade foi aplicado usando os critérios[1] de pontuação propostos, fazendo referência ao processo de escopo do mapeamento de Controles Internos para as contas pontuadas como significativas.

Importante destacar que determinadas contas contábeis (ex.: receita de vendas) são suportadas por mais de um processo, porém objetivamos isolar em um processo para facilitar o entendimento da análise de identificação de contas contábeis e os respectivos processos.

---

[1] Ver critério proposto na Tabela de Tomada de Decisão – item 4.3 – Modelo de Materialidade.

Tabela 14.1 Análise das contas contábeis do ativo

"SOX Eletric Ind. Ltda." 31 de Dezembro de 2022		R$ .000	Materialidade	R$ 237.938
			Fator Quantitativo	Fatores Qualitativos
			Relevante	Alto Volume de Transações
ATIVO		2.800.938		
ATIVO CIRCULANTE				
Disponível		634.509		
Bancos Movimento	10.247		Não	Sim
Aplicações Financeiras	624.262		Sim	Sim
Clientes		317.592		
Clientes Nacionais	240.618		Sim	Sim
Transitória de Vendas	409		Não	Sim
Clientes Exterior	76.566		Não	Não
Outros Créditos		23.578		
Controlador/Coligadas	10.930		Não	Sim
Outros Valor a Recuperar	7.731		Não	Não
Adiantamentos	2.041		Não	Não
Débitos Folha Pagamento	3.226		Não	Sim
Prov. p/ Perdas	-350		Não	Não
Impostos a Recuperar		192.128		
IPI a Recuperar	4.233		Não	Sim
ICMS a Recuperar	37.199		Não	Sim
IRPJ a Compensar	42.142		Não	Não
Contr. Social a Compensar	35.726		Não	Não
IRRF a Compensar	13.995		Não	Sim
Outros a Recuperar	53.448		Não	Sim
IRPJ e CSLL Diferido	5.385		Não	Não
Estoques		364.098		
Produtos Acabados	25.499		Não	Sim
Mercadoria p/Revenda	53.921		Não	Não
Produtos Elaboração	7.660		Não	Não
Materiais p/Produção	183.425		Não	Sim

Erro Tolerável				5%		
Fatores Qualitativos			Análise do Controle Interno			
"Provisão/ Estimativa"	Estoque ou Atividades não Operacionais	Considerar o Cenário de Mercado	Pontuação	Resultado	Processo	
Não	Não	Sim	2	Não Mapear		
Não	Não	Sim	3	Mapear Parcial	Tesouraria	
Não	Não	Não	2	Não Mapear		
Não	Não	Sim	2	Não Mapear		
Não	Não	Sim	1	Não Mapear		
Não	Não	Sim	2	Não Mapear		
Não	Não	Não	0	Não Mapear		
Não	Não	Sim	1	Não Mapear		
Não	Não	Sim	2	Não Mapear		
Sim	Não	Não	1	Não Mapear		
Sim	Não	Sim	3	Mapear Parcial	Vendas e Contas a Receber	
Sim	Não	Sim	3	Mapear Parcial	Vendas e Contas a Receber	
Sim	Não	Não	1	Não Mapear		
Sim	Não	Não	1	Não Mapear		
Sim	Não	Não	2	Não Mapear		
Sim	Não	Sim	3	Mapear Parcial	Vendas e Contas a Receber	
Não	Não	Não	0	Não Mapear		
Não	Sim	Sim	3	Mapear Parcial	Custo e Inventário	
Não	Sim	Sim	2	Não Mapear		
Não	Sim	Não	1	Não Mapear		
Não	Sim	Sim	3	Mapear Parcial	Custo e Inventário	

(Continua)

184 Mapeamento de Controles Internos SOX

(Continuação)

"SOX Eletric Ind. Ltda." 31 de Dezembro de 2022		R$ .000	Materialidade	R$ 237.938
			Fator Quantitativo	Fatores Qualitativos
			Relevante	Alto Volume de Transações
Importação em Andamento	70.311		Não	Não
Trânsito Nacional	23.892		Não	Não
Provisão p/Perdas	-609		Não	Não
Despesas Antecipadas		1.560		
Seguros a Apropriar	939		Não	Não
Assinaturas e Anuidades	8		Não	Não
Encargos Financeiros	4		Não	Não
Outras Despesas Antecip.	608		Não	Não
REALIZÁVEL A LONGO PRAZO		32.173		
Depósitos Restituíveis	29.747		Não	Não
Empréstimos a Pessoa Física	2.426		Não	Não
PERMANENTE				
Investimentos		653.297		
Dividendos	633		Não	Sim
Outros Investimentos	30		Não	Não
Controlada/Coligada	652.635		Sim	Sim
Ativo Imobilizado		527.819		
Bens e Direitos	434.816		Sim	Sim
Imobilizado em Andamento	58.922		Não	Não
Adiantamento p/Imobiliz.	27.734		Não	Não
Importação em Andamento	379		Não	Não
Ativo Fixo em Trânsito	5.968		Não	Não
Ativo Diferido		53.975		
Custo Diferido	69.088		Não	Não
Amortização Acumulada	-25.185		Não	Não
Diferido em Andamento	10.071		Não	Não
CONTAS TRANST./COMPE				
Contas Transitórias				
Contas de Compensação		209		
Bens de Terceiros em Comodato	209		Não	Não

Erro Tolerável			5%		
Fatores Qualitativos			**Análise do Controle Interno**		
"Provisão/ Estimativa"	Estoque ou Atividades não Operacionais	Considerar o Cenário de Mercado	Pontuação	Resultado	Processo
Não	Sim	Sim	2	Não Mapear	
Não	Sim	Não	1	Não Mapear	
Sim	Sim	Sim	3	Mapear Parcial	Fechamento Contábil
Não	Não	Não	0	Não Mapear	
Não	Não	Não	0	Não Mapear	
Não	Não	Não	0	Não Mapear	
Não	Não	Não	0	Não Mapear	
Não	Sim	Não	1	Não Mapear	
Não	Sim	Sim	2	Não Mapear	
Não	Sim	Sim	3	Mapear Parcial	Fechamento Contábil
Não	Sim	Sim	2	Não Mapear	
Não	Sim	Sim	4	Mapear Integral	Vendas e Contas a Receber
Não	Não	Sim	3	Mapear Parcial	Ativo Fixo
Não	Não	Não	0	Não Mapear	
Não	Não	Não	0	Não Mapear	
Não	Não	Não	0	Não Mapear	
Não	Não	Não	0	Não Mapear	
Não	Não	Sim	1	Não Mapear	
Não	Não	Sim	1	Não Mapear	
Não	Não	Sim	1	Não Mapear	
Não	Não	Não	0	Não Mapear	

Tabela 14.2 Análise das contas contábeis do passivo

"SOX Eletric Ind. Ltda." 31 de Dezembro de 2022		R$ .000	Materialidade	R$ 237.938
			Fator Quantitativo	Fatores Qualitativos
			Relevante	Alto Volume de Transações
PASSIVO		1.006.602		
PASSIVO CIRCULANTE		577.877		
Fornecedores	212.773		Não	Sim
Contas a Pagar Improd.	34.297		Não	Não
C/Correntes Control.	330.807		Sim	Sim
Obrigações Trabalhistas		27.103		
Folha Pagamento		992	Não	Sim
Encargos Sociais		7.667	Não	Sim
Prov. Férias/13º Sal.		13.472	Não	Sim
Prov. Encargos		4.972	Não	Sim
Obrigações Tributárias		184.000		
Impostos e Contribuições		184.000	Não	Sim
Outras Obrigações		57.301		
Provisões Diversas		32.911	Não	Não
Créditos de Revenda		2.765	Não	Não
Royalties		21.625	Não	Não
EXIGÍVEL A LONGO PRAZO		160.321		
Empréstimos				
Mútuo com Coligadas		154.493	Não	Não
Obrig. Exigíveis a Longo Prazo		5.828	Não	Não
PATRIMÔNIO LÍQUIDO		1.794.336		
Capital Social	373.709		Sim	Não
Reservas	55.369		Não	Não
Lucros/Prej. Acumulados	1.364.277		Sim	Não
CONTAS COMPENSAÇÃO		981		
Contas Transitórias	772		Não	Não
Bens de Terc. em Comodato	209		Não	Não

Erro Tolerável			5%		
Fatores Qualitativos			**Análise do Controle Interno**		
Provisão/ Estimativa	Estoque ou Atividades não Operacionais	Considerar o Cenário de Mercado	Pontuação	Resultado	Processo
Não	Não	Sim	2	Não Mapear	
Não	Não	Sim	1	Não Mapear	
Não	Não	Sim	3	Mapear Parcial	Tesouraria
Sim	Não	Sim	3	Mapear Parcial	Folha de Pagamento
Sim	Não	Sim	3	Mapear Parcial	Folha de Pagamento
Sim	Não	Sim	3	Mapear Parcial	Folha de Pagamento
Sim	Não	Sim	3	Mapear Parcial	Folha de Pagamento
Sim	Não	Não	2	Não Mapear	
Sim	Não	Sim	2	Não Mapear	
Não	Não	Não	0	Não Mapear	
Não	Não	Sim	1	Não Mapear	
Não	Sim	Sim	2	Não Mapear	
Não	Não	Não	0	Não Mapear	
Não	Não	Sim	2	Não Mapear	
Não	Não	Sim	1	Não Mapear	
Não	Não	Sim	2	Não Mapear	
Não	Não	Não	0	Não Mapear	
Não	Não	Não	0	Não Mapear	

Tabela 14.3 Análise das contas contábeis do resultado

"SOX Eletric Ind. Ltda." 31 de Dezembro de 2022		R$ .000	Materialidade	R$ 237.938
			Fator Quantitativo	Fatores Qualitativos
			Relevante	Alto Volume de Transações
RESULTADO				
Receita de Vendas	4.825.927		Sim	Sim
Impostos de Vendas	557.334		Sim	Sim
Receita Líquida Vendas		4.268.593	Sim	Sim
Custo de Produção		3.539.066	Sim	Sim
Despesas c/ Vendas	391.853		Sim	Sim
Desp. Pessoal	138.165		Não	Sim
Despesas Administrativas	106.244		Não	Sim
Outras Despesas e Receitas	-235.010		Não	Sim
Resultado Operacional		401.252	Sim	Sim
Resultado Não Operacional	3.162		Não	Sim
Lucro Antes do Imposto de Renda		325.113	Sim	Sim
Imposto de Renda/Contrib. Social	154.527		Não	Sim
Lucro Líquido do Exercício		170.586	Não	Sim

Erro Tolerável			5%		
Fatores Qualitativos			Análise do Controle Interno		
Provisão/ Estimativa	Estoque ou Atividades não Operacionais	Considerar o Cenário de Mercado	Pontuação	Resultado	Processo
Não	Não	Sim	3	Mapear Parcial	Vendas e Contas a Receber
Não	Não	Sim	3	Mapear Parcial	Vendas e Contas a Receber
Não	Não	Sim	3	Mapear Parcial	Vendas e Contas a Receber
Não	Não	Sim	3	Mapear Parcial	Custo e Inventário
Não	Não	Sim	3	Mapear Parcial	Vendas e Contas a Receber
Não	Não	Sim	2	Não Mapear	
Não	Não	Sim	2	Não Mapear	
Não	Não	Sim	2	Não Mapear	
Não	Não	Sim	3	Mapear Parcial	Vendas e Contas a Receber
Não	Sim	Sim	3	Mapear Parcial	Vendas e Contas a Receber
Não	Não	Sim	3	Mapear Parcial	Fechamento Contábil
Não	Não	Sim	2	Não Mapear	
Não	Não	Sim	2	Não Mapear	

14.2 FECHAMENTO CONTÁBIL

O processo de Fechamento Contábil apresentado contempla rotinas simples e geralmente existentes em um processo comum, tendo sua importância destacada pela interpretação aplicada ao tipo de negócio do segmento proposto e representado na SOX Electric Ltda., empresa individual do grupo SOX Corporation.

14.2.1 Narrativa

Tabela 14.4 Narrativa – Fechamento Contábil

Detalhar	Objetivo
Nome da Empresa	SOX Eletric Ltda.
Megaprocesso	Contábil
Processo	Fechamento Contábil
Responsável	Gerente Contábil
Competência	2022
Objetivo do Processo	*O objetivo desta narrativa é identificar as principais atividades do processo de Fechamento Contábil, os departamentos, funcionários, documentos, aprovações e controles envolvidos.*
Índice de Atividades	A - Provisões B - Classificações C - Interfaces D - Apuração de impostos E - Atividades de Fechamento Contábil F - Plano de Contas
Contas Contábeis Significativas pela Materialidade	133. 500 - Prov. Férias/13º Sal. 231.600 - Fornecedores 231.700 - Contas a Pagar Improd. 121.200 - Clientes Nacionais 145.500 - ICMS a Recuperar 156.300 - Depreciação Acumulada 254.100 - PIS 255.100 - COFINS

Processo

O Fechamento Contábil inicia-se com o envio do cronograma de fechamento contábil. O cronograma é enviado por *e-mail* pelo colaborador contábil para os departamentos envolvidos no fechamento (adm. de pessoal, fiscal, faturamento, controle patrimonial, entre outros), solicitando a eles os documentos e atividades necessárias para conclusão do fechamento do mês.

A – Provisão

O analista contábil recebe de cada departamento responsável a documentação com os cálculos das seguintes provisões:
- Férias e 13º salário
- Contas a pagar

(Continua)

Capítulo 14 | Modelos Práticos **191**

(Continuação)

- Vendas
- Aluguéis a receber

Como base nos cálculos recebidos, o analista contábil realiza os lançamentos manuais na transação FB50 no sistema SAP. Os lançamentos manuais são revisados pelo supervisor contábil.

B – Classificações

Mensalmente, o analista contábil realiza as classificações das despesas, ativos, adiantamentos e faturamentos conforme os documentos e relatórios recebidos dos departamentos responsáveis. As classificações são realizadas por lançamentos manuais na transação FB50 no sistema SAP e são revisadas pelo supervisor contábil.

C – Interfaces

Cada departamento é responsável pelo cumprimento do cronograma de fechamento contábil, que inclui o processamento das interfaces, para que as informações dos sistemas legados sejam transferidas para o sistema SAP.

O analista de Administração de Pessoal processa as informações da folha de pagamento no sistema Folhamatic. O supervisor de Recursos Humanos aprova a folha de pagamento no sistema Folhamatic, para que as informações de RH fiquem disponíveis no sistema SAP para realização do fechamento contábil.

O analista de Faturamento efetua: a liberação para interface do faturamento (diariamente) e a liberação da interface do ICMS (mensalmente).

O analista de Custos executa a interface entre o sistema Super Cost e o sistema contábil (SAP), para integração das informações de custo.

O analista do departamento de Controle Patrimonial elabora mensalmente o relatório de ativos fixo e realiza o fechamento do imobilizado no sistema Controle de Ativo Fixo. A depreciação é calculada automaticamente no sistema e a contabilização ocorre no sistema SAP após o processamento da interface.

O sistema SAP integra automaticamente os dados (tipo do dado, conta contábil, n° de registros) na interface com os sistemas legados.

Posteriormente, o analista contábil gera no sistema SAP o relatório "Crítica de Interfaces" para verificar se as interfaces de todos os sistemas legados foram processadas corretamente.

D – Apuração de Impostos

O analista do departamento Fiscal realiza a apuração dos impostos (PIS e COFINS) em planilha Excel® e realiza lançamento pré-editado no Sistema SAP na transação FV50 para contabilização dos valores apurados. Um lançamento pré-editado é um lançamento contábil manual que segue um roteiro de aprovação antes de ser efetivado.

Os lançamentos preeditados são aprovados eletronicamente conforme alçada parametrizada no sistema SAP (elaborador, aprovador da área, aprovador contábil). O analista do departamento Fiscal envia a documentação suporte para o analista contábil efetivar o lançamento no sistema. Caso a documentação não atenda aos princípios contábeis ou critérios para provisão, o lançamento é estornado e o documento é devolvido para a área solicitante.

E – Atividades de Fechamento Contábil

Cabe aos analistas de cada setor responsável pelo fechamento enviar um *e-mail* para os analistas do setor contábil, informando o momento da conclusão de suas atividades.

Após a conclusão das atividades, o analista da Contabilidade verifica no cronograma de fechamento se todas as atividades foram efetuadas, preenche a planilha de cronograma de fechamento com a data do recebimento das atividades efetuadas e fecha o período contábil no sistema SAP.

No mês subsequente ao fechamento contábil, os analistas de Vendas realizam as conciliações contábeis das contas patrimoniais. Caso seja identificada alguma diferença entre o saldo contábil e o saldo auxiliar, o colaborador de Vendas envia um *e-mail* para a área responsável solicitando a regularização.

F – Plano de Contas

Ao identificar a necessidade de realizar uma abertura ou atualização no plano de contas, o analista da área contábil preenche o formulário "Abertura e Alteração no Plano de Contas" contendo as justificativas para abertura e/ou alteração do plano de contas e com número sequencial fornecido pela consolidadora (Grupo França). O formulário deve ser aprovado pelo supervisor e gerente da Contabilidade.

O formulário aprovado é enviado para a consolidadora (Grupo SOX Corporation), que efetua a abertura e/ou alteração da conta no Plano de Contas para ciência e parecer dos responsáveis pelo processo contábil das outras unidades.

14.2.2 Fluxograma

Figura 14.1 Fluxograma – Fechamento Contábil [Pág. 1/6]

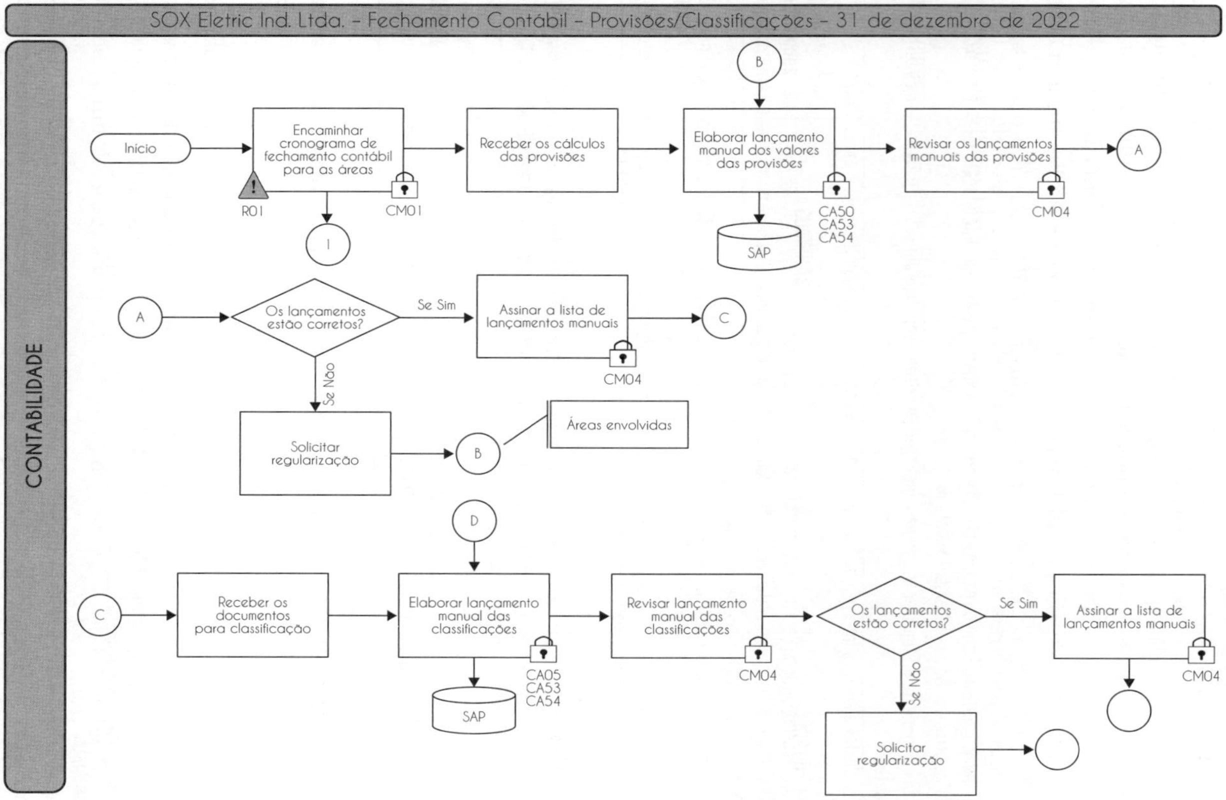

Capítulo 14 | Modelos Práticos

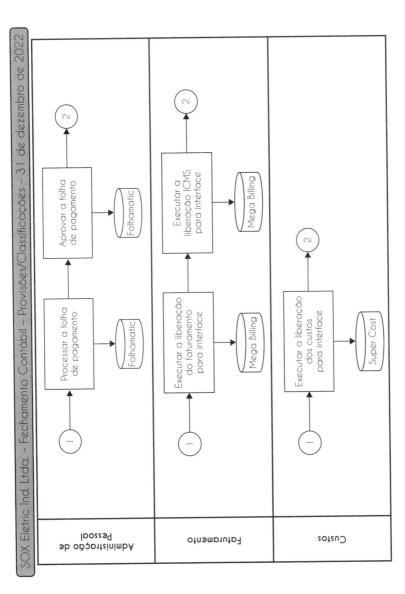

Figura 14.2 Fluxograma – Fechamento Contábil [Pág. 2/6]

194 Mapeamento de Controles Internos SOX

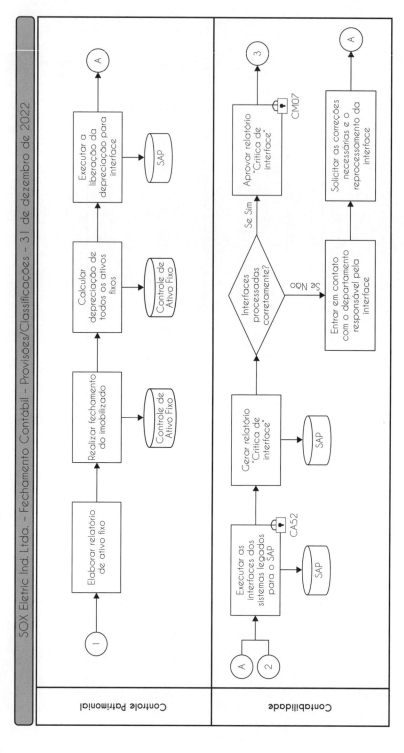

Figura 14.3 Fluxograma – Fechamento Contábil (Pág. 3/6)

Capítulo 14 | Modelos Práticos **195**

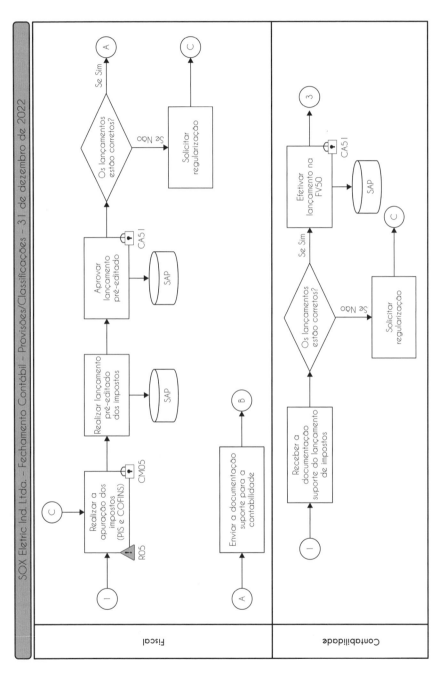

Figura 14.4 Fluxograma – Fechamento Contábil [Pág. 4/6]

196 Mapeamento de Controles Internos SOX

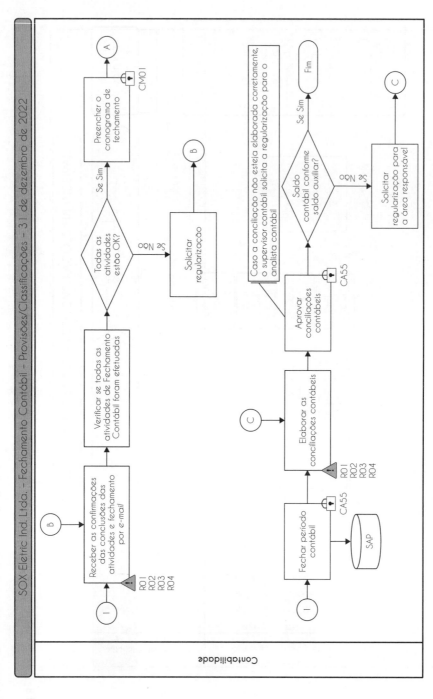

Figura 14.5 Fluxograma – Fechamento Contábil (Pág. 5/6)

Capítulo 14 | Modelos Práticos **197**

Figura 14.6 Fluxograma – Fechamento Contábil (Pág. 6/6)

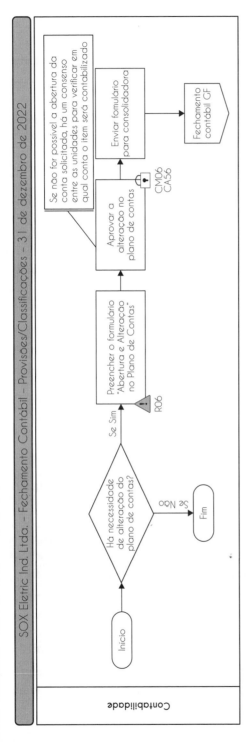

14.2.3 Matriz de Riscos e Controles

Figura 14.7 Matriz de Riscos e Controles – Fechamento Contábil

ASSERTIVAS					SOX Eletric Ind. Ltda.	
Existência ou Ocorrência	Integridade	Valoração ou Alocação	Direitos e Obrigações	Apresentação e Divulgação	MEGAPROCESSO: Contábil PROCESSO: Fechamento Contábil RESPONSÁVEL: Gestor Contábil	
					R01	**O que garante que todas as transações de registros para Fechamento Contábil foram efetuadas?**
					R01 CM01	Quem (Área): Contabilidade Quem (Gestor): Gerente de Contabilidade Quem (Executor): Analista Contábil Como: O analista contábil acompanha o processo de Fechamento Contábil por meio do cronograma permanente para fechamento contábil mensal. Antes do fechamento, o colaborador envia o cronograma por *e-mail* para todos os responsáveis pela elaboração do fechamento contábil. Após a finalização das atividades, o analista contábil atualiza a planilha de cronograma com datas em que as atividades foram concluídas. Este controle é evidenciado pelo *e-mail* com o cronograma de fechamento enviado às áreas envolvidas e pela coluna "dia de entrega" preenchida no cronograma permanente pela contabilidade.
					R02	**O que garante que as provisões para o Fechamento Contábil foram efetuadas e estão corretas?**
					R02 CM01	Quem (Área): Contabilidade Quem (Gestor): Gerente de Contabilidade Quem (Executor): Analista Contábil Como: O analista contábil acompanha o processo de Fechamento Contábil por meio do cronograma permanente para fechamento contábil mensal. Antes do fechamento, o colaborador envia o cronograma por *e-mail* para todos os responsáveis pela elaboração do Fechamento Contábil. Após a finalização das atividades, o analista contábil atualiza a planilha de cronograma com datas em que as atividades foram concluídas. Este controle é evidenciado pelo *e-mail* com o cronograma de fechamento enviado às áreas envolvidas e pela coluna "dia de entrega" preenchida no cronograma permanente pela contabilidade.
					R02 CM02	Quem (Área): Contabilidade Quem (Gerente): Gerente de Contabilidade Quem (Executor): Analista Contábil Como: O analista contábil realiza mensalmente a conciliação das contas de provisão, comparando o saldo contábil com o cálculo da provisão assinado pelo supervisor da área responsável. Este controle é evidenciado por meio da assinatura do elaborador e do supervisor contábil na capa das conciliações.
					R02 CA50	Quem (Área): Contabilidade Quem (Gestor): Gerente de Contabilidade Quem (Executor): Sistema Como: O sistema SAP bloqueia o acesso de usuários não autorizados à transação de contabilização de lançamentos manuais. Transação FB50.

						Avaliação de Risco					
Competência: 31 de dezembro de 2022						Risco de Fraude	Risco de Imagem	Volume de Transações	Autoavaliação do Ambiente	Automação do Processo	Resultado
Evidência	**Frequência**	**Natureza**	**Tipo**	**Operacionalização**	**Objetivo (Específico)**	3	1	3	3	2	**Alto**
Cronograma mensal de fechamento contábil	Mensal	Primário	Preventivo	Manual	Controle de Atividade						
Evidência	**Frequência**	**Natureza**	**Tipo**	**Operacionalização**	**Objetivo (Específico)**	3	1	2	3	2	**Médio**
Cronograma mensal de fechamento contábil	Mensal	Primário	Preventivo	Manual	Controle de Atividade						
Conciliações das contas de provisão	Mensal	Primário	Detectivo	Parcialmente Sistêmico	Antifraude						
Transação FB50	Irregular	Primário	Preventivo	Sistêmico	Antifraude						

200 Mapeamento de Controles Internos SOX

Figura 14.8 Matriz de Riscos e Controles – Fechamento Contábil

ASSERTIVAS						SOX Eletric Ind. Ltda.
Existência ou Ocorrência	Integridade	Valoração ou Alocação	Direitos e Obrigações	Apresentação e Divulgação		MEGAPROCESSO: Contábil PROCESSO: Fechamento Contábil RESPONSÁVEL: Gestor Contábil
					R03	**O que garante que todos os lançamentos contábeis foram efetuados dentro do período de competência adequado, no valor e na conta contábil correta no sistema SAP?**
					R03 **CM03**	Quem (Área): Contabilidade Quem (Gestor): Gerente de Contabilidade Quem (Executor): Analista Contábil Como: Mensalmente, são efetuadas conciliações das contas contábeis de ativo e passivo. Este controle é evidenciado por meio da assinatura do elaborador e do revisor/aprovador (supervisor) na capa das conciliações. Os documentos são arquivados na Controladoria.
					R03 **CM01**	Quem (Área): Contabilidade Quem (Gestor): Gerente de Contabilidade Quem (Executor): Analista Contábil Como: O analista contábil acompanha o processo de fechamento contábil por meio do cronograma permanente para fechamento contábil mensal. Antes do fechamento, o colaborador envia o cronograma por *e-mail* para todos os responsáveis pela elaboração do fechamento contábil. Após a finalização das atividades, o analista contábil atualiza a planilha de cronograma com datas em que as atividades foram concluídas. Este controle é evidenciado pelo *e-mail* com o cronograma de fechamento enviado às áreas envolvidas e pela coluna "dia de entrega" preenchida no cronograma permanente pela contabilidade.
					R03 **CM02**	Quem (Área): Contabilidade Quem (Gerente): Gerente de Contabilidade Quem (Executor): Analista Contábil Como: O analista contábil realiza mensalmente a conciliação das contas de provisão, comparando o saldo contábil com o cálculo da provisão assinado pelo supervisor da área responsável. Este controle é evidenciado por meio da assinatura do elaborador e do supervisor contábil na capa das conciliações.
					R03 **CM04**	Quem (Área): Contabilidade Quem (Gestor): Gerente de Contabilidade Quem (Executor): Analista Contábil Como: Com base na documentação suporte, o analista contábil realiza os lançamentos manuais na transação FB50 no sistema SAP. Após a realização dos lançamentos, o supervisor contábil verifica se estão corretos. Esse controle é evidenciado pelo relatório de "Listagem de Lançamentos Manuais" assinado pelo analista contábil que efetuou o lançamento e pelo supervisor contábil, que o revisou.
					R03 **CM07**	Quem (Área): Contabilidade Quem (Gestor): Gerente de Contabilidade Quem (Executor): Analista Contábil Como: Mensalmente, o analista contábil gera no sistema SAP o relatório "Crítica de Interfaces" para verificar se as interfaces de todos os sistemas legados foram processadas corretamente. Caso o sistema informe que a interface não foi processada integralmente, o analista entra em contato com o departamento responsável para verificar o erro e solicita o reprocessamento da interface antes da conclusão do Fechamento Contábil. A evidência do controle é o relatório "Crítica de Interfaces" sem conter erros, assinado pelo analista contábil e pelo supervisor contábil.

Competência: 31 de dezembro de 2022						Avaliação de Risco					
Evidência	Frequência	Natureza	Tipo	Operacionalização	Objetivo (Específico)	Risco de Fraude	Risco de Imagem	Volume de Transações	Autoavaliação do Ambiente	Automação do Processo	Resultado
						3	2	3	3	2	Alto
Conciliações das contas de ativo e passivo	Mensal	Primário	Detectivo	Parcialmente Sistêmico	Antifraude						
Cronograma mensal de fechamento contábil	Mensal	Primário	Preventivo	Manual	Controle de Atividade						
Conciliações das contas de provisão	Mensal	Primário	Detectivo	Parcialmente Sistêmico	Antifraude						
Listagem de Lançamentos Manuais	Irregular	Primário	Detectivo	Parcialmente Sistêmico	Antifraude						
Relatório "Crítica de Interfaces"	Mensal	Primário	Detectivo	Parcialmente Sistêmico	Controle de Atividade						

202 Mapeamento de Controles Internos SOX

Figura 14.9 Matriz de Riscos e Controles – Fechamento Contábil

ASSERTIVAS					SOX Eletric Ind. Ltda.	
Existência ou Ocorrência	Integridade	Valoração ou Alocação	Direitos e Obrigações	Apresentação e Divulgação		
					MEGAPROCESSO: Contábil PROCESSO: Fechamento Contábil RESPONSÁVEL: Gestor Contábil	
					RO3 — O que garante que todos os lançamentos contábeis foram efetuados dentro do período de competência adequado, no valor e na conta contábil correta no sistema SAP?	
					RO3 · CA50 — Quem (Área): Contabilidade Quem (Gestor): Gerente de Contabilidade Quem (Executor): Sistema Como: O sistema SAP bloqueia o acesso de usuários não autorizados à transação de contabilização de lançamentos manuais. Transação FB50.	
					RO3 · CA51 — Quem (Área): Contabilidade Quem (Gestor): Gerente de Contabilidade Quem (Executor): Sistema Como: O sistema SAP está parametrizado para que os lançamentos pré-editados sejam aprovados eletronicamente pela alçada de aprovação cadastrada no sistema SAP (supervisor, gerente e contabilidade).	
					RO3 · CA52 — Quem (Área): Contabilidade Quem (Gestor): Gerente de Contabilidade Quem (Executor): Sistema Como: O sistema SAP integra automaticamente dados (tipo do dado, conta contábil, número de registros) na interface com os sistemas legados.	
					RO3 · CA53 — Quem (Área): Contabilidade Quem (Gestor): Gerente de Contabilidade Quem (Executor): Sistema Como: O sistema SAP não permite realizar lançamentos contábeis em contas inexistentes. O sistema acusa mensagem de erro informando que o código contábil é inválido: "Entrada conta não existente".	
					RO3 · CA54 — Quem (Área): Contabilidade Quem (Gestor): Gerente de Contabilidade Quem (Executor): Sistema Como: O sistema SAP está parametrizado para não permitir lançamentos contábeis em períodos fechados.	
					RO3 · CA55 — Quem (Área): Contabilidade Quem (Gestor): Gerente de Contabilidade Quem (Executor): Sistema Como: O sistema SAP bloqueia o acesso de usuários não autorizados a abrir e fechar período contábil.	

						Avaliação de Risco					
Competência: 31 de dezembro de 2022						Risco de Fraude	Risco de Imagem	Volume de Transações	Autoavaliação do Ambiente	Automação do Processo	Resultado
Evidência	Frequência	Natureza	Tipo	Operacionalização	Objetivo (Específico)	3	2	3	3	2	Alto
Transação FB50	Irregular	Primário	Preventivo	Sistêmico	Antifraude						
Parametrização para aprovação de lançamentos pré-editados	Irregular	Primário	Preventivo	Sistêmico	Antifraude						
Interface legados X SAP	Irregular	Primário	Preventivo	Sistêmico	Antifraude						
Transação XX	Irregular	Primário	Preventivo	Sistêmico	Antifraude						
Transação FB50	Irregular	Primário	Preventivo	Sistêmico	Controle de Atividade						
Transação OB52	Irregular	Primário	Preventivo	Sistêmico	Antifraude						

204 Mapeamento de Controles Internos SOX

Figura 14.10 Matriz de Riscos e Controles – Fechamento Contábil

ASSERTIVAS					SOX Eletric Ind. Ltda.
Existência ou Ocorrência	Integridade	Valoração ou Alocação	Direitos e Obrigações	Apresentação e Divulgação	MEGAPROCESSO: Contábil PROCESSO: Fechamento Contábil RESPONSÁVEL: Gestor Contábil
					R04 — O que garante que não há registros contábeis de fechamento no sistema SAP em duplicidade e/ou fictícios?
					R04 / CM03 — Quem (Área): Contabilidade Quem (Gestor): Gerente de Contabilidade Quem (Executor): Analista Contábil Como: Mensalmente, são efetuadas conciliações das contas contábeis de ativo e passivo. Este controle é evidenciado por meio da assinatura do elaborador e do revisor/aprovador (supervisor) na capa das conciliações. Os documentos são arquivados na Controladoria.
					R04 / CM01 — Quem (Área): Contabilidade Quem (Gestor): Gerente de Contabilidade Quem (Executor): Analista Contábil Como: O analista contábil acompanha o processo de Fechamento Contábil por meio do cronograma permanente para fechamento contábil mensal. Antes do fechamento, o colaborador envia o cronograma por *e-mail* para todos os responsáveis pela elaboração do Fechamento Contábil. Após a finalização das atividades, o analista contábil atualiza a planilha de cronograma com datas em que as atividades foram concluídas. Este controle é evidenciado pelo *e-mail* com o cronograma de fechamento enviado às áreas envolvidas e pela coluna "dia de entrega" preenchida no cronograma permanente pela contabilidade.
					R04 / CM02 — Quem (Área): Contabilidade Quem (Gerente): Gerente de Contabilidade Quem (Executor): Analista Contábil Como: O analista contábil realiza mensalmente a conciliação das contas de provisão, comparando o saldo contábil com o cálculo da provisão assinado pelo supervisor da área responsável. Este controle é evidenciado por meio da assinatura do elaborador e do supervisor contábil na capa das conciliações.
					R04 / CM04 — Quem (Área): Contabilidade Quem (Gestor): Gerente de Contabilidade Quem (Executor): Analista Contábil Como: Com base na documentação suporte, o analista contábil realiza os lançamentos manuais na transação FB50 no sistema SAP. Após a realização dos lançamentos, o supervisor contábil verifica se estão corretos. Esse controle é evidenciado pelo relatório de "Listagem de Lançamentos Manuais" assinado pelo analista contábil que efetuou o lançamento e pelo supervisor contábil, que o revisou.
					R04 / CM07 — Quem (Área): Contabilidade Quem (Gestor): Gerente de Contabilidade Quem (Executor): Analista Contábil Como: Mensalmente, o analista contábil gera no sistema SAP o relatório "Crítica de Interfaces" para verificar se as interfaces de todos os sistemas legados foram processadas corretamente. Caso o sistema informe que a interface não foi processada integralmente, o analista entra em contato com o departamento responsável para verificar o erro e solicita o reprocessamento da interface antes da conclusão do Fechamento Contábil. A evidência do controle é o relatório "Crítica de Interfaces" sem conter erros, assinado pelo analista contábil e pelo supervisor contábil.

Competência: 31 de dezembro de 2022						Avaliação de Risco					
						Risco de Fraude	Risco de Imagem	Volume de Transações	Autoavaliação do Ambiente	Automação do Processo	Resultado
Evidência	Frequência	Natureza	Tipo	Operacionalização	Objetivo (Específico)	3	1	3	2	2	Médio
Conciliações das contas de ativo e passivo	Mensal	Primário	Detectivo	Parcialmente Sistêmico	Antifraude						
Cronograma mensal de fechamento contábil	Mensal	Primário	Preventivo	Manual	Controle de Atividade						
Conciliações das contas de provisão	Mensal	Primário	Detectivo	Parcialmente Sistêmico	Antifraude						
Listagem de Lançamentos Manuais	Irregular	Primário	Detectivo	Parcialmente Sistêmico	Antifraude						
Relatório "Crítica de Interfaces"	Mensal	Primário	Detectivo	Parcialmente Sistêmico	Controle de Atividade						

Figura 14.11 Matriz de Riscos e Controles – Fechamento Contábil

ASSERTIVAS					SOX Eletric Ind. Ltda.		
Existência ou Ocorrência	Integridade	Valoração ou Alocação	Direitos e Obrigações	Apresentação e Divulgação	MEGAPROCESSO: Contábil PROCESSO: Fechamento Contábil RESPONSÁVEL: Gestor Contábil		
					RO4	O que garante que não há registros contábeis de fechamento no sistema SAP em duplicidade e/ou fictícios?	
					RO4	CA50	Quem (Área): Contabilidade Quem (Gestor): Gerente de Contabilidade Quem (Executor): Sistema Como: O sistema SAP bloqueia o acesso de usuários não autorizados à transação de contabilização de lançamentos manuais. Transação FB50.
					RO4	CA51	Quem (Área): Contabilidade Quem (Gestor): Gerente de Contabilidade Quem (Executor): Sistema Como: O sistema SAP está parametrizado para que os lançamentos pré-editados sejam aprovados eletronicamente pela alçada de aprovação cadastrada no sistema SAP (supervisor, gerente e contabilidade).
					RO4	CA52	Quem (Área): Contabilidade Quem (Gestor): Gerente de Contabilidade Quem (Executor): Sistema Como: O sistema SAP integra automaticamente dados (tipo do dado, conta contábil, número de registros) na interface com os sistemas legados.
					RO4	CA53	Quem (Área): Contabilidade Quem (Gestor): Gerente de Contabilidade Quem (Executor): Sistema Como: O sistema SAP não permite realizar lançamentos contábeis em contas inexistentes. O sistema acusa mensagem de erro informando que o código contábil é inválido: "Entrada conta não existente".
					RO4	CA54	Quem (Área): Contabilidade Quem (Gestor): Gerente de Contabilidade Quem (Executor): Sistema Como: O sistema SAP está parametrizado para não permitir lançamentos contábeis em períodos fechados.

						Avaliação de Risco					
Competência: 31 de dezembro de 2022						Risco de Fraude	Risco de Imagem	Volume de Transações	Autoavaliação do Ambiente	Automação do Processo	Resultado
Evidência	**Frequência**	**Natureza**	**Tipo**	**Operacionalização**	**Objetivo (Específico)**	3	1	3	2	2	Médio
Transação FB50	Irregular	Primário	Preventivo	Sistêmico	Antifraude						
Parametrização para aprovação de lançamentos pré-editados	Irregular	Primário	Preventivo	Sistêmico	Antifraude						
Interface legados X SAP	Irregular	Primário	Preventivo	Sistêmico	Antifraude						
Transação XX	Irregular	Primário	Preventivo	Sistêmico	Antifraude						
Transação FB50	Irregular	Primário	Preventivo	Sistêmico	Controle de Atividade						

Figura 14.12 Matriz de Riscos e Controles – Fechamento Contábil

ASSERTIVAS					SOX Eletric Ind. Ltda.		
Existência ou Ocorrência	Integridade	Valoração ou Alocação	Direitos e Obrigações	Apresentação e Divulgação	MEGAPROCESSO: Contábil PROCESSO: Fechamento Contábil RESPONSÁVEL: Gestor Contábil		
					R05	O que garante que o cálculo da apuração dos impostos (PIS e COFINS) foi efetuado corretamente?	
					R05	CM05	Quem (Área): Fiscal Quem (Gestor): Coordenador Fiscal Quem (Executor): Analista Fiscal Como: Mensalmente, o analista fiscal realiza a apuração dos impostos (PIS e COFINS) no documento "Apuração PIS/Cofins". O cálculo é conferido pelo supervisor fiscal e pelo supervisor contábil. A evidência do controle é o documento "Apuração PIS/Cofins", assinado pelo elaborador e pelos revisores.
					R06	O que garante que as alterações no Plano de Contas são válidas?	
					R06	CM06	Quem (Área): Controladoria Quem (Gestor): Gerente de Controladoria Quem (Executor): Supervisor de Controladoria Como: O formulário "Abertura e Alteração no Plano de Contas" é autorizado e aprovado pelo supervisor e pelo Gerente de Controladoria. A evidência do controle é o formulário aprovado pelo supervisor e pelo Gerente da Contabilidade.
					R06	CA56	Quem (Área): Contabilidade Quem (Gestor): Gerente de Contabilidade Quem (Executor): Sistema Como: O sistema SAP bloqueia o acesso de usuários não autorizados a incluir, excluir ou alterar conta no plano de contas.

						Avaliação de Risco					
Competência: 31 de dezembro de 2022						Risco de Fraude	Risco de Imagem	Volume de Transações	Autoavaliação do Ambiente	Automação do Processo	Resultado
Evidência	**Frequência**	**Natureza**	**Tipo**	**Operacionalização**	**Objetivo (Específico)**	2	1	1	3	3	Médio
Documento "Apuração PIS/ COFINS"	Mensal	Primário	Preventivo	Manual	Controle de Atividade						
Evidência	**Frequência**	**Natureza**	**Tipo**	**Operacionalização**	**Objetivo (Específico)**	2	1	1	2	2	Baixo
Formulário "Solicitação de Abertura e Alteração no Plano de Contas"	Irregular	Primário	Preventivo	Manual	Antifraude						
Transação FSPO	Irregular	Primário	Preventivo	Sistêmico	Antifraude						

14.3 GERENCIAMENTO DE DADOS

O processo de Gerenciamento de Dados apresentado contempla rotinas simples e geralmente existentes em um processo comum, tendo sua importância destacada pela interpretação aplicada ao tipo de negócio do segmento proposto e representado na SOX Electric Ltda., empresa individual do grupo SOX Corporation.

14.3.1 Narrativa

Tabela 14.5 Narrativa – Gerenciamento de Dados

Detalhar	Objetivo
Nome da Empresa	SOX Eletric Ltda.
Megaprocesso	Infraestrutura
Processo	Gerenciamento de Dados
Responsável	Gerente de Infraestrutura
Competência	2022
Objetivo do Processo	O objetivo desta narrativa é identificar as principais atividades do processo de Gerenciamento de Dados, considerando a geração de cópias de segurança, armazenamento de mídia e recuperação de informação
Indice de Atividades	A - *Backup* B - Gerenciamento de Mídia C - *Restore*
Contas Contábeis Significativas pela Materialidade	Todas as contas contábeis; processo atende a todos os sistemas
Processo	

O processo de Gerenciamento de Dados sob gestão do Grupo SOX Corporation abrange os seguintes servidores de aplicação, dentro do contexto:
Aplicações Corporativas Totvs e SAP;
Aplicação CM, ambiente Notes.

(Continua)

(Continuação)

A área responsável pelas atividades de *backup*, restauração e gerenciamento de mídias destes aplicativos é a área de Operação, composta de seis operadores. Essa área apresenta a disponibilidade de operação 24 por 7, sendo esta dividida em três turnos:

1º Turno: dois operadores, das 7h às 15h;

2º Turno: dois operadores, das 15h às 23h;

3º Turno: dois operadores, das 23h às 7h.

A – *Backup*

- Políticas e Procedimentos (definidos e divulgados)

Seguem as estratégias de periodicidade e conteúdo de *backup* para cada ambiente:

Aplicações Corporativas Totvs e SAP

- *Backup* Diário: *Backup full* das bibliotecas de programas e dados durante todos os dias úteis de calendário oficial da localidade.

- *Backup* Semanal: *Entire System Backup* aos sábados (sistema operacional, configurações, bibliotecas, programas e dados).

Aplicações Notes

- *Backup* Diário: correio eletrônico, programas, bases e templates.

- *Backup* Semanal: *Entire System Backup* aos sábados.

No ambiente Totvs, o processo de solicitação de novas rotinas de *backup* é iniciado pelos analistas responsáveis pelos sistemas do SOX Eletric, por meio do envio de Solicitação de Serviço de *Backup* ao analista de Suporte. O envio da solicitação é eletrônico, realizado pelo sistema GST (Gerenciamento de Serviços de Tecnologia).

Ao receber essa solicitação, o analista de suporte inclui uma nova rotina de execução na Ordem de Serviço.

A Ordem de Serviço é um documento que abrange o processamento de dados em lote, incluindo os procedimentos de *backup*, sendo gerada diariamente sempre que há processamento. Este documento contém a sequência e os comandos a serem executados, as máquinas, as bibliotecas incluídas nas rotinas de *backup* e processamento de dados em lote, número do volume das mídias de armazenamento, horário de início e fim do *backup* e processamento dos dados em lote.

- Execução e Monitoramento do Serviço

As atividades de execução e monitoramento do *backup* e processamento de dados em lote são realizadas, normalmente, pelos dois operadores do 2º turno.

Aplicações Totvs e SAP: o *backup* das bibliotecas é executado com o auxílio de utilitários da aplicação, nos seguintes horários:

- *Backup* Diário: são executados dois *backups*, no início e ao final do processamento da cadeia *batch*, iniciando às 0 h e 6 h, respectivamente, com aproximadamente 4 horas de duração;

- *Backup* Semanal: é realizado *Entire System Backup* às 23h15 com aproximadamente 8 horas de duração.

Aplicações Notes: a execução do *backup* é automatizada por meio da ferramenta de *Backup* TSM, sendo o início comandado pelo operador. O *Backup* Diário e o Semanal têm início de processamento a partir das 00:00hs.

O monitoramento do *backup* é feito com o auxílio dos utilitários de *backup* nos dois ambientes. A análise dos resultados do processamento é realizada no decorrer do processamento com a consulta dos *logs* do processamento, e as falhas tempestivas são corrigidas. Os horários de início e fim das rotinas de *backups* são registrados diariamente pelo operador na Ordem de Serviço.

(Continua)

212 Mapeamento de Controles Internos SOX

(Continuação)

Na ocorrência de algum problema durante o processamento, o operador registra a ocorrência na SAOS (Solicitação de Abertura de Ocorrência de Sistema) e encaminha a ocorrência ao analista de sistemas responsável pelo *backup*. Caso o problema não tenha sido solucionado até o final do 3º turno, o operador registra a ocorrência no livro de passagem de turno para que o operador do próximo turno dê sequência ao processo.

Mensalmente, o analista de operação revisa a lista de servidores que necessitam de *backup*.

B – Gerenciamento de Mídia

- Políticas e Procedimentos (definidos e divulgados)

O final do processamento do *backup* ocorre no início do 1º turno. O processo de controle da fitoteca é iniciado no 2º turno. Neste processo, o operador informa ao sistema de controle de fitoteca as gerações das mídias de *backup*. Este sistema foi desenvolvido pelo Grupo SOX Corporation com a finalidade de controlar o período de retenção das mídias.

Depois de finalizado o processo de registro das mídias geradas no sistema, é emitido relatório das mídias que apresentam período de retenção expirado. É baseado neste relatório que o operador faz a liberação de mídias no cofre. Com o relatório de mídias expiradas, o operador conduz as mídias de *backup* até o edifício em que se localiza a sala do cofre.

A política de período de retenção das mídias estabelece:

Aplicações Corporativas Totvs e SAP

- *Backup* Diário: o período de retenção das mídias são retidas por 8 dias;

- *Backup* Semanal: o período de retenção das mídias são retidas por 5 semanas; as últimas mídias do mês são armazenadas por tempo indeterminado.

Aplicações Notes

- *Backup* Diário: o período de retenção das mídias é de 6 dias;

- *Backup* Semanal: o período de retenção das mídias é de 4 semanas; as mídias referentes à ultima semana do mês são mantidas até 1895 dias.

No ambiente Totvs são utilizadas as mídias padrão LTO (*Linear Tape-Open*) no processo de *backup*. A unidade de fita magnética ainda está em funcionamento em máquina específica para atender o *restore* de mídias antigas (anterior a 1999).

O padrão de mídia de *backup* adotado para as aplicações Notes é LTO e similares, quando necessário.

Semanalmente, o operador executa o procedimento de teste de recuperação de dados. O controle de teste é baseado em uma listagem gerada pelos aplicativos de *backup*, na qual consta o último registro de leitura de todas as mídias cadastradas.

C – *Restore*

- Políticas e Procedimentos (definidos e divulgados)

O *restore* é executado mediante solicitação por meio do formulário eletrônico no sistema GST.

O analista de suporte, ao receber a solicitação de *restore* e, encaminha a solicitação ao operador que executa o *restore* de uma área particular estabelecida pelo solicitante.

Após a execução do serviço, a analista encaminha uma confirmação de atendimento ao usuário solicitante do *restore*.

14.3.2 Fluxograma

Figura 14.13 Fluxograma – Ger. de Dados (Pág. 1/3)

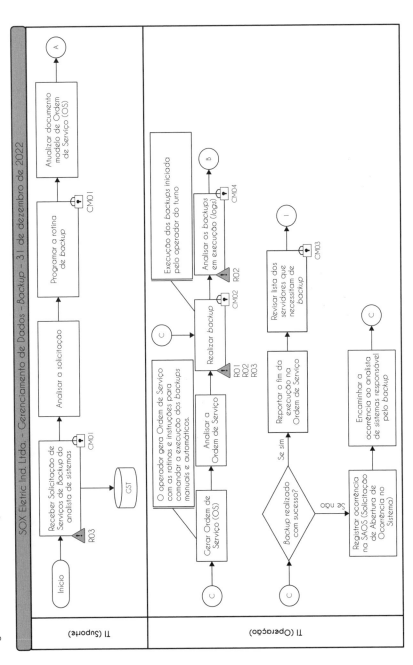

214 Mapeamento de Controles Internos SOX

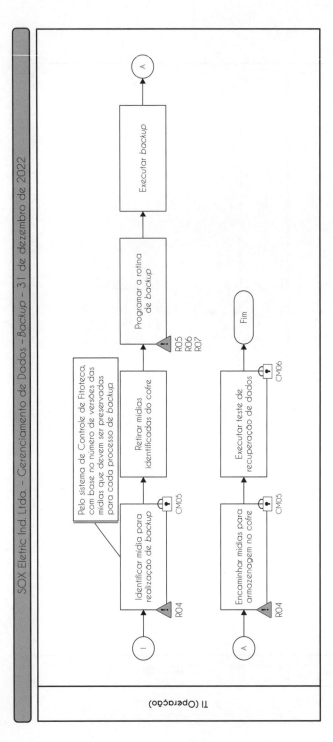

Figura 14.14 Fluxograma – Ger. de Dados (Pág. 2/3)

Capítulo 14 | Modelos Práticos **215**

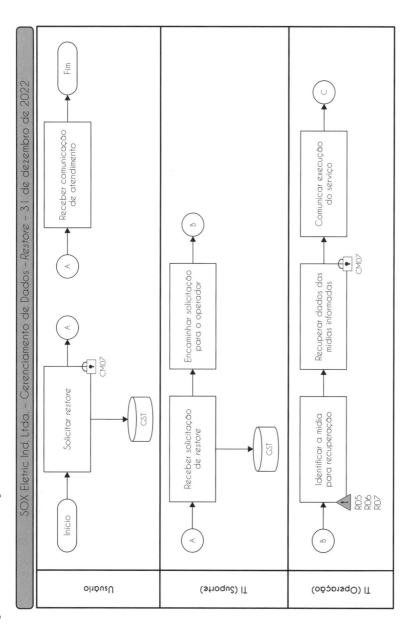

Figura 14.15 Fluxograma – Ger. de Dados [Pág. 3/3]

14.3.3 Matriz de Riscos e Controles

Figura 14.16 Matriz de Riscos e Controles – Ger. de Dados

ASSERTIVAS					SOX Eletric Ind. Ltda.
Existência ou Ocorrência	Integridade	Valoração ou Alocação	Direitos e Obrigações	Apresentação e Divulgação	MEGAPROCESSO: Infraestrutura PROCESSO: Gerenciamento de Dados
					R01 — **O que garante que informações críticas para o negócio e de aspectos legais estão sendo contempladas no processo de *backup*?**
					R01 · CM01 — Quem (Área): TI Quem (Gestão): Gerente de Infraestrutura Quem (Executor): Analista de Sistemas Como: Quando há necessidade de inclusão de novas rotinas de *backup*, o analista de sistemas gera uma GST solicitando a nova rotina. A evidência do controle é a GST assinada eletronicamente pelo analista de sistemas, como elaborador, pelo supervisor de TI, como aprovador, e pelo analista de suporte que atendeu à solicitação.
					R01 · CM02 — Quem (Área): TI Quem (Gestão): Diretoria de TI Quem (Executor): Diretor Vice-Presidente Como: O analista de operação realiza os *backups* dos servidores escopos conforme "Norma para Controle e Segurança dos Dados". A evidência do controle é a "Norma para Controle e Segurança dos Dados" vigente, assinada pelo Gerente de TI e pelo Diretor Vice-Presidente.
					R01 · CM03 — Quem (Área): TI Quem (Gestão): Supervisor de TI Quem (Executor): Analista de Operação Como: Mensalmente, o analista de operação revisa a lista de servidores que necessitam de *backup*. A evidência do controle é o documento "Validação de *Backup*", datado e assinado pelo analista de operação e pelo supervisor de TI.

						Avaliação de Risco					
Atualização: 31 de janeiro de 2022						Risco de Fraude	Risco de Imagem	Volume de Transações	Autoavaliação do Ambiente	Automação do Processo	Resultado
Evidência	Frequência	Natureza	Tipo	Operacionalização	Objetivo (Específico)	3	1	3	2	3	Alto
GST aprovada	Por Ocorrência	Primário (*Key*)	Preventivo	Controle Parcialmente Sistêmico	Salvaguarda						
"Norma para Controle e Segurança dos Dados"	Bienal	Primário (*Key*)	Preventivo	Controle Manual	Salvaguarda						
Documento "Validação de *Backup*"	Mensal	Primário (*Key*)	Detectivo	Controle Manual	Salvaguarda						

Figura 14.17 Matriz de Riscos e Controles – Ger. de Dados

ASSERTIVAS						SOX Eletric Ind. Ltda.	
Existência ou Ocorrência	Integridade	Valoração ou Alocação	Direitos e Obrigações	Apresentação e Divulgação		MEGAPROCESSO: Infraestrutura PROCESSO: Gerenciamento de Dados	
					R02	**O que garante que o processo de *backup* está sendo realizado de acordo com as necessidades de negócio?**	
					R02	CM01	Quem (Área): TI Quem (Gestão): Gerente de Infraestrutura Quem (Executor): Analista de Sistemas Como: Quando há necessidade de inclusão de novas rotinas de *backup*, o analista de sistemas gera uma GST solicitando a nova rotina. A evidência do controle é a GST assinada eletronicamente pelo analista de sistemas, como elaborador, pelo supervisor de TI, como aprovador, e pelo analista de suporte que atendeu à solicitação.
					R02	CM02	Quem (Área): TI Quem (Gestão): Diretoria de TI Quem (Executor): Diretor Vice-Presidente Como: O analista de operação realiza os *backups* dos servidores escopos conforme "Norma para Controle e Segurança dos Dados". A evidência do controle é a "Norma para Controle e Segurança dos Dados" vigente, assinada pelo Gerente de TI e pelo Diretor Vice-Presidente.
					R02	CM03	Quem (Área): TI Quem (Gestão): Supervisor de TI Quem (Executor): Analista de Operação Como: Mensalmente, o analista de operação revisa a lista de servidores que necessitam de *backup*. A evidência do controle é o documento "Validação de *Backup*", datado e assinado pelo analista de operação e pelo supervisor de TI.
					R02	CM04	Quem (Área): TI Quem (Gestão): Gerente de Infraestrutura Quem (Executor): Analista de Operação Como: O analista de operação analisa os *logs* de *backup* durante o processamento e realiza correções de falhas tempestivas, conforme "Norma para Controle e Segurança dos Dados". A análise dos *logs* é evidenciada no documento "*Logs* de *Backup* – dia", assinado pelos dois analistas de Operação do turno.

| | | | | | | Avaliação de Risco | | | | | |
Documentação	Frequência	Natureza do Controle	Tipo de Controle	Operacionalização do Controle	Objetivo	Risco de Fraude	Risco de Imagem	Volume de Transações	Autoavaliação do Ambiente	Automação do Processo	Resultado
Atualização: 31 de janeiro de 2022						3	1	3	2	3	Alto
GST aprovada	Por Ocorrência	Primário (*Key*)	Preventivo	Controle Parcialmente Sistêmico	Salvaguarda						
"Norma para Controle e Segurança dos Dados"	Bienal	Primário (*Key*)	Preventivo	Controle Manual	Salvaguarda						
Documento "Validação de *Backup*"	Mensal	Primário (*Key*)	Detectivo	Controle Manual	Salvaguarda						
Documento "*Logs* de *Backup* – dia"											

Mapeamento de Controles Internos SOX

Figura 14.18 Matriz de Riscos e Controles – Ger. de Dados

ASSERTIVAS						SOX Eletric Ind. Ltda.	
Existência ou Ocorrência	Integridade	Valoração ou Alocação	Direitos e Obrigações	Apresentação e Divulgação			
						MEGAPROCESSO: Infraestrutura PROCESSO: Gerenciamento de Dados	
					R03	O que garante que novas demandas são atendidas no processamento do *backup*?	
					R03 / CM01	Quem (Área): TI Quem (Gestão): Gerente de Infraestrutura Quem (Executor): Analista de Sistemas Como: Quando há necessidade de inclusão de novas rotinas de *backup*, o analista de sistemas gera uma GST solicitando a nova rotina. A evidência do controle é a GST assinada eletronicamente pelo analista de sistemas, como elaborador, pelo supervisor de TI, como aprovador, e pelo analista de suporte que atendeu à solicitação.	
					R03 / CM02	Quem (Área): TI Quem (Gestão): Diretoria de TI Quem (Executor): Diretor Vice-Presidente Como: O analista de operação realiza os *backups* dos servidores escopos conforme "Norma para Controle e Segurança dos Dados". A evidência do controle é a "Norma para Controle e Segurança dos Dados" vigente, assinada pelo Gerente de TI e pelo Diretor Vice-Presidente.	
					R03 / CM03	Quem (Área): TI Quem (Gestão): Supervisor de TI Quem (Executor): Analista de Operação Como: Mensalmente, o analista de operação revisa a lista de servidores que necessitam de *backup*. A evidência do controle é o documento "Validação de *Backup*", datado e assinado pelo analista de operação e pelo supervisor de TI.	
					R04	O que garante que, na ocorrência de sinistro, as mídias de segurança estejam resguardadas para o processo de recuperação de dados?	
					R04 / CM05	Quem (Área): TI Quem (Gestão): Diretoria de TI Quem (Executor): Diretor Vice-Presidente Como: As mídias são armazenadas *on* e *off-site*, e a guarda do *backup* e identificação das fitas são realizadas conforme "Norma para Controle e Segurança dos Dados". A evidência do controle é a "Norma para Controle e Segurança dos Dados" vigente, assinada pelo Gerente de TI e pelo Diretor Vice-Presidente.	

Capítulo 14 | Modelos Práticos **221**

						Avaliação de Risco					
						Risco de Fraude	Risco de Imagem	Volume de Transações	Autoavaliação do Ambiente	Automação do Processo	Resultado
Atualização: 31 de janeiro de 2022											
Documentação	**Frequência**	**Natureza do Controle**	**Tipo de Controle**	**Operacionalização do Controle**	**Objetivo**	1	2	2	2	3	**Médio**
GST aprovada	Por Ocorrência	Primário (*Key*)	Preventivo	Controle Parcialmente Sistêmico	Salvaguarda						
"Norma para Controle e Segurança dos Dados"	Bienal	Primário (*Key*)	Preventivo	Controle Manual	Salvaguarda						
Documento "Validação de *Backup*"	Mensal	Primário (*Key*)	Detectivo	Controle Manual	Salvaguarda						
Documentação	**Frequência**	**Natureza do Controle**	**Tipo de Controle**	**Operacionalização do Controle**	**Objetivo**	1	1	1	2	3	**Baixo**
"Norma para Controle e Segurança dos Dados"	Bienal	Primário (*Key*)	Preventivo	Controle Manual	Salvaguarda						

222 Mapeamento de Controles Internos SOX

Figura 14.19 Matriz de Riscos e Controles – Ger. de Dados

ASSERTIVAS					SOX Eletric Ind. Ltda.	
Existência ou Ocorrência	Integridade	Valoração ou Alocação	Direitos e Obrigações	Apresentação e Divulgação	MEGAPROCESSO: Infraestrutura PROCESSO: Gerenciamento de Dados	
					R05	**O que garante que as mídias de segurança necessárias à recuperação das informações de negócio e legais, estejam disponíveis e apresentem condições de recuperação no tempo requerido pelo negócio?**
					R05 CM05	Quem (Área): TI Quem (Gestão): Diretoria de TI Quem (Executor): Diretor Vice-Presidente Como: As mídias são armazenadas *on* e *off-site*, e a guarda do *backup* e identificação das fitas são realizadas conforme "Norma para Controle e Segurança dos Dados". A evidência do controle é a "Norma para Controle e Segurança dos Dados" vigente, assinada pelo Gerente de TI e pelo Diretor Vice-Presidente.
					R05 CM06	Quem (Área): TI Quem (Gestão): Supervisor de TI Quem (Executor): Analista de Operação Como: Semanalmente, o analista de operação executa o procedimento de teste de recuperação de dados. O controle de teste é baseado em uma listagem gerada pelos aplicativos de *backup*, na qual consta o último registro de leitura de todas as mídias cadastradas. O operador avalia o conteúdo de uma das mídias da listagem. Os resultados dos testes são reportados no documento "Simulação de Recuperação de Dados", assinado pelo analista que elaborou o teste e pelo supervisor de TI.

						Avaliação de Risco					
Atualização: 31 de janeiro de 2022						Risco de Fraude	Risco de Imagem	Volume de Transações	Autoavaliação do Ambiente	Automação do Processo	Resultado
Documentação	Frequência	Natureza do Controle	Tipo de Controle	Operacionalização do Controle	Objetivo	3	2	2	2	3	Alto
"Norma para Controle e Segurança dos Dados"	Bienal	Primário (*Key*)	Preventivo	Controle Manual	Salvaguarda						
Documento "Simulação de Recuperação de Dados"	Semestral	Primário (*Key*)	Preventivo	Controle Parcialmente Sistêmico	Salvaguarda						

Mapeamento de Controles Internos SOX

Figura 14.20 Matriz de Riscos e Controles – Ger. de Dados

ASSERTIVAS					SOX Eletric Ind. Ltda.		
Existência ou Ocorrência	Integridade	Valoração ou Alocação	Direitos e Obrigações	Apresentação e Divulgação	MEGAPROCESSO: Infraestrutura PROCESSO: Gerenciamento de Dados		
					R06	O que garante que, em caso de sinistro, o ambiente e as informações de negócio sejam totalmente recuperados em tempo adequado?	
					R06	**CM05**	Quem (Área): TI Quem (Gestão): Diretoria de TI Quem (Executor): Diretor Vice-Presidente Como: As mídias são armazenadas *on* e *off-site*, e a guarda do *backup* e identificação das fitas são realizadas conforme "Norma para Controle e Segurança dos Dados". A evidência do controle é a "Norma para Controle e Segurança dos Dados" vigente, assinada pelo Gerente de TI e pelo Diretor Vice-Presidente.
					R06	**CM06**	Quem (Área): TI Quem (Gestão): Supervisor de TI Quem (Executor): Analista de Operação Como: Semanalmente, o analista de operação executa o procedimento de teste de recuperação de dados. O controle de teste é baseado em uma listagem gerada pelos aplicativos de *backup*, na qual consta o último registro de leitura de todas as mídias cadastradas. O operador avalia o conteúdo de uma das mídias da listagem. Os resultados dos testes são reportados no documento "Simulação de Recuperação de Dados", assinado pelo analista que elaborou o teste e pelo supervisor de TI.
					R06	**CM07**	Quem (Área): TI Quem (Gestão): Gerente de TI Quem (Executor): Supervisor de TI Como: Quando há necessidade de recuperação de dados, o usuário gera uma GST solicitando o *restore*. A recuperação de dados ocorre conforme definido na Norma para Controle e Segurança dos Dados e Procedimentos de *Restore*. A evidência do controle é a GST assinada eletronicamente pelo usuário, como elaborador, pelo supervisor de TI, como aprovador, e pelo analista de operação que atendeu à solicitação.

Atualização: 31 de janeiro de 2022						Avaliação de Risco					
						Risco de Fraude	Risco de Imagem	Volume de Transações	Autoavaliação do Ambiente	Automação do Processo	Resultado
Documentação	Frequência	Natureza do Controle	Tipo de Controle	Operacionalização do Controle	Objetivo	3	2	1	2	3	Médio
"Norma para Controle e Segurança dos Dados"	Bienal	Primário (*Key*)	Preventivo	Controle Manual	Salvaguarda						
Documento "Simulação de Recuperação de Dados"	Semestral	Primário (*Key*)	Preventivo	Controle Parcialmente Sistêmico	Salvaguarda						
GST aprovada	Por Ocorrência	Primário (*Key*)	Preventivo	Controle Parcialmente Sistêmico	Salvaguarda						

226 Mapeamento de Controles Internos SOX

Figura 14.21 Matriz de Riscos e Controles – Ger. de Dados

ASSERTIVAS					SOX Eletric Ind. Ltda.		
Existência ou Ocorrência	Integridade	Valoração ou Alocação	Direitos e Obrigações	Apresentação e Divulgação	MEGAPROCESSO: Infraestrutura PROCESSO: Gerenciamento de Dados		
					R07	**O que garante a integridade das informações críticas para o negócio em um processo de recuperação de dados e que demandas de *restore* sejam oportunas?**	
					R07	CM05	Quem (Área): TI Quem (Gestão): Diretoria de TI Quem (Executor): Diretor Vice-Presidente Como: As mídias são armazenadas *on* e *off-site*, e a guarda do *backup* e identificação das fitas são realizadas conforme "Norma para Controle e Segurança dos Dados". A evidência do controle é a "Norma para Controle e Segurança dos Dados" vigente, assinada pelo Gerente de TI e pelo Diretor Vice-Presidente.
					R07	CM06	Quem (Área): TI Quem (Gestão): Supervisor de TI Quem (Executor): Analista de Operação Como: Semanalmente, o analista de operação executa o procedimento de teste de recuperação de dados. O controle de teste é baseado em uma listagem gerada pelos aplicativos de *backup*, na qual consta o último registro de leitura de todas as mídias cadastradas. O operador avalia o conteúdo de uma das mídias da listagem. Os resultados dos testes são reportados no documento "Simulação de Recuperação de Dados", assinado pelo analista que elaborou o teste e pelo supervisor de TI.

						Avaliação de Risco					
Atualização: 31 de janeiro de 2022						Risco de Fraude	Risco de Imagem	Volume de Transações	Autoavaliação do Ambiente	Automação do Processo	Resultado
Documentação	**Frequência**	**Natureza do Controle**	**Tipo de Controle**	**Operacionalização do Controle**	**Objetivo**	2	1	2	2	3	**Médio**
"Norma para Controle e Segurança dos Dados"	Bienal	Primário (*Key*)	Preventivo	Controle Manual	Salvaguarda						
Documento "Simulação de Recuperação de Dados"	Semestral	Primário (*Key*)	Preventivo	Controle Parcialmente Sistêmico	Salvaguarda						

15

CONSIDERAÇÕES FINAIS

O desafio de estruturar Controles Internos está presente em todas as organizações, para gerenciar riscos e evitar perdas em um cenário global e competitivo, regido por crescentes demandas dos órgãos reguladores, norteado por auditorias e fiscalizações. É a realidade das empresas.

O gerenciamento de risco recebe destaque e importância nos ambientes internos e externos, mas ainda é carente de mecanismos acessíveis a todos os níveis hierárquicos. A introdução aos Controles Internos nas organizações depende de capacitação profissional das áreas de negócios e de profissionais de riscos e controles experientes, de compreensão e interpretação de abordagens e metodologias, de investimentos tecnológicos e de disseminação da cultura de controles que não são adquiridas ou justificadas no curto prazo sem que perdas relevantes ou irreversíveis aos negócios aconteçam.

A proposta desta obra é compartilhar fundamentos de governança, premissas de riscos e controles, experiências de formalização e principalmente fornecer subsídios práticos para Controles Internos direcionados às Demonstrações Financeiras. Um ensaio sobre a dimensão e a complexidade de uma apropriada estrutura de Controles Internos, mas provendo uma base de informação que coopere ou aperfeiçoe toda e qualquer iniciativa de gestão de riscos, que além, de prevenir fraudes, erros e desvios, seja instrumento para o atendimento de auditorias, fiscalizações e, especialmente, para os interesses de gerenciamento de risco pela própria organização.

O objetivo é tornar a identificação de riscos e a criação de controles uma rotina para qualquer envolvido na organização, como parte integrante de qualquer processo existente e seguindo modelos simples e objetivos, ao destacar que uma das etapas mais importantes para implementar Controles Internos é o engajamento dos envolvidos.

Desejo que os estudantes, profissionais de negócios e controladores tenham em seu planejamento os riscos como oportunidades que precisam ser conhecidas e geridas apropriadamente, sendo a aversão ao risco o resultado de uma avaliação das possibilidades, dos impactos e das medidas preventivas ou corretivas para perpetuidade dos negócios.

Finalmente, que os Controles Internos sejam estimulados em todos os níveis da organização, seja por meio de mudanças comportamentais para adequação à necessidade da gestão de riscos, seja na forma de condução dos negócios para atender a órgãos reguladores, seja no fortalecimento da gestão da organização pela conquista ou resgate da confiança entre as organizações e os acionistas.

RESPOSTAS DAS PERGUNTAS DE CADA CAPÍTULO SUGERIDAS PELO AUTOR

CAPÍTULO 1

1. A estrutura de mecanismos de identificação de riscos e Controles Internos que assegurem a elaboração de Demonstrações Financeiras transparentes e confiáveis.
2. Para assegurar aos administradores a responsabilidade de avaliação do ambiente de controles da empresa, tornando obrigatório o que antes era considerado uma boa prática.
3. A Lei Sarbanes-Oxley exige que a alta administração, nas figuras do CEO e do CFO, seja responsabilizada por irregularidades nas Demonstrações Financeiras.
4. A auditoria independente assume a responsabilidade de certificar as empresas listadas na bolsa de valores norte-americana ao cumprimento em relação a uma adequada estrutura de Controles Internos.
5. Por ser uma lei de governança corporativa com ênfase em Controles Internos sobre as Demonstrações Financeiras, influenciou que requerimentos semelhantes ou equivalentes fossem adotados pelos demais mercados de capitais do mundo.

CAPÍTULO 2

1. Que as empresas tenham uma estrutura de Controles Internos certificados por firmas de auditoria independente.
2. Registrar e inspecionar as firmas de auditoria independente, definir regras de auditoria, controle de qualidade, valores éticos, estabelecer investigações e procedimentos disciplinares sobre as firmas de auditoria independente e atribuir sanções para empresas e/ou sócios.
3. O COSO é um modelo de Controles Internos reconhecido pela SEC para aplicação no atendimento de Controles Internos focado na organização.
4. O COBIT é um modelo para gestão da Tecnologia da Informação (TI) recomendado para o atendimento da Lei SOX focado na estrutura de Governança de TI.
5. O COSO e o COBIT são modelos de Controles Internos que completam um ao outro para obtenção de uma estrutura de Controles Internos adequada.

CAPÍTULO 3

1. É o ambiente responsável pela avaliação dos Controles Internos sobre a corporação como um todo, atua de forma abrangente e está vinculado à forma de gestão da empresa, às diretrizes de condução dos negócios e aos valores éticos estabelecidos.
2. É o ambiente responsável pela avaliação dos Controles Internos sobre processos de negócios da organização, atua de forma específica e direta vinculada ao modelo e à estrutura das operações da empresa, suas divisões e unidades.

232 Mapeamento de Controles Internos SOX

3. É o ambiente responsável pela avaliação dos Controles Internos em nível de sistemas que proporcionam suporte aos negócios e à estrutura das operações sistêmicas da empresa.

4. São ambientes de controles inter-relacionados e complementares uns aos outros para determinar a estrutura de Controles Internos, e podem sofrer variações em sua extensão dependendo do segmento de negócios, da cultura, da localidade e da origem da empresa, que influenciam significativamente.

5. Não há ambiente de controle mais importante, todos têm sua parcela significativa de participação na estrutura de Controles Internos, sendo que a sua extensão e intensidade variam por determinação da administração ou exigência regulatória.

CAPÍTULO 4

1. O processo mais importante é o identificado no cálculo de materialidade, baseado em critérios de análise.

2. É uma premissa para identificar os processos relevantes para as Demonstrações Financeiras, mediante a definição da organização de um apetite ao risco, composta de fatores quantitativos e qualitativos, que determinará o nível de conforto esperado pela administração.

3. São definidos pela alta administração, pois é a responsável por estabelecer o apetite da organização ao risco.

4. São os fatores quantitativos e qualitativos que endossam o discernimento na seleção dos processos relevantes para a SOX.

5. É o apetite da organização ao risco quando seleciona os processos para mapeamento, o quanto está disposta a tolerar ou desprezar em monitoramento de Controles Internos, impactando diretamente o volume de processos que são necessários contemplar na estrutura de Controles Internos.

CAPÍTULO 5

1. Risco é definido como a possibilidade de que um evento ocorra e afete adversamente a realização dos objetivos.

2. O risco de conformidade, ou *compliance*, termo utilizado principalmente por instituições financeiras, está relacionado a toda ou qualquer ação ou atividade em descumprimento de exigências internas (políticas e procedimentos) ou externas (leis e regulamentos).

3. O risco operacional abrange toda possibilidade de perdas ou falhas, sem exceções, estando limitado apenas por decisão da própria organização.

4. O risco de reporte financeiro é específico para a divulgação das Demonstrações Financeiras, tem suas características fundamentais na relevância e na representação fidedigna das informações.

5. As assertivas são representações ou conjunto de declarações da administração, explícitas ou implícitas, contidas nas Demonstrações Financeiras e utilizadas para identificar riscos de reporte financeiro.

CAPÍTULO 6

1. A negativa do controle, a ausência do controle e o processo.

2. A afirmação do que pode dar errado, o impacto no processo e a perda da oportunidade.

3. Permite uma abordagem mais amigável aos Controles Internos, que é parte integrante da organização, das pessoas e dos seus envolvidos.

Respostas das Perguntas de cada Capítulo Sugeridas pelo Autor **233**

4. Para melhorar a comunicação com as áreas mapeadas mediante a pergunta, que traz um formato mais amigável para o envolvido.

5. Seguir os modelos propostos no capítulo em um processo de livre escolha.

CAPÍTULO 7

1. A importância é identificar o risco crítico, definir as prioridades e o apetite ao risco.

2. As vertentes são o impacto e a frequência do risco, que expõem que, quanto maior forem o impacto e a sua probabilidade de ocorrer, maior será a preocupação com o risco.

3. A probabilidade e o impacto podem ser trabalhados em diversas escalas a critério e objetivo da organização, sendo o mínimo o estabelecimento de níveis de risco baixo, médio e alto.

4. Risco de fraude, imagem, volume de transações, autoavaliação do ambiente e automação do processo.

5. Todos os critérios definidos pela organização e que melhor refletirem as necessidades da organização mediante as adversidades em seus objetivos.

CAPÍTULO 8

1. O controle é a ação pela qual a empresa detecta, previne, corrige e monitora eventos para o cumprimento dos seus objetivos, evitando desvios decorrentes de erros ou fraudes.

2. As atividades são rotinas presentes nos processos e, isoladamente, não mitigam o risco, mas muitas vezes suportam os controles. Os controles são passíveis de comprovação da sua existência, testáveis (efetividade), atribuídos a um responsável e capaz de mitigar o risco a que estão associados.

3. O controle primário é o que possui maior grau de importância para o processo mapeado; a inexistência ou falha de execução deste pode impactar diretamente ou imediatamente no objetivo do processo. O grau de importância deve ser definido por critérios, ou seja, regras que possam ser aplicadas à avaliação do controle, e a todo controle classificado como primário deve ser aplicado Teste de Efetividade.

4. O controle secundário é o que possui menor ou moderado grau de importância para o processo mapeado, quando este possuir outros controles que garantam a efetividade do processo; a inexistência ou falha de execução deste pode impactar indiretamente ou posteriormente no objetivo do processo. O grau de importância deve ser definido por critérios, e os controles secundários serão submetidos a Teste de Efetividade de forma opcional.

5. Os objetivos de controle são as atribuições de antifraude, salvaguardar ativos ou controlar atividades.

CAPÍTULO 9

1. A importância é a identificação do controle de reporte financeiro para atender ou mitigar os riscos atrelados às assertivas, cabendo ao controle interno vincular apropriadamente o descritivo do controle aos riscos.

2. É sugerida a aplicação de 10 pontos de abordagem operacional e técnica para interpretar o controle de reporte financeiro.

3. O conteúdo deve contemplar: Quem (Área), Quem (Gestão), Quem (Execução), Como, Evidência, Frequência, Natureza, Tipo, Operacionalização, Objetivo (Específico) e Objetivo (Assertiva).

4. O objetivo é tentar aplicar 10 pontos de abordagem operacional e técnica na elaboração do controle.

5. O objetivo é elaborar um controle a partir do modelo sugerido.

CAPÍTULO 10

1. O ciclo de identificação de controles é composto de: Existir – Desenho, Testável – Efetivo, Responsável – Proprietário e Mitigar – Assertivas.

2. Os procedimentos são a indagação, a observação, a inspeção e a *reperformance*.

3. A validação de desenho é a comprovação da existência dos controles identificados como relevantes para mitigar o risco de desvios e a distorção das informações contidas no mapeamento de Controles Internos.

4. A validação de efetividade do controle é a comprovação de que o controle opera adequada e oportunamente, possibilitando a real mitigação do risco, aplicado por seleção de amostras de uma população.

5. Os níveis de gravidade das deficiências podem ser classificados com base em sua possibilidade ou seu impacto em relação à materialidade, sendo: deficiência, deficiência significativa ou fraqueza material.

CAPÍTULO 11

1. Os documentos são fluxograma, narrativa, segregação de funções (organograma, instrumento manual e instrumento eletrônico) e a Matriz de Riscos e Controles.

2. Uma estrutura mínima de Controles Internos deve conter a Matriz de Riscos e Controles e a Segregação de Função.

3. A segregação de funções pode ser formalizada por organograma, instrumento manual e instrumento eletrônico.

4. Porque a Matriz de Riscos e Controles, como principal documento no mapeamento de Controles Internos, tem por finalidade identificar os principais riscos existentes nos processos, o nível dos riscos, os controles ou a ausência de controles, as ações corretivas, todos monitorados para contribuir na gestão de riscos por Controles Internos.

5. A responsabilidade da documentação pertence à área de negócios, que é a detentora dos riscos e do controle, e à área de Controles Internos, que avalia os riscos e controles, por isso a importância de que toda elaboração pela área de Controles Internos seja aprovada pela área de negócios.

CAPÍTULO 12

1. O propósito é assegurar uma rotina periódica de avaliação dos processos mapeados por Controles Internos para assegurar e garantir a manutenção do mapeamento.

2. O período apropriado é a revisão anual ou sob demanda.

3. Um ciclo deve contemplar tempo suficiente para as etapas de validação do desenho e Teste de Efetividade.

4. O tempo de maturidade dependerá das frequências dos controles existentes na Matriz de Riscos e Controles.

5. Devido à periodicidade fora do calendário das Demonstrações Financeiras, é recomendado que somente processos fora do escopo da materialidade sejam avaliados por calendário sob demanda.

CAPÍTULO 13

1. O propósito é expor e conscientizar a média e a alta administração sobre a condução das atividades de gestão de riscos, a condução dos negócios, as fragilidades, as oportunidades ou as perdas da organização.

2. Os níveis de detalhe dos resultados devem ser compatíveis com o nível de detalhe aos quais os indivíduos têm responsabilidade ou poder de decisão sobre os processos, as estratégias ou a prestação de contas sobre a administração da organização.

3. Todos os ambientes de controles avaliados (Corporativo, Processo e Tecnológico) devem ser reportados à alta administração, impreterivelmente para o CEO e o CFO.

4. Devem ser reportadas as etapas de validação de desenho e validação de efetividade.

5. Os resultados devem ser formalizados por ata de reunião que destaque os ambientes avaliados, um resumo do volume total de deficiências e o detalhe das deficiências significativas ou materiais.

REFERÊNCIAS BIBLIOGRÁFICAS

AICIPA. *AU Section 350 Audit Sampling*. Disponível em: http://www.aicpa.org/Research/Standards/AuditAttest/DownloadableDocuments/AU-00350.pdf. Acesso em: 1º dez. 2015.

BACEN – Banco Central do Brasil. Disponível em: http://www.bcb.gov.br/pt-br/paginas/default.aspx. Acesso em: 1º dez. 2015.

BORGERTH, V. M. da C. *SOX entendendo a Lei Sarbanes-Oxley*. São Paulo: Thompson, 2007.

CATELLI, A. (Coord.). *Controladoria*: uma abordagem da gestão econômica – GECON. 2. ed. São Paulo: Atlas, 2010.

COBIT. *IT Control Objectives for Sarbanes-Oxley* – The Importance of IT in the Design, Implementation and Sustainability of Internal Control over Financial Reporting and Disclosure. 2. ed. IT Governance Institute, 2006.

COBIT. *4.1*. Isaca, 2007.

COBIT. *Sumário Executivo, Modelo Cobit*: Apêndice II – Mapeamento dos Processos de TI às áreas de foco da Governança em TI, Coso, Recursos de TI do Cobit e Critérios de informação do Cobit, 2007.

COSO. *Addendum to Reporting to External Parties*. New York, 1994.

COSO. *Enterprise Risk Management*: Integrate Framework. New York, 2004.

COSO. *Evaluation Tools*. New York, 1992.

COSO. *Executive Summary*: Framework, Application Techniques. New York, 2004.

COSO. *Executive Summary, Framework, Reporting to External Parties*. New York, 1992.

COSO. *Executive Summary, Framework and Appendices, and Illustrative Tools for Assessing Effectiveness of a System of Internal Control*. New York, 2013.

COSO. *Internal Control*: Integrate Framework. New York, 1992.

COSO. *Internal Control:* Integrate Framework. New York, 2013.

ERNST & YOUNG. *Evaluating Internal Controls*: considerations for Documenting Controls at the Process, Transaction, or Application Level, 2003.

ERNST & YOUNG. *Evaluating Internal Controls*: considerations for Evaluating Internal Control at the Entity Level, 2003.

ERNST & YOUNG. *Preparing for Internal Control Reporting*: a Guide for Management Assessment under Section 404 of the Sarbanes-Oxley Act, 2002.

ERNST & YOUNG. *Transitioning to the 2013 Coso Framework for External Financial Reporting Purposes*, 2014.

ERNST & YOUNG. FIPECAFI. *Manual de Normas Internacionais de Contabilidade:* IFRS *versus* Normas Brasileiras, 2009.

KPMG. *Auditoria e Impostos*: sinopse contábil e tributária. Autores Independentes, 2013.

KPMG. *Auditoria e impostos*: sinopse contábil e tributária. Autores Independentes, 2014.

KPMG; AUDIT COMMITTEE INSTITUTE. *A governança corporativa e o mercado de capitais*, 2015.

KPMG; ICOFR. *Reference Guide*, 2016.

LAHTI, C.; PETERSON, R. *Sarbarnes-Oxley IT Compliance Using COBIT and Open Source Tools.* Lahti (digital), 2005.

MARSHALL, George. *Medindo e Gerenciando Riscos Operacionais em Instituições Financeiras.* São Paulo: Harbra, 2002.

PCAOB. *Auditing Standard Nº 5* – an Audit of Internal Control over Financial Reporting that is Integrated with an Audit of Financial Statements and Related Independence Rule and Conforming Amendments, 2007. Disponível em: http://pcaobus.org/Rules/Rulemaking/Docket%20021/2007-06-12_Release_No_2007-005A.pdf. Acesso em: 1º dez. 2015.

PCAOB. *Auditing Standards Related to the Auditor's Assessment of and Response to Risk and Related Amendments to PCAOB Standards*, 2010. Disponível em: http://pcaobus.org/Rules/Rulemaking/Docket%20026/Release_2010-004_Risk_Assessment.pdf. Acesso em: 1º dez. 2015.

PCAOB. *Reorganized and Pre-Reorganized Numbering*, 2016. Disponível em: https://pcaobus.org/Standards/Auditing/Documents/reorganizedandPreReorganizedNumbering.pdf. Acesso em: 10 jan. 2018.

PCAOB. *Staff Audit Practice Alert Nº 11*, 2013. Disponível em: https://pcaobus.org/Standards/Auditing/Documents/reorganizedandPreReorganizedNumbering.pdf. Acesso em: 8 jan. 2023.

PCAOB. *AS 2201*: an Audit of Internal Control Over Financial Reporting That is Integrated with an Audit of Financial Statements, 2022. Disponível em: https://pcaobus.org/oversight/standards/auditing-standards/details/AS2201. Acesso em: 8 jan. 2023.

SROUR, R. H. *Ética Empresarial*: o ciclo virtuoso dos negócios. 2. ed. Rio de Janeiro: Campus, 2008.

STUART, I. C. *Serviços de Auditoria e Asseguração na Prática*. Porto Alegre: AMGH, 2014.

VERTAMATTI, R. *Ética nas Empresas em um Mundo Globalizado*. São Paulo: Globus, 2011.

VERTAMATTI, R.; BERMUDO, V. *Controladoria Estratégica e seus Desdobramentos Comportamentais:* a SOX como apoio à geração de valor organizacional. São Paulo: Atlas, 2015.

ÍNDICE ALFABÉTICO

A

Abordagem(ns)
  operacional e técnica, 110
  para descritivos
    de controles, 110
    de riscos, 81, 82
Acuracidade, 127
Alçadas e limites, 28
Alocação, 76
Alto volume de transação (baixo ou médio valor), 51
Ambiente(s)
  corporativo ou da entidade, 25, 26
  da informação, 125
  de computação de usuário final, 124
  de controle, 25, 30
    e controles de alta qualidade, 120
  de negócios ou do processo, 25, 26, 39, 40
  de planejamento de recursos empresariais, 124
  End User Computing (EUC), 124, 126, 127
  Enterprise Resource Planning (ERP), 124, 126, 127
  tecnológico ou suporte aos negócios, 25, 26, 42, 44
Ameaças para a organização, 51
Análise de materialidade, 181
Antifraude, 105
Aplicação das assertivas nos processos, 78
Apresentação, 77
Assertivas
  das demonstrações financeiras, 73
  de riscos, 73
Atividade(s), 96, 99, 106, 151
  de controle, 33, 34
  de monitoramento, 36

A

Auditing standard, 29
Auditoria interna ou externa, 28
Ausência
  de controle, 143
  de evidência, 144
Autoavaliação do ambiente, 88, 89
Automação do processo, 88, 89
Avaliação
  das contas analítica ou sintética (agrupadas), 50
  de risco, 32, 33, 85, 165
    folha de pagamento, 87
    probabilidade x impacto, 86

B

Base de dados, 140

C

Calendário
  anual, 173
  sob demanda, 174
Canal de denúncia
  e sugestões, 28
  externo, 28
Cenários do mercado, 51
Checklist
  da narrativa, 155
  do fluxograma, 152
Ciclo
  de identificação de controles, 97
  de validação e monitoramento, 173
Classificação
  de deficiências, 143
  dos controles de alta qualidade, 121, 122
Clientes e fornecedores, 28

COBIT nível de maturidade, 20
  nível 0 – inexistente, 20
  nível 1 – inicial, 21
  nível 2 – intuitivo, 21
  nível 3 – definido, 21
  nível 4 – gerenciado, 22
  nível 5 – otimizado, 23
Código de ética da empresa, 26, 27, 30
Comitês de decisão ou disciplina, 28
Committee of Sponsoring Organizations of the Treadway Commission (COSO), 13, 30
  Coso 1992, 17
  Coso 2013, 17
Company level controls, 27
Control Objectives for Information and Related Technology (COBIT), 11, 18, 20, 24
Controle(s), 96, 99, 166
  adicionais, 29
  anual, 139
  corporativos, 29
  de alta qualidade, 119
  de aplicação, 101
  de interface automática, 104
  de inventário de licenças de *software*, 104
  de reajuste de preço, 107
  de reporte financeiro, 109, 110
  de restrição de acesso sistêmico, 107
  detectivos, 103
  diário, 139
  efetivo, 97
  existente, 97
  insatisfatório, 144
  internos, 25, 95
    em nível da entidade, 38
    sobre demonstrações financeiras, 3
    SOX para empresas não registradas na SEC, 13
  manuais, 103
  mensal, 139
  para avaliar a informação de alta qualidade, 125
  parcialmente sistêmicos, 104
  preventivos, 103
  primário (*Key*), 99, 101
    e controles de alta qualidade, 121
  secundário, 101, 102

  sistêmicos, 104, 105
  suporta o risco, 98
  versus assertivas, 166
Corporativo ou da entidade, 27
Critérios
  de avaliação, 86
    de risco por pontuação, 89
  de materialidade, 49
Critical Success Factors (CSF), 18
Criticidade no processo, 100

D

Deficiência, 145
  significativa, 145
Demonstrações financeiras, 4
Diferenciação dos riscos, 71
Direitos, 77
Diretrizes e normas, 28
Divulgação, 77
Documentar
  deficiências (*GAP*), 142
  o processo, 147

E

Efetividade do controle, 41
Elaboração da matriz de riscos e controles, 165
Emissão de notas fiscais, 139
Entity level controls, 27
Entradas, 151
Erro
  durante a operação, 144
  tolerável *versus* contas contábeis, 62
Escrita do controle, 109
Estoque ou atividades não operacionais, 51
Exceções sobre controles de aplicação, 144
Existência, 76

F

Fechamento contábil, 190
Fluxograma, 150, 213
  requisitos mínimos para controles internos, 150
Formalização
  do controle, 109
    interno, 41
Fraqueza material, 146

Índice Alfabético **241**

Frequência
  do controle, 106
  periódica, 107
  por ocorrência, 107

G

GAP, 142
Geração da informação, 127
Gestão de pessoas, 27

I

Identificação
  das assertivas, 78
  de qualidade das informações da entidade, 124
  de riscos, 67
    de reporte financeiro, 81
  de tipos de riscos, 70
  dos controles de alta qualidade, 119
Inapropriada segregação de função, 144
Indagação, 130
Indicadores
  da materialidade, 53
  de erro tolerável, 52
Informação
  de alta qualidade, 125
  e comunicação, 35
  produzida, 128
Information Produced by Entity (IPE), 123, 124, 125
Inspeção, 132
Instrumento
  eletrônico, 159
  manual, 157
Integridade, 76
Interpretação
  operacional, 109
  técnica, 109
IT General Controls (ITGC), 42

K

Key Goal Indicators (KGI), 18
Key Performance Indicators (KPI), 18

L

Lei Sarbanes-Oxley, 5
  principais aspectos da, 5
  seção 404 da, 7
  objetivos da, 6

Lista de Deficiências (*GAPs*), 42
Limites, 151

M

Management Review Controls, 119
Mapeamento de controles internos, 45, 109, 119, 147, 148
Materialidade, 47
  de controles internos, 49
  para controladas e coligadas, 53
Matriz de riscos e controles, 41, 165
  fechamento contábil, 198, 200, 202
Metodologias, 11
Mitigação de risco, 98, 99
Modelo
  de aplicação de *walkthrough*, 135
  de avaliação de risco, 88
  de descritivos
    de controles, 114
    de riscos, 83
  de interpretação de deficiências, 143
  de materialidade, 52
  de matriz de riscos, 169
  de seleção, 140
  práticos, 181
  proposto de matriz de riscos e controles, 167

N

Narrativa, 153, 154, 210
Natureza do controle, 99
Nível(eis)
  de automatização, 101
  de autoridade, 121
  de competência, 120
  de confiabilidade do controle, 20
  de confiança, 100
  de maturidade de ti para controles internos SOX, 23
  de objetividade, 120
  de precisão, 120
  de risco, 100

O

Objetivos
  da Lei SOX, 6
  de controle, 105
Obrigações, 77

242 Mapeamento de Controles Internos SOX

Observação, 131
Ocorrência, 76
Operacionalização do controle, 103
Organograma, 27
   hierárquico, 156
Órgãos reguladores, 11
Origem da informação ou dado, 126

P

Padrões de auditoria (*auditing standard*), 12
Parâmetros, 127
Planejamento e orçamento, 28
Possibilidade de risco, 71
Procedimentos de validação, 129
Process Level Controls, 39
Processos
   no ambiente de negócios, 47
   para mapeamento, 45
Provisão/estimativa, 51
Public Company Accounting Oversight Board
(PCAOB), 12

Q

Qualidade das informações da entidade, 123

R

Recursos humanos, 27, 37
Relatório de controles internos, 148
Relevância das deficiências, 145
Reperformance, 133
Responsabilidade(s), 169
   da materialidade de controles internos, 49
   dos administradores, 5
Responsável pelo controle, 98
Restrição de acesso, 105, 116
Resultado(s)
   da avaliação de risco, 90
   de controles internos, 177
   para administração, 178
   para o gestor do processo, 177

Risco, 67
   de conformidade, 68
   de fraude, 88, 89
   de imagem, 88, 89
   de reporte financeiro, 69, 70
   de reporte financeiro, 81
   operacional, 69, 73

S

Saídas, 151
Salvaguarda, 106
Seção 404 da Lei SOX ou SOX 404, 7
Segregação de funções, 156
Seleção amostral, 137, 139
Sistemas no ambiente tecnológico, 47

T

Tamanho da empresa, 50
Teste de efetividade, 100, 102, 137, 138, 148
Tipo
   de controle, 103
   de negócios, 50

U

Universos de controles, 93
Uso de múltiplos sistemas, 124

V

Validação
   da efetividade, 136
      operacional, 137
   de desenho (*walkthrough*), 134
   dos controles, 129
Valoração, 76
Volume
   de riscos, 100
   de seleção de amostras, 138
   de transações, 88, 89

W

Walkthrough de controle, 41, 129, 130